公共管理专业精品教材

“十二五”江苏省高等学校重点教材

总主编 赵 晖

政府公共关系学

许开轶 …………………………… 主 编

李 晶 吉 鹏 …………………… 副主编

南京师范大学出版社
NANJING NORMAL UNIVERSITY PRESS

图书在版编目(CIP)数据

政府公共关系学 / 许开铁主编. —南京 ：南京师范大学出版社，2016.6 (2025.1重印)
(公共管理专业精品教材)
ISBN 978-7-5651-2752-6

Ⅰ. ①政… Ⅱ. ①许… Ⅲ. ①国家行政机关—公共关系学—教材 Ⅳ. ①D035.1

中国版本图书馆 CIP 数据核字(2016)第 120582 号

书　　名 政府公共关系学
主　　编 许开铁
副 主 编 李晶　吉鹏
责任编辑 刘娟娟　张春
出版发行 南京师范大学出版社
地　　址 江苏省南京市玄武区后宰门西村9号(邮编：210016)
电　　话 (025)83598919(总编办) 83598412(营销部) 83373872(邮购部)
网　　址 http://www.njnup.com
电子信箱 nspzbb@163.com
照　　排 南京凯建图文制作有限公司
印　　刷 扬州市文丰印刷制品有限公司
开　　本 787 毫米×960 毫米　1/16
印　　张 17.25
字　　数 301 千
版　　次 2016 年 6 月第 1 版　2025 年 1 月第 2 次印刷
书　　号 ISBN 978-7-5651-2752-6
定　　价 42.00 元

出 版 人 张 鹏

前言

“政府公共关系学”是公共管理类尤其是公共事业管理和行政管理，以及政治学类的政治学与行政学本科专业的一门非常重要的专业课程，但由于它也是一门新兴课程，因此目前国内已出版的教材较少，而且已有教材在体系的完整性和问题的前沿性等方面仍存在着一些明显不足。如有的内容偏于学理阐释，游离于学术著作和教材之间，并不适宜给本科生做教材；有的内容过于陈旧，无法反映日新月异的当代政府公共关系发展与变革的现状与趋势。本教材在一定程度上克服了上述问题，在编写的过程中，不仅遵循政府公共关系这门学科的发展规律，而且紧密结合政府公共关系的实践来设计教材体系和具体内容，主要有两个突出的创新点：第一，理论阐释与案例分析相辅相成。不追求学理的高深，而是回归教材的本质要求，根据本科生的学习特点和习惯，用简洁、明快、易懂的语言阐释清楚相关的理论观点，同时精心挑选典型案例，加大案例分析在教材中的比重。通过详尽的案例分析，既支撑理论阐释，同时也积极引导学生运用相关理论来分析现实问题，从而实现教学的根本目的。第二，实现教材内容上的与时俱进。当代政府公共关系正在发生巨大而深刻的变革，出现了许多新状况、新现象，在教学过程中必须与时俱进，及时向学生传递和阐述相关的信息与问题。本教材的编订同样也坚持了与时俱进的原则，不仅传统的章节内容注重紧密联系实践，而且专门增加了《新时代的政府公共关系》一章，重点分析政府的网络公关、危机公关、媒体公关等内容。基于以上缘由，本教材得以入选“十二五”江苏省高等学校重点教材。

南京师范大学公共管理学院在江苏省内较早设立了行政管理专业，并开设了政府公共关系课程，这部教材是编者多年教学实践经验的总结，是集体智慧的结晶。其中，许开轶同志统筹编写工作，负责拟定编写大纲和体例、审核定稿等，并编写第 5—9 章；李晶同志负责编写第 1—4 章；吉鹏同志负责各章案例的编订。另外，曹帅、赵文婷、唐世杰、梅玫、王旭华、朱晨晨、朱亚等同志参与了相关章节的资料搜集、编写及校对等工作。

本教材在编写过程中，借鉴了不少学界已有的研究成果，特别要向相关研究者致谢。本教材得以顺利出版，还得益于江苏省高等教育学会和南京师范大学教务处、公共管理学院、出版社的大力支持，在此一并表示感谢。

编　者

2016 年 5 月

目　录

第一章　政府公共关系导论

政府作为国家权力的执行机构，为了更好地履行职责，有效地控制、管理、协调社会生活，必须和社会公众建立并保持紧密的合作关系。而政府公共关系作为塑造政府形象的艺术和沟通政府与社会公众之间的桥梁，恰恰发挥了这方面的突出作用。要想对政府公共关系有全面的认知，首先应当从其构成的基本范畴着手进行剖析。

第一节　公共关系的内涵与特征

一、公共关系的内涵

公共关系是社会组织通过传播手段与公众发生联系，并进行双向的信息沟通，以协调关系、树立形象、谋求发展为目标的一种社会管理活动。

(一) 公共关系的概念

"公共关系"一词，源于英文 Public Relations。Public 作形容词时，译为"公开的""公共的"；Public 作名词时，译为"公众"。Relations 是复数，说明不是单一的关系，而是众多关系。作为一个词组，它可译为"公共关系"或"公众关系"，我们认为"公众关系"更为合适，因为任何企业和组织的关系，难以有"公共的"，但从 20 世纪 60 年代起，港台学者把它翻译为"公共关系"，这已成为大家普遍接受的习惯用语。因此，我们也沿用了"公共关系"的说法。那么，究竟什么是公共关系呢？国内外学术界的一些权威机构和著名专家学者从不同的角度给公共关系下了不同的定义。

从信息传播的角度定义公共关系。持这种观点的学者侧重于从公共关系的运作过程和特点来考虑并界定公共关系，认为公共关系是社会组织与公众的一种传播沟通方式和活动，这类定义比较强调公共关系的手段和过程，认为公共关系离不开传播沟通。英国公共关系专家弗兰克·杰弗金斯认为："公共关系就是一个组织为了达到与它的公众之间互相了解的确定目标，而有计划地采用一切向内和向外的传播沟通方式的总和。”居延安在《公共关系学导论》一书中认为：“公共关系是一个社会组织用传播的手段使自己与公众相互了解和相互适应的一种活动或职能。”

从管理职能的角度定义公共关系。公共关系是一种管理职能，持这种观点的学者认为公共关系是社会组织对社会公众的一种有目的的传播与沟通活动，以此来影响公众的行动，实现组织的目标。因此，公共关系是社会组织的一项重要职能，甚至有人将其视为一种新的管理哲学或管理方法，这类定义比较强调公共关系的目标，认为公共关系就是组织实现自己目标的一项重要管理职能。格伦·布鲁姆等认为：“公共关系是这样一种管理功能，它建立并维护一个组织和决定其成败的各类公众之间的互利互惠关系。”①美国《公共关系新闻》杂志认为：公共关系是一种管理职能，它评估公众的态度，检验个人或组织的政策、活动是否与公众的利益相一致，并负责设计与执行旨在争取公众理解与认可的行动计划。

从社会关系的角度定义公共关系。持这种观点的学者从公共关系的状态以及公共关系的对象、效果涉及、影响整个社会的角度来认识公共关系，认为公共关系是社会组织与社会之间的关系，是一种特殊的社会关系，是优化社会互动环境的一种努力。美国普林斯顿大学教授希尔兹认为：公共关系是我们所从事的各种活动、所发生的各种关系的统称，这些活动与关系都是公众性的，并且都有其社会意义。英国公共关系学会认为：公共关系的实施是一种积极的、有计划的以及持久的努力，目的是建立和维护一个机构与其公众之间的互相了解，并认为公共关系是社会关系的一种。

从其他的角度定义公共关系。在公共关系的定义中，有的学者关注公共关系的实务，抓住公共关系的某种功能、现象或侧面，进行形象、生动的描述，从而给公共关系以通俗的解释和具体的操作性定义。有的学者认为公共关系是企业管理机构经过自我检讨与改进以后，将其态度公之于众，借以获得顾客、员工及社会的好感和认同的经常性工作。明安香在《塑造形象的艺术——公共关系学概论》一书中写道：“所谓公共关系，就是一个企业或组织为了增进内部及社会公众的信任与支持，为自身事业发展创造最佳的社会环境，在分析和处理自身面临的各种内部、外部关系时，采取的一系列政策与行动。”

---

① [美]格伦·布鲁姆，等.有效的公共关系[M].明安香，译.北京：华夏出版社，2002:8.

上述定义从不同的角度反映了公共关系的各个层面，说明了公共关系的基本特征，表现出公共关系的综合性、实用性、技术性等等。

（二）公共关系的构成要素

从以上对公共关系定义的分析，我们可以看到，公共关系作为一种客观存在的社会关系、社会活动，有着一些基本的构成要素，用学科的观点来看，这些基本的构成要素构建了公共关系的体系。具体而言，公共关系由社会组织、公众、传播媒介三个基本要素构成。在公共关系结构中，要素与要素、要素与环境之间的相互作用动态地形成了良好的公共关系状态，对社会组织产生积极的公共关系效应。

1. 公共关系的主体——社会组织

公共关系的主体是指公共关系活动中始终处于主导地位的社会各级各类组织机构，它可以是某一企业单位、某一事业单位、某一社会团体或某一跨国公司等。社会组织是人类的结合形式，但它实际上更是社会关系的一种有组织的表现。在社会生活中，人与人之间发生了各种各样的联系和交往，进而形成各种各样的结合方式，产生各种类型的社会组织，在如此众多的社会组织活动的基础上构成了人类富有生气的、有组织的社会生活。在人类社会中，组织的存在是客观的、普遍的、多样的，没有任何组织的社会是不切合实际的，也是不存在的。公共关系中的社会组织是执行一定的社会职能、实践和特定社会目标，按照一定的组合方式构成的相互独立的社会团体。

社会组织作为社会的一个机构、人类交往的一种结合形式，它必然承担一定的社会职能，完成社会的特定任务，这是社会组织存在的前提，也是开展公共关系活动的客观依据。社会组织是由固定成员按照一定的方式构成的统一整体，其内部有明确的分工，纵向存在隶属关系，横向发生合作关系，互相之间既保持有机联系，又具有相对的独立性；其中任何一个部门发生变化，都会影响其他部门甚至影响整体。公众需求是组织价值的体现。社会组织的对象是与其发生关系的内外公众，组织的建立必须拥有一定数量的内外公众，组织的兴衰都与内外公众的需求有密切的关系。

在公共关系活动中，明确组织所属的类型，目的是把握公共关系的行为方式和组织的类型划分。由于组织的属性比较复杂，划分的依据不尽相同，一般有几种划分法：以组织成员之间的关系为标准，可将组织划分为正式组织和非正式组织；以组织的性质及其职能为标准，可将组织划分为政治组织、经济组织和文化组织；以组织获利与否为标准，可将组织划分为营利性组织、服务性组织、互利性组织和公益性组织。不同类型的社会组织相互联系，形成了社会组织的系统网络，并且随着社会分工的变化而逐步变化发展。

社会组织在公共关系活动中处于主体地位，发挥主导作用，它是公共计划、方案的策划者，也是公共关系各项专题活动的实施者，对公共关系活动的成效起着支配的决定性作用。在一定意义上，组织作为公共关系的主体，是环境的产物，它受到环境的影响和制约。但是组织在环境面前不是随波逐流、无能为力的，实际上它对环境也有所影响、有所改变、有所超越，社会组织要发挥主体能动作用，必须适应环境的变化，能动地影响环境。

2. 公共关系的客体——公众

公众是指"与社会组织发生相互作用并面临共同的问题和利益而形成的社会群体"①。但现代意义上的公众不仅指群体，也包括个人。公共关系客体是公共关系结构中重要的要素之一，正确把握公共关系客体的含义，认真研究公共关系客体所起的作用，是处理公共关系、开展公关工作必须首要解决的问题。

公共关系学研究的"公众"和人们日常所熟悉的"群众""大众"等概念不同，它是指因面临共同的利益问题而与社会组织发生利益关系的社会群体和个体，因而它是一种具体的、特指的概念。共同的利益关系是公众形成的基础。公众是受时间、空间、利益关系限制的，共同利益既是形成公众的基础，又是理解公众含义的关键。与组织的相关性是公众产生的条件，这种关系的产生和解除与相关的社会组织有着密切的直接关系。没有社会组织的存在，也就无所谓与之相关的公众的存在。人群的集合是公众的存在形式。公众是一个集合性概念，它是人群的集合体，维系公众这一群体的利益关系，代表和反映着相当一部分人的共同利益关系。客观存在是公众的本质特征。公众是客观存在的，它作为社会组织传播交流信息的客体对象，与社会组织存在着客观的、不以主观意志为转移的关系。

公众是确立公共目标的依据。确定公共关系目标是开展公共关系工作的前提条件，也是公共关系实施过程中的关键环节。公众是有效组织公共关系过程的前提。公共关系的过程既是社会组织按照自己的目标，运用相关传播手段向公众施加影响的过程，也是社会组织与公众互相影响、互相交流的双向沟通的过程，在这个过程中，公众并不仅仅是消极、被动地接受组

---

① 褚云茂.公共关系与现代政府[M].上海：上海大学出版社，2002：40.

织的影响，他们也有着积极的能动作用。总之，公共关系工作就是社会组织为了生存和发展或实现某一目标时，协调和处理各种公众关系的活动，其全部工作要义在于处理好与各类公众的关系。

3. 公共关系的介体——传播

公共关系的介体是传播。传播是连接社会组织与公众的纽带，从一定意义上说，公关的过程就是传播的过程。

从一般意义上讲，可以将传播理解为信息或观点的传递与交流。在公共关系活动中，所谓传播，是指社会组织运用传播媒介向公众进行信息或观点的传递与交流。理解公共关系的传播要把握以下几个要点：第一，传播的作用。与公众联系时，主要是通过传播媒介进行的。传播媒介常常直接体现社会组织的政策和意图，反映社会组织的文化素质，它是开展公共关系活动的最重要的组成部分。这种沟通作用表现在，首先，社会组织可以通过传播媒介的报道向公众传递组织的信息。社会组织要巧妙地运用传媒的传播作用，使传播媒介对组织内部发生的事情感兴趣，并加以报道，为组织和组织的产品与服务进行宣传，帮助组织把信息传播给公众。其次，社会组织可以通过传播媒介收集各种信息，尤其是关于公共组织的相关印象、对产品的意见方面的信息，这有利于组织了解公众的意见、要求，有的放矢地开展公关工作。再次，社会组织可以通过传播媒介的宣传，扩大公关工作的影响。第二，公共关系的内容是信息或观点。传播的内容是社会组织要向公众进行传递和交流的信息或观点，其很大的特点是分享性，即将少数人享有的信息或观点通过媒介手段向公众进行传播，使大众得以分享。由此可见，公共关系传播就是把社会组织的经营理念、制定的方针政策、采用的服务举措与公众进行交流。因此，它要求传播媒介能生动、全面、客观、准确地向公众传递各种信息或观点，传播的内容即是沟通的信息，信息沟通的目的是为了更好地认识公众、说服公众、影响公众、赢得公众，同时也会为社会组织决策和行动提供依据。第三，公共关系传播的手段是运用各种媒介形式。社会组织向公众进行新消息或观点的传递，需要运用一定手段。这种传递手段可以通过面谈、写信、电话、邮件等个体语言或文字等媒介形式，也可以通过报告会、展览会、展销会等语言、实物媒介形式，还可以通过印刷媒介和电子媒介等传播媒介手段。其中，公共关系传播主要是运用大众传播媒介包括网络媒介手段进行信息或观点的传递与交流。大众传播媒介和网络媒介是公共关系中最重要的沟通工具，它们的影响范围最为广泛，传播速度最为迅速，是其他任何传播媒介形式所不能比拟的，这是符合公关要求的,也是公关活动不可或缺的重要媒介手段。

公共关系主要是运用传播手段来沟通和协调组织与公众的关系,公共关系传播的作用主要有四个方面:第一,沟通信息。沟通信息是公关最基本、最基础的工作,社会组织既可通过传播向公众传递信息,又可通过公众信息的反馈,了解公众的意见和愿望,这种双向信息的交流和沟通是公共关系传播的重要作用体现。第二,增进感情。增进感情是指社会组织通过传播向公众传递其关心社会公益事业的信息,关爱内部公众的举措,建立信誉的承诺,以此增进组织与公众的感情联络,提高组织的形象力和影响力。第三,改变态度。公众的态度涉及其对社会组织的看法和认可程度,对组织的发展至关重要。对组织有利的公众态度,通过传播要使之强化,持续发展;对组织不利的公众态度,通过沟通要使之弱化,改变态度,消除矛盾与隔阂,理顺关系,引导其向对组织有利的方向转变。公关策划的传播都是以公众的态度为转移的。第四,引起行为。公关通过传播活动引起公众行为。公共关系传播的目的归根到底是为了使公众对组织行为采取合作态度和消费行为,这是公共关系传播的最后落脚点和归宿。评价和衡量公共关系传播的作用,主要是以引起的公众行为及其结果为依据。否则,公共关系传播的效果就无法体现。

二、公共关系的特征

公共关系的特征是指公共关系作为社会关系的一种表现形态。科学形态的公共关系与其他任何关系都不同,有其独特的性质。了解公共关系的特征有助于我们加深对公共关系概念的理解。

(一) 情感性

公共关系是一种创造美好形象的艺术,它强调的是成功的人和环境、和谐的人事气氛、最佳的社会舆论,以赢得社会各界的了解、信任、好感与合作。我国古人做事时讲究“天时、地利、人和”,把“人和”作为事业成功的重要条件。公共关系就是要追求“人和”的境界,为组织的生存、发展或个人的活动创造最佳的“软环境”。离开了这一点,任何公共关系都失去了其本身的意义。因此,情感性是公共关系最鲜明的特征之一。

(二) 双向性

公共关系是以真实为基础的双向沟通,而不是单向的公众传达或对公众舆论进行调查、监控,它是主体与公众之间的双向信息系统。组织一方面要汲取人情民意以调整决策，改善自身；另一方面又要对外传播，使公众认识和了解自己，达成有效的双向意见沟通。在公共关系行为过程中，组织应该首先了解公众喜欢什么，对组织有什么期待或要求，在确定公众的价值观和态度的基础上再进行自身形象的设计，使自己的方针、政策、产品和服务等更加符合公众的需要，并及时向公众传递有关组织的信息。因此，以双向沟通过程为特征的传播活动是公共关系实质性的方面。

（三）广泛性

公共关系的广泛性包含两个方面：一方面是指公共关系存在于主体的任何行为和过程中，即公共关系无处不在、无时不在，贯穿于主体的整个生存和发展过程中。因此，它是持续的、不间断的过程。只有这样，公共关系的良好状态才能实现。另一方面是指公众的广泛性，公共关系的对象可以是任何个人、群体和组织，既可以是已经与主体发生关系的任何公众，也可以是将要或有可能与主体发生关系的任何暂时无关的人。因此，公共关系对自己的客体有一种无限扩展的趋势和倾向，它要广泛地向所有有关或无关的人施加影响。

（四）整体性

公共关系的宗旨是使公众全面地了解自己，从而建立起自己的声誉和知名度。它侧重于一个组织机构或个人在社会中的竞争地位和整体形象，以使人们对自己产生整体性的认识。它并不是要单纯地传递信息，宣传自己的地位和社会威望，而是要使人们对自己各方面都有所了解。

（五）长期性

公共关系的实践告诉人们，不能把公共关系人员当作“救火队”，而应把他们当作“常备军”。公共关系的管理职能应该是经常性与计划性的，也就是说公共关系不是水龙头，想开就开，想关就关，它是一种长期性的工作。如果组织平时就注重公共关系工作，那么在组织遇到危机时，就会看到神奇的效果；反之，如果组织平时不注重公共关系工作，那么当组织需要帮助时，公共关系就会失灵。所以，任何组织都应在平时的公共关系工作中下功夫，这样做将会使组织在其发展过程中，不论遇到什么样的困难与险阻，都能在公众的支持下渡过难关。这一项任务应该列入组织的战略蓝图中，这样组织就能做到时时有公关，处处有公关。

第二节　政府公共关系的概念辨析

一、政府公共关系的内涵

政府作为统治阶级行使权力的主要机构,是维护国家存在和发展的基本条件。一般来说,政府承担着对国家各方面的社会事务进行管理、指导、协调、服务和监督的基本职能,在界定政府公共关系时,必须首先说明政府的含义。作为一个政治概念,关于政府,可以从两个角度加以理解:从广义上讲,政府是指一个国家所有的权力机关;从狭义上讲,政府通常是指一个国家除立法、司法部门以外的行政权力机关。我们这里讨论政府公共关系时,使用广义的概念,它包括从中央到地方行使国家立法、行政、司法权力的所有机关。现代社会,任何组织都处在一个极其复杂的公共关系网络中,企业是这样,国家政府机构也是这样,由于政府自身性质及其涉及公共领域的广泛性和复杂性,因而将公共关系引入政府领域后,我们难以对政府公共关系作出统一的定义。

关于政府公共关系的概念:第一种,狭义的界定认为,政府公共关系是指政府为了塑造良好的形象而采取的专项公关手段。第二种,较广义的界定认为,政府公共关系是指政府通过各种有效的现代化传播途径和沟通手段,与社会公众相互联系、相互作用,以塑造形象和获取支持的活动。第三种,广义的界定认为,政府公共关系是指政府与社会各界良性互动,以塑造良好形象,争取公众对政府工作的理解和支持的所有活动的总称。总体而言,政府公共关系是公共关系学原理在政府行政管理工作中的运用,是指政府为了争取公众对政府工作的理解和支持,在公众中塑造良好形象,运用传播沟通手段处理和协调与社会公众的关系,以便更好地管理社会公共事务的一系列活动。

对于政府公共关系的含义,可以从四个方面来理解和认识:第一,它明确了构成政府公共关系的三个基本要素,即政府、公众和传播沟通。政府机构与社会公众通过传播沟通形成特定的关系状态。政府是主体,是政府公共关系活动的组织者和发动者,没有政府就谈不上政府公共关系,政府公共关系活动的状况和效果依赖于政府的行为,又影响着政府的行为。公众是政府公共关系的客体和对象。传播沟通是联结政府与公众关系的桥梁和纽带,政府公共关系的状态如何直接取决于公关主体进行传播沟通的内容、形式和技巧。“传播与沟通是政府公共关系建立和实现的核心机制、动力机制。”[①]如果公共关系主体的传播沟通活动适应社会发展的潮流与规律，反映了民心所向，就会使公共关系表现出良性循环，实现相互沟通和理解，形成双向互动并信任。第二，它解释了政府公共关系的基本信任关系，它的基本任务是处理和协调政府与公众的关系。作为代表国家行使社会管理等职能的政府机构，其管理对象不仅仅是机构内部的各部门及其公务人员，而且涉及全社会的各个领域及其社会公众。在整个社会现实关系网络中，政府机构处于核心地位。政府要完成服务社会，造福人民，推进社会政治、经济、文化全面发展的使命，必须处理好这些全方位的关系，在政府和人民之间建立起畅通的信息交流沟通机制，密切党群关系、政民关系，做到相互理解、相互信任，从而保证整个社会的良性运行和协调发展。政府的管理是否有效，政府在社会上的形象是否良好，很大程度上取决于政府和社会公众之间关系的融洽程度。第三，它明确了政府公共关系活动的总目标是塑造良好的政府形象。政府所有公共关系活动的具体目标是围绕这一总目标而展开的，这是由政府公共关系的特点所决定的。政府形象是指政府及其工作人员在社会公众心中的美誉度的高低，是政府获得公众欢迎、接纳、信任的程度。固然，政府工作具有权威性和政策性，但无论是从民主政治的“大气候”，还是从中国特色的政府公共关系的“小环境”来看，所谓的权威性和政策性都是建立在社会公众依赖政府的基础上的，政府的形象如何直接关系到党和政府的威信及其工作的成败。因此，塑造良好形象是政府公共关系工作的出发点，任何社会组织开展公共关系工作均不例外，无论是在新民主主义革命时期还是在社会主义革命和建设时期，特别是在改革开放之后，我国政府都非常重视塑造自身的良好形象，并把它作为关系政府生死存亡的大事来抓。因此，社会主义政府机构公共关系的目标应该树立“民为本”的思想，增强政府工作人员的公仆意识，满足人民群众参与社会公共事务决策和管理的愿望，主张政府的一切行为都应立足于满足人民群众的需求，倾听他们的呼声，帮助他们解决实际问题，只有这样才能使政府的政策、措施得以有效实施，才能使政府的工作得到人民群众的广泛赞誉和有力支持。第四，政府公共关系是公共关系的一个特殊领域。“政府公共关系是公共关系学的一个分支，属于部门公共关系，它是专门研究政府这一特定组织，为塑造形象，赢得内外公众的信任与支持，通过传播、沟通手段，采取相应行为规范影响公众的科

① 高猛，等.走向社会建构的公共行政[M].杭州：浙江大学出版社，2013：187.

学与艺术;是公共关系的一般原理在政府部门的发展和应用。"[①]具体来说,作为公共关系主体的政府通过各种咨询性、服务性的协商交流机构或制度法规及其各自社会议题与社会公众进行广泛的交流与沟通,旨在消除误会,建立信任,树立政府的良好形象和社会声誉,形成凝聚力,促进政府行政目标的实现。

二、政府公共关系的特征

公共关系所处理的是一个社会组织与它的公众之间的关系,组织是公共关系的主体。公共关系实质上是一种组织行为,政府也属于社会组织的范畴,但它又是一种特殊的社会组织,因此,政府公共关系是一种特殊组织类型的公共关系,这就决定了它一方面具有一般公共关系的基本属性和基本特征,另一方面又具有不同于其他类型的公共关系的特征。[②] 政府公共关系是建立在政府性质的基础之上的,政府是公共权威的实际拥有者,是公共权威的执行者,是社会中唯一可以拥有和执行公共权力的组织机构,是管理公共事务的组织。政府具有以下特征:第一,政府具有政治性质,是公共权威;第二,政府创造制度环境,提供公共服务;第三,政府的责任就是为公众谋福利,对人民负责;第四,政府决策程序要充分民主,让公民参与;第五,政府管理遵循政治原则;第六,政府的目标是在谋求自身政治权威的同时维护公共利益。政府的性质决定了政府公共关系的特征。政府公共关系的特征主要有以下八个方面。

(一) 主体的特殊性

严格意义上的政府公共关系的主体是各级各地政府组织,也正是在这个层面上突出了主体的特殊性。政府与其他社会组织相比,其特殊性在于:第一,唯一性。在正常情况下,同一国家或地区不可能有几个政府并存,政府是唯一的,处于独一无二的特殊地位。第二,权威性。政府的权力是国家宪法和法律赋予的,它具有至高无上的权威,不容挑战。第三,强制性。任何组织、群体和个人都必须服从政府的领导和管理,违背了政府意志就会受到政府的强制性制裁。政府所处的独特地位使其开展公共关系活动时具有其他社会主体所不具备的优势,但同时由于缺乏竞争力,部分政府人员容易产生官僚主义、命令主义、主观主义等问题。正确认识和处理政府作为公共关系主体的特征,

---

① 吕景春,胡钧浪.政府公共关系理论与实践的若干思考[J].惠州大学学报(社会科学版),1996(1).

② 唐钧.政府公共关系[M].北京:中国传媒大学出版社,2008:43.

对政府开展公共关系至关重要。

（二）客体的复杂性

政府公共关系的客体是社会公众，它是政府公关的对象。“与其他组织不同，政府机构的管理对象从广义上说涉及全体社会公众，而不仅仅是某一方面或某一领域的特殊公众。”①主要体现在：第一，结构的复杂性。社会公众包括社会的各阶级、各民族、各党派、各种社会组织、各种利益集团等，不仅针对国内公众，还包括国际公众。第二，状况的复杂性。不同群体的经济状况、政治地位、文化素质、生活方式、价值观念等差异极大，这种种因素成为公众对政府持有不同态度或看法的重要基点。第三，利益的复杂性。各自的利益追求是公众对政府的意见和态度的出发点，特别是与公众切身利益密切相关的问题，如物价、住房、医疗、教育等。政府部门如何处理好与社会公众的复杂关系，统筹兼顾、利益协调、减少障碍、消除隔阂，已成为政府公共关系战略中的艰巨任务。

（三）环境的系统性

任何公共关系都与社会环境有着某种程度的联系，社会环境是公共关系生存与发展的空间和土壤。企业或其他社会组织的公共关系环境一般只与本组织相关，涉及组织利益的局部性环境，而政府公共关系面临的环境更为广泛和宏观。第一，政府公共关系深受自然环境、经济环境、政治环境、社会环境、人文环境等诸多因素的影响，需要权衡考虑的环境因素更为复杂，对政府综合全局和整体协调的能力提出了更高要求。第二，政府公共关系反过来又对环境产生更大、更深层次的影响，它涉及每个公民的切身利益，涉及广大群众发挥民主权利参与国家管理的程度与广度，涉及国家政治生活的性质和态度，涉及整个社会的稳定和繁荣。因此，政府公共关系应将环境置于战略高度，从全局的视角看待和处理公共关系环境，在适应环境要求的同时，力争对环境发挥积极的能动作用。

（四）目标的公益性

任何组织开展公共关系的活动，都是为了在社会环境中更好地生存和发展，更好地实现自身利益。如企业公共关系活动的主要目标就是追求更高的经济效益，实现利益的最大化。而政府作为公共部门，在开展公共关系活动时，决不能单纯追求自身利益和经济效益，而应把公共利益和社会效益放在首

① 李秀忠，等.公共关系学[M].武汉：武汉大学出版社，2009：292.

位。第一,公共利益。政府公共关系要实现和维护的是绝大多数人的合理正当利益,而不是少数人的利益,对公共利益的追求符合人民群众的根本利益和长远利益,应成为政府公共关系的基本着眼点。第二,社会效益。政府开展公共关系活动的目标众多,促进经济发展,实现和维护经济利益只是其中一项,更重要的是协调社会关系,稳定社会环境,促进整个社会的文明、进步和发展,也促进社会效益的提高。

评价各级政府公共关系成效的标准,也就是看它是否坚持公共利益和社会效益至上。只有如此,才能够得到人民的信任、拥护和支持,政府公共关系的初衷和效果才能够真正实现。

(五) 手段的优越性

任何组织开展公共关系工作都必须借助于传播工具,传播是联结公共关系主体与客体的桥梁和纽带,而政府公共关系的传播条件与众不同,它拥有其他任何社会组织所不具备的优势。第一,政府掌握着大量的传播工具。报纸杂志、广播电视、网络等大众传播都由政府管理,政府可牢牢掌握主动权,将各种需要传播的信息,从各个角度反复进行传播,从而大大提高公关效率,牵引舆论导向,造就最有利的舆论环境。第二,政府的组织传播最为严密而完整。政府组织传播比其他社会组织更庞大,也更严密、更完整。不论是垂直的纵向传播,还是平行的横向传播,政府都可以将信息有效控制,并按一定程序使信息有目的地、准确迅速地在组织内部流动,并有效地传递给社会公众。第三,政府经常灵活使用各种传播手段。政府的许多政策都是先采取文件形式进行组织的内部传播,而后采用大众传播的方式,有时两种方式并用,这也是政府公共关系有效沟通的优势所在。第四,在一些实行新闻审查和书报检查的国家里,媒体信息要预先经过政府的筛选,这种通过控制信息以调控政府形象的做法,也是其他任何社会组织无法办到的。

(六) 资源的公共性

政府公共关系的实施,运用的大多数是公共资源。公共资源属于公共产品,至少属于准公共产品。具体来看,它包括报纸杂志、广播电视、网络等等。在所有权上,它由国家所有,不属于任何私人或组织;在使用权上,政府运用公共资源,更能够体现出政府公共关系的公益性和服务性。当然,政府公共关系活动也采用了一些公共资源以外的其他资源,这主要是基于其专业性和工作效率所考虑,并不对政府公共关系的性质构成影响。从整体上看,公共资源仍然是政府公共关系活动采用的主要资源。

(七) 战略的稳定性

战略是对组织整体态势和长远发展的全局把握,公共关系战略就是在相当长的一段时间内对组织的公共关系起到宏观指导作用的原则和方针。内外部环境改变到一定程度,就会使组织进入新的战略阶段,公共关系战略也相应地进行调整。就企业而言,企业的战略期基本上可以分为创始、发展、成熟、衰退、变革等几个较为明显的阶段,它取决于市场的瞬息万变。因此,企业的公共关系战略更为灵活,而现代政府的战略周期普遍漫长,对于外界环境的反应也较为迟钝。因此,政府的公共关系战略一般相对稳定,不易发生剧变。值得一提的是,在政府公共关系战略相对稳定的情况下,公共关系策略是可以经常改变的,它作为实现政府公共关系目标的方法和技术,只有保持更新,与时俱进,才能够适应政府公共关系活动的各种新要求,符合政府公共关系发展的需要。

(八) 定位的服务性

为公众服务是政府的根本宗旨,政府良好声誉的获得和形象的树立,最终取决于政府提供服务的质量和水平。因此,进一步提升政府的服务功能,已成为改善政府公共关系的必然要求,尤其是随着市场经济和民主社会的发展,管理方式逐步由刚性向柔性转变,重视公共服务职能的意义更为明显。当前,构建服务型政府已成为政府改革的基本方向,重视和做好政府公共关系工作,正是促进各级政府向服务型政府转变的难得机遇。一方面,要认识到“公共关系就是服务”,切实增强形象意识和服务理念;另一方面,改善公共关系态度,柔化公共关系手段,注重公共关系技巧,真正使公共关系活动符合服务的行为特征,摒弃高高在上的统治思想和官僚作风。

三、政府公共关系与其他关系的联系和区别

(一) 政府公共关系与人际关系

从哲学视角来看,公共关系以及人际关系都可归为社会关系的范畴,因此,处于人际关系之中的政府机构包括其他政府公共关系组织的工作人员,都要灵活运用人际关系交往的方法同社会上林林总总的人接触。但是,从严格意义上来说,政府公共关系和人际关系也有着明显的区别,主要体现在以下几个方面。

1. 二者的本质不同

政府作为公共管理机构的角色和功能决定了政府公共关系是政府机构与

其内外社会公众的一种联系,无论是有意还是无意,所有政府机构都处于这种必然的关系中,因此政府公共关系具有不可抗拒性、职业性、公共性和社会性。而人际关系通常是指社会成员基于彼此间的自由意志并在此基础上产生交往而形成的关系。可见,人际关系属于个体自由意志的范畴,个体完全可以依据自己的情感、意志在自愿的基础上处理人与人之间的关系。由于社会成员间构建人际关系不受社会强制性规范的影响,其交往的内容及形式完全取决于交往双方的审美观、价值观、个人爱好等因素,因此人际关系具有自由性和私人性的特点。

2. 二者的基础不同

政府公共关系是在政府管理行为中所产生的、在业缘关系基础上所形成的特定政府与其相关公众之间的利益互动关系。作为一种"群体型"的社会关系,政府公共关系内生于政府机构,其形态的产生晚于人际关系,是人类社会中的高阶关系形态。而人际关系是在血缘、地缘、业缘的基础上形成的人与人之间的相互作用,是一种"个体型"的社会关系,鉴于其覆盖范围广泛,可以认为有人的地方就有人际关系,比如亲戚、朋友、同事、同窗等都属于人际关系的范围。人际关系的原始形态与人类起源同步,因此人际关系是人类社会中一种古老且较低阶的关系形态。

3. 二者的主客体不同

政府公共关系的传播主体主要是政府机构和公共关系组织的工作人员,其客体是社会大众,因此其沟通对象涉及面广,范围大,结构也较为复杂。人际关系的主体是人,客体也是人。相较于政府公共关系,人际关系的立足点不同,出发点不同,研究的角度也不同,这就决定了政府公共关系与人际关系是两种不同性质的社会关系。政府公共关系多是从"公"的角度出发,服务于群体的利益——国家与社会公众的利益,是一种"群体型"的社会关系,其关注焦点是个体的共性特征,比如社会大众的意见、需求、评判等;而人际关系则是从"私"的角度出发,服务于个体的利益,是一种"个体型"的社会关系,因此关注焦点更多集中在个体的个性特征上,如性格、举止、气质等。

4. 二者的内容和程度不同

在政府公共关系中,主体与社会公众之间主要是信息、思想、感情的交流,并且主体与对象之间的交流在交往结构的深层次上进行,政府主体更加倾向于对公共关系对象的引导,其目的在于提升和改善政府管理的质量,以便更充分地发挥政府职能。而人际关系交往在内容上要比政府公共关系广泛得多,通常人际关系交往主要包括物质交往和精神交往两种。人际物质交往主要是指人与人之间的物质交换行为，人际精神交往则侧重于文化、科学知识、观念等意识方面的交流。人际交往总是由浅入深，其理想境界在于追求精神层面上的心有灵犀，甚至彼此可以达到"神交"和"神往"的境界。

（二）政府公共关系与庸俗关系

尽管公共关系在中国日益受到重视，但是在现实操作中，很多组织或个人将公共关系这一事务变成"庸俗关系"，不少人也对其存在认知上的偏差，认为公共关系只不过是"请客送礼""拉关系"的幌子，甚至很多时候一提到"公共关系"，人们会不自觉地将其同诸多"非正常"的手段联系在一起。事实上，正常有序的公共关系活动是有效地处理组织和公众之间的关系、创建良好形象的机遇，要使政府公共关系在我国健康发展，必须将公共关系和庸俗关系区分开来，并且要旗帜鲜明地提倡和实践公共关系，反对并抛弃庸俗关系。

1. 二者产生的社会条件不同

公共关系是现代社会政治民主化、商品经济发展、传播技术进步、社会活动复杂化的综合产物。由于现代社会竞争加剧，在客观上要求社会中的每一个组织必须以建立协调发展为目的，以公共需求为导向，以传播手段加强同公众的信息互动。在此境遇下，公共关系事业和公共关系专职人员应运而生。

庸俗关系是一种为了达到某种目的而去开展"拉关系""走后门"等活动的歪风邪气，是一种损害社会利益和人民利益的腐败思想和行为。它往往是在生产力水平低下、商品经济不发达、服务还不够充分的客观条件下发生的。它是有些机构或组织以牟取私利为目的，将行为和传播的范围局限在用金钱、美色等手段来维系私人关系的活动，以及包括在该活动中发生的关系总和。

2. 二者的动机不同

政府开展公共关系的唯一动机就是服务公众，重在维护和实现社会与公众的利益最大化，以便在公众心目中塑造良好的政府形象；重在通过与公众的互动形成一种互相信任、合作的关系，从而更好地行使政府的管理和服务职能。与之相反，庸俗关系活动的直接原因就是为了谋求个人或机构的一些特殊目的，本质上是一种"利用关系"，即以对"我"是否有利为标准，"搞社交""拉关系"，以权谋私，以情谋私，以钱谋私。

3. 二者的内容不同

政府公共关系的主要目的在于加深与公众的关系，以建立政府与公众之间的双向信息流为导向，其主要内容是促进政府和社会公众之间信息的双向沟通，以期消除彼此间的隔阂、误解，增进了解，从而为政府机构创造一个良好的行政环境。与此同时，向政府决策层提供社会公众的反馈和社会环境的实时近况及变化趋势。它致力于把行政"人情化"，有助于形成正常、和谐、健康的人际关系，在交往中树立政府机构的较高信誉和良好形象，以达到政府机构与公众利益均衡协调和共同发展的目的。而庸俗关系则把人际关系"商品化"，把金钱和私利作为联结彼此关系的纽带，它的主要活动内容是把物质、金钱作为交流的价码，通常以请客送礼、行贿受贿的形式出现，借以维持这种不正当的关系。

4. 二者的传播形式和原则不同

政府公共关系为把政府机构的信息有效地传递给社会公众，通常综合利用多种传播方式，在信息传递过程中以真实、客观为原则。而庸俗关系为向目标对象传递有关利益和好处的信息，往往采用私人交往为传播途径，并以对目标对象投其所好为原则。

5. 二者的后果不同

政府公共关系工作的良好开展会促进政府与社会公众之间的互相理解、信任、支持与合作，会加深公众对政府的认同，从而有助于政府更好地履行管理和服务的职能，有益于社会形成团结、友好、安定、有序的和谐局面，促进社会政治文明建设，推动社会繁荣和文明的进步。庸俗关系则是一切为牟取私人或部分机构组织的利益为宗旨，不顾国家利益、组织利益和他人利益，一定程度上破坏了社会秩序的正常运转，破坏了组织与组织之间、人与人之间正常的社会关系，不仅败坏社会风气，甚至会激发社会潜在的不安定因素，是社会文明进步的绊脚石。

从以上分析可知，二者存在本质区别，政府公共关系是一种健康的、正常的、合理的社会关系，而庸俗关系则是一种不健康的、非正常的、被扭曲的社会关系。

（三）政府公共关系与企业公共关系

政府公共关系与企业公共关系都基于公共关系的科学原理来开展工作，基本目标都是为了塑造良好的组织形象，但由于政府和企业在性质、功能上存在差异，这就导致了它们的公共关系有许多明显的不同，主要表现在以下方面。

1. 二者的主体不同

政府公共关系的主体是国家机关及其承担公共关系职能的部门，即公共关系办公室或公共事务部；企业公共关系的主体是从事生产经营或提供服务的经济实体，即企业及其公共关系部。

2. 二者的目标不同

虽然说二者的基本目标都是为了塑造良好的组织形象，但是在追求知名度和美誉度上，二者各有侧重点。政府公共关系塑造形象注重美誉度的提升，而企业公共关系更关注知名度的推广。政府公共关系重视社会效益，强调从国家的整体利益出发，坚持国家、集体和个人利益的有机统一，期望通过公共关系推行政务公开，增强政府工作的透明度，与社会公众建立和谐的关系，提高政府行政管理的科学化、现代化水平，树立廉洁、勤政、务实、高效的政府形象，从而促进社会主义经济繁荣和科技进步，形成社会安定团结的良好局面。企业公共关系虽然也谋求实现经济效益和社会效益的统一，但更侧重于实现经济效益最大化，往往借助于有效的传播手段，通过广泛地与社会公众沟通、宣传企业的优质产品、优质服务及企业的经营管理水平和科技水平，从而提高企业及其产品的知名度，树立企业及其产品的良好形象，最终促进市场份额的增长。

3. 二者活动的形式和范围不同

公共关系活动是指公共关系部门有目的、有计划地开展各种活动的总称。政府公共关系所开展的各种活动形式范围较窄，主要是：举办记者招待会、新闻发布会；开展对话、公众接待、赞助、演讲、展览会；参与大型社会活动，处理突发事件等。企业公共关系活动所采取的形式灵活多样，除举办记者招待会、新闻发布会外，还可以举办新产品介绍会、展览会、展销会、表演会、研讨会、洽谈会；开展演讲活动，组织公众参观企业设施和工作现场；冠名各种文艺演出、比赛，参加各种社会活动等。

第三节 政府公共关系的职能

“在现代社会生活中，政府公共关系是政府与公众沟通的强有力手段，是政府从事管理活动的重要方法，是政府工作走向民主化、科学化的标尺之一。”政府公共关系的职能是公共关系在政府工作中所应发挥的作用和应承担的职责。政府公共关系最基本的职能就是通过开展公共关系活动，实现政府机构与公众之间的信息交流和沟通协调，为政府机构提供决策咨询，全方位地塑造政府形象，建立信誉，促进社会的全面发展。

一、收集信息

（一）收集有关政策形象、管理水平的信息

按照美国学者查尔斯·沃尔夫的看法，政府政策的出台主要是由于市场机制产生的结果存在着经常的无数的缺陷，也就是说，每一个政府政策的制定都是为了弥补市场机制的不足。国家出台的每项法令、法规都是为了维持社会能够有序地发展。这种情况，从我国的人民代表大会提案中亦可见一斑。各地的人大代表，针对社会政治、经济、文化等方面的问题，在充分地收集信息、调查研究的基础上，以提案方式提交给人民代表大会，大会经过审议，详细地调查研究、讨论之后，作出采纳或不采纳的决议。在出台相关政策时，一般是首先通过草案，再试运行，然后在听取各方面的反馈信息后决定是否出台正式的政策法规。所以，每一个政策的制定都是经过了严格的规则和程序，它是否符合实际还要在运行过程中接受公众的考验。由此可见，政策制定和实施的每一个阶段都离不开信息交流。

各级政府组织在贯彻执行上级政府下达的决议、政策时，要结合政府各方面的实际情况，制定和实施对内、对外的各种具体措施。而对于这些具体措施的制定和实施，政府内外的公众是怎样评价、怎样议论的，是赞成还是反对，赞成的理由和根据是什么，反对的理由和根据又是什么，赞成和反对的比重是多少，以及政策实施后的经济效益和社会效益如何等，这些都是政策形象信息搜集的内容。

政府组织的管理水平包括多方面的内容，无论是政府外部各类公众，还是政府内部的全体员工，都可能对此产生不同的反应。例如，对于某项改革措施的评价——决策方向是否正确，目标是否合理，方案有无创新精神；对人事管理的评价——用人是否得当，考察任免干部的程序是否科学、规范等。政府公共关系人员必须将所了解和掌握的有关政策、形象和管理水平的信息，及时、准确地提供给政府的领导者，这对于进一步修改、充实、完善和更好地实施政府制定的政策、提高管理水平是很有益处的。

（二）收集领导者的形象信息

政府知名度的大小、形象的好坏，在一定程度上与政府领导者的形象有很大的关系。因为一个政府的领导者，对内他是这个政府的带头人，他的形象如何对政府内部员工将产生直接的影响，也将影响到政府的凝聚力和向心力；对外他是这个政府的代表，在与其他社会组织的交往过程中，他的个人形象直接

代表了他所在的政府形象。政府领导者的形象，对政府形象的影响是巨大的。例如，“9・11”事件对美国政府的形象无疑是一个严峻的考验，美国政府采取了一系列的危机公关手段，据华盛顿著名的智囊团机构——布鲁克斯协会的调查，此间总统布什的支持率，从8月份的25%创纪录地上升到10月份的91%，可见对美国总统的支持，无疑是对整个美国政府的支持。

一般来说，公众对政府领导者形象的评价，主要包括组织领导能力、运筹决策能力、协调交往能力和管理水平、创新精神、工作作风等方面。政府公共关系人员应就这些来自公众的客观评价及时与领导沟通，以便使领导者及时调整自己的形象。除了需要了解外界公众的评价外，对于政府内部公务员的各种反应也必须认真地对待，领导者只有通过他们的切实行动才能实现自己的愿望。

(三) 收集机构设置和办事效率信息

政府外部的社会公众和政府的交往一般是在政府设置的相应机构中进行的，在交往过程中，公众总是自觉不自觉地对这些机构的办事效率产生这样或那样的看法，形成这样或那样的议论。这些看法和议论或是赞誉和肯定，认为机构设置合理、程序少、运转灵活、办事效率高；或是批评否定，认为机构设置重叠、人员多、程序复杂、办事效率低；或是建议，对现有机构设置提出调整、变动的方式和方法等。不管哪种类型的信息，政府公共关系人员都应该搜集并客观地反映到政府的决策层，这是精简组织机构设置、完善政府工作职能、提高政府办事效率的有效途径之一。政府公共关系人员在搜集上述各方面信息的过程中，一定要做到准确、全面、及时。

(四) 收集有关政府的其他信息

现代社会是一个错综复杂的、迅速发展的社会，这使得政府的工作也置身于多变的动态环境中。政府公共关系部门和公共关系人员在开展公共关系活动时，应注意广泛收集有关社会、政治、经济、文化、技术等方面的信息和情报，监测外部环境的变化，分析和预测有关发展趋势，及时向政府决策层汇报和反映有关情况。有效的政府公共关系工作，对于危机的治理具有重要的意义。其中，政府公共关系工作的信息获取职能，是公共危机中进行正确决策的基础。

二、决策咨询

任何一个组织在现代社会中面临的情况都极为复杂，政府的领导者、管理者要想实施有效的领导和管理，在政府内外获得较高的威信，除了要具备丰富的个人经验、出色的能力和较高的才智外，更需要内外有各方面的专业人才提供咨询服务。在此过程中，政府内部公共关系人员提供的咨询是不可或缺的一个重要方面。可以这样说，政府公共管理部门在管理中起到了参谋的作用，扮演了“智囊团”的角色。

（一）政府形象咨询

政府形象是一个整体概念，具体包括组织人员、目标、政策、效率。组织人员由各级领导者和广大公务人员组成；目标是政府宗旨的直接体现，也是政府形象的具体化；政策是政府为实现自己的计划和任务而制定的行为准则，包括各种法令、法规、纪律、制度等；效率是政府活动的综合体现，反映着政府的工作作风、人员素质等各方面状况。由于公众所接触的事情因时间、地点而异，且评价又因个人的环境、经历不同而带有各自的主观成分，因此一个政府的形象在不同公众心目中往往差异很大。与此同时，政府自己心目中的主观形象与公众心目中的形象也常常相去甚远。政府形象的塑造是一个漫长的过程，在此之前，如果不进行形象咨询，则极有可能误入歧途，而公共关系部门恰好可承担此项职责。公共关系人员要提供政府形象的咨询，必须事先搜集社会公众对政府形象的期望并对有关信息进行整合分析，结合新获取的有关政府形象的各种信息，形成一个有关政府形象的较为准确的评估报告。

（二）公众心理咨询

政府公共关系人员对自己的工作对象——社会公众，有着充分的了解，这是政府塑造良好形象、提高声誉的一个重要前提。换句话说，有关公众对政府制定的方针、政策和实施方案的心理需求、心理适应程度与心理承受能力，政府公共关系人员要做好分析、研究和预测，同时密切注意公众的态度和意向及变化。当然，社会公众的类型很多，对于不同类别公众的心理需求与特点，公共关系人员应细致分析、研究、熟悉和掌握，并及时为政府领导者和职能部门提供社会公众心理需求的咨询服务。比如，农民希望在种植新品种时，农业推广部门能够及时地提供技术下乡服务；而下岗工人最需要的则是再就业指导；青年人为了充分施展才华和技术，希望社会能创造良好的就业、创业的条件和环境；老年人则希望社会公共福利保障能更加完善，以使他们能够安享晚年。这就要求政府公共关系人员对不同社会公众的心理需求有着清楚的了解，通过研究能够准确地预测这些心理需求在客观环境发生变化时发生的转变，得出可靠、准确的依据，以便政府领导者和有关的职能部门科学地制定、修改、完善相关方针政策。

（三）领导决策咨询

科学的政府决策是政府领导者应当履行的主要职责。政府形象和事业的成败往往直接取决于政府领导者决策的正确与否。公共关系人员为领导者决策提供的咨询贯穿于整个决策过程，主要体现在决策目标咨询、决策方案咨询、评估和选择方案咨询等方面。

三、协调沟通

（一）协调沟通政府内部的各种关系

第一，协调沟通政府内部领导者和一般公职人员的关系。政府公共关系人员如何协调处理好他们之间的关系呢？首先，积极主动地在政府领导者和一般公职人员之间铺路搭桥，建立沟通渠道，经常提醒领导者抽出一些时间，倾听大家的意见和要求，解决一般公职人员工作中存在的一些具体问题和困难，如录用、晋升、工资、奖金等，加强彼此间的联系和信任，融洽双方的关系。其次，帮助领导者了解一般公职人员的聪明才智，集思广益地进行指挥和决策。再次，积极宣传和介绍政府的方针、政策，传达领导者的意见，解释一切可能发生的误会，使一般公职人员对领导者的苦衷、难处表示理解。最后，还应让一般公职人员了解政府取得的成就，对社会作出的贡献，从而使其产生一定的成就感和荣誉感，以政府荣誉为重，做好本职工作。

第二，协调沟通政府内部一般公职人员之间的关系。政府内部的人际关系，既包括领导者之间、领导者与被领导者之间，也包括一般公职人员相互间的关系。协调公职人员之间的关系最重要的一个方面就是采用公平、公开的晋升机制。在政府部门中凭借自己的能力而得到晋升，是对公职人员价值的最充分肯定，而没有得到晋升的公职人员，如果是因为能力和贡献的差距，他肯定会心悦诚服。要协调好关系，政府公共关系人员还要经常不断地了解公职人员心里在想什么，生活和工作中有哪些实际困难，出现了什么问题等，同他们做知心朋友，在此基础上，要动之以情、晓之以理地对他们进行增强政府的凝聚力、向心力等方面的教育。除此之外，还应知难而进，力求使每位公职人员树立公正、高效率、高素质的形象，调动他们的工作积极性。

第三，协调沟通政府内部各部门之间的关系。在现代社会中，各级政府要有效地执行党的路线、方针和政策，完成国家下达的各项任务，就必须使政府内部各部门之间协调一致、互相支持、积极配合地开展工作。如果各职能部门都从本部门利益出发，就会出现相互推诿、办事拖拉的现象，甚至出现摩擦，造成各部门之间的关系不协调。这就要求政府公共关系人员能斡旋其中，明确各自的职责任务，同时要排除误解，缓和冲突。总之，通过各个沟通渠道，加强各部门之间的联系，营造一种相互支持、相互信任、相互谅解的团结合作氛围，使各部门都能成为高效能办事机构的一部分。

（二）协调沟通政府外部的各种关系

在复杂的社会现实中，由于各种原因，常常会发生政府的工作计划或工作的具体方案与整个社会的经济、政治、环境不相吻合或与外界公众需要相悖的情况，从而出现政府与公众、外界组织或外部环境不协调的现象。为此，政府公共关系人员应当与领导者及其他管理部门一起发挥自己“双向沟通”的特长。一方面，经常向政府领导者及各职能部门介绍和反映外界公众与外界组织的要求，使政府制订的计划、方案既与国家的大政方针相适应，又与外界公众、外界组织的要求相适应；另一方面，经常向外界公众和有关组织宣传自己，使广大公众和有关组织尽可能地了解和信任、帮助和支持政府工作，从而协调好政府内外的各种关系。

四、宣传引导

（一）对外部公众的宣传引导

公众对组织的评价和意见，既反映组织在公众心目中的形象，又呈现组织所面临的舆论环境。公共关系工作既要向组织提供和解释公众对组织的评价与意见，又要通过有说服力的宣传来影响和引导公众的评价与意见。因此，分析和影响公众舆论是公共关系的重要工作。组织所面临的环境是不断变化的，在不同的舆论环境下，组织宣传引导的侧重点也是不同的。一般来说，当政府推出新的政策或服务项目时，宣传的侧重点在于建立新政策或新服务项目的良好优势，所以要加大宣传力度，吸引公众注意。当它顺利发展时，宣传的侧重点在于保护和维护对政府有利的舆论环境，同时寻找新的宣传契机，进一步扩大影响、提高声誉；当政府处于逆境或某服务项目遭受危机时，宣传的侧重点在于扭转不利舆论，形成有利舆论，争取公众的理解和支持。因此，应向公众坦诚说明事实真相，宣传危机处理或补救措施，树立政府负责任的形象，从而引导公众客观地、全面地、公正地评价政府，重塑政府形象。

（二）对内部成员的宣传引导

公共关系是政府组织全体成员的公共关系。每个政府部门的成员都是政府形象的代表，每个组织成员都是政府对外宣传引导的窗口。因此，要做好对外的宣传引导，必须先做好对内部成员的宣传引导，平时要对组织内部成员进行政府的宗旨、文化、方针、政策等方面的宣传教育，使政府的理念变成政府组织成员的自觉、主动行为，甚至是习惯行为。让组织成员知晓、理解、参与组织的重大活动项目，体会主人翁精神；对组织成员进行公共关系教育，增强公共关系意识，从高层领导人到一般工作人员都养成自觉珍惜组织声誉和形象的职业素质。

五、树立形象

形象对政府的生存与发展有着至关重要的作用。在现代社会，组织形象是一个十分重要的问题，有了良好的组织形象，才能赢得公众的理解和支持，才能增强组织的凝聚力，组织的目标才能得以顺利实现。政府部门组织形象是公众对政府部门组织的总体评价，是政府部门组织的表现与特征在公众心目中的反映。良好的政府形象是一笔巨大的无形资产。有人说，形象是继人、财、物、信息之后组织的第五大资源。良好的政府形象有利于维护组织的信誉，有利于拓宽组织的生存空间，有利于增强政府对公众的吸引力，大大提高社会效益。

公共关系对于塑造政府形象的作用，主要表现在以下几个方面。

(一) 公共关系是政府确立形象意识，构建形象基础的重要前提

由于政府所处的特殊地位，它的一举一动都会成为公众关注的焦点。公众正是通过政府的各种活动、政策及政府公务人员在公众场合的表现来认识和评价政府的。所以，强化形象意识是提高政府形象的重要条件。它要求政府部门及公务人员，尤其是高层领导人，必须有正确而强烈的形象意识，注意给公众留下良好的印象，以维护政府形象。要达到此效果，必然离不开公共关系理论的科学指导。

(二) 公共关系是政府策划形象传播，优化形象显示的有效路径

良好的形象必须经公众的认可才能实现。这是一个从客观到主观、从具体到抽象、从现象到本质的复杂的多层次的心理反应过程。公众自身的复杂性又为这一过程增加了难度，这就需要通过公共关系的双向传播手段来优化政府的形象。

(三) 公共关系是政府探寻形象差距，调整形象目标的积极手段

政府与公众间的“形象差”用一般方法很难检测，但如果运用公共关系中

的组织形象评估工具、民意测验、新闻调查等方法，这些问题就会迎刃而解。政府形象具体的调整过程，首先是找出形象差距，然后是调整实施计划和过程，最后将调整后的计划重新付诸实施。如此反复经过实践和公众的检验进入下一个过程。政府形象因此而不断得到改善。①

(四) 公共关系是政府避免形象失真，完善形象的有效保障

在塑造形象的过程中，由于各种主客观因素的影响，有时难免出现形象失真的状况，这就需要通过卓有成效的公共关系活动，借助于公共关系的手段加以消除。由此可见，良好的政府形象的塑造离不开公共关系这一手段的保证。正是这一手段将政府与公众联结起来，把来自政府方面的有关信息真实、有效、及时地传达给公众，使公众获得对政府的认识，通过信息的反馈，政府能及时发现问题，弥补缺陷，防患于未然。

树立政府部门的组织形象首先要准确定位，组织形象定位是组织在公众心目中确定自身形象的特定位置，这个特定位置通常是特定组织与其他组织相比较而确定的。因此，组织形象定位总是根据组织自身的特点、同类组织的情况、目标公众的情况等要素来确定的。政府部门组织形象的定位主要在于其目标、宗旨是否符合社会利益，相比较来说，政府部门之间的竞争要比营利组织之间的竞争弱，生存空间大。因此，政府部门组织的定位首先要符合社会需要，这是其立足的根基。

政府公共关系是一门塑造政府形象的艺术。综上所述，几个方面归结起来都是为了塑造政府良好的形象，提高社会效益，以赢得社会公众的信任和支持。而塑造政府形象、建立公众信誉是政府的长期目标，所以形象的总体工程设计和实施需要运用公共关系的手段和方法。

第四节　政府公共关系的原则

政府公共关系的原则是指政府机构及其工作人员从事公共关系活动必须遵循的基本行为规范，是对政府公共关系实践及其规律的理性抽象和概括。研究、掌握并运用政府的公共关系原则，有助于摆脱传统落后的行政管理意识，树立现代科学行政思想，认识和把握政府公共关系规律和方法，开展科学的公共关系活动。政府公共关系的原则是不断发展和丰富的，本节着重介绍

---

① 段甲强，李积万.公共部门机关管理[M].北京：中国国际广播出版社，2002：172.

以下一些基本原则。

一、整体利益原则

任何管理形式和管理过程都是以一定的利益追求为基础的，利益原则是一切社会活动的基本原则，也是政府行政活动的基本原则。所谓社会整体利益，是指社会利益、国家利益和社会公众利益的总和，它包括与国家、社会、公众相关的政治利益、经济利益、生态利益、思想文化利益等。其中，公众利益是指各社会群体的集体利益及个人利益，无数公众利益的总和就是社会整体利益；国家利益则是社会利益的特殊表现形式。社会、国家和公众三者的利益从根本上说是一致的，但在具体社会活动中却表现为各种复杂的差异、矛盾或冲突。此外，政府管理行为包括政府公共关系所产生的社会管理效益，如社会使命的完成、公共产品的完善、社会服务的质量、社会监督的健全，以及人们思想品德和政治觉悟的普遍提高等，也都体现为社会整体利益。

以整体利益作为政府公共关系的出发点，政府面对的社会公众，实际上都是不同的社会利益群体，这些社会群体为了自身的生存发展，一方面要向政府提出各种各样的利益要求，以获得支持和帮助；另一方面又因追求自身的利益而可能误解、阻碍甚至干扰政府的政策和行动。而政府作为公共权威的执行系统，其根本宗旨就是为全体社会公众服务，它通过最小的资源投入获取最优良的社会服务效果，并不是仅仅为一部分社会公众服务，更不是为保证某一部分公众利益的实现而损害另一部分公众的利益。因此，应坚持对政府负责与对公众负责的一致性。对政府负责，即政府公共关系要有利于实现特定的政治制度、经济建设和社会发展服务的目标，要对政府行为直接引起的社会效果负责，还要对与政府行为直接相关的社会效益问题表示关切，以争取公众舆论，扩大政府影响，树立良好的政府形象。对公众负责，即政府公共关系决不能忽视或损害公众利益。因为公众利益是社会利益的重要组成部分，政府不仅要对社会利益、国家利益负责，更要对公众利益负责。具体地讲，政府公共关系不仅要重视由政府行为引起的公众问题，如人口增多、环境污染等，也要重视那些与政府行为无关的、带有普遍性的社会问题，如自然灾害、资源不足等，更要重视那些政府一时不能解决的公众问题，如毒品、腐败等。对这些问题，政府如果能从为公众负责的角度出发，正视它并有效地解决它，势必会大大提高政府的权威。政府公共关系的政策目标，必须从公众中来，到公众中去。根据这一原则，政府机构首先要制定并实施科学的公共关系目标、政策和方案，必须深入实际，调查研究，把分散的不系统的公众意见集中起来，加以反复比较、鉴别和论证，经过制度化的决策程序转化为系统的公共关系目标和计划，然后到公众中去宣传解释，支持政府政策，并检验公共关系计划是否正确，再从公众中集中起来，对计划进行调整，最后到公众中坚持下去，补充完善，从而使政府与公众之间的关系趋于高度的整体协调。

二、政务公开原则

政务公开原则是指增加政府公共关系工作的透明度，让内外公众在可能的条件下尽量多地了解政府各方面的情况，并采取措施让人民群众有更多机会参政、议政。通过让政府内外公众了解政府情况，包括让公众了解政府组织的有关情况和内外部环境态势，从而做到重大事情及时让公众获悉，重大问题随时征询公众意见，将对话协商制度化，这是衡量政府是否尊重公众知情权的一把标尺。这一原则主要包含两方面的内容：一是公开信息传播过程。政务公开首先是向公众公开政府公共关系的过程，即公开政府公共关系传播信息的过程。例如，何时开展调查、如何接待来访群众、何时召开新闻发布会等，都应做到公开透明，这不仅可以更好地提高公共关系活动的效果，而且更有利于公众参政议政。二是公开政府内部的有关情况。即政府部门的工作方式、程序、行政机构职能、人员与领导班子构成及政府的各项事务工作，只要不涉及保密事宜，都应向社会公布。如法律法规的制定、重大工程建设、重大事件的处理决策、一定级别领导干部的收入状况等，需听取社会公众的意见，接受社会的监督。

贯彻实施政府公共关系的政务公开原则，必须从以下几个方面体现：一是消除思想误解。政务公开原则是科学进步、民主政治替代专制政治的必然要求。贯彻政务公开原则，首先要从思想上拨开阻挡公众视线的雾障。例如，政府机关人员本身旧的“衙门观念”没有彻底肃清，旧的工作习惯改变后难以适应，怕增加工作量、怕权威减少、怕被坏人利用等，或公众的误解，担心政府搞假公开，愚弄公众。这些看法必须纠正，要适应观念的转变，要对公开性原则有一个正确的理解，有一个自觉、积极的态度。二是打通沟通渠道。坚持政务公开的原则，必须在硬件上下功夫。政府要增加沟通的工具、渠道和手段，减少沟通层次，克服沟通中的障碍，保持沟通渠道的畅通。不要总是通过一两个渠道进行沟通，更不要使用已经失效的方法，而应尽可能地使用较多、较新的渠道。例如，广州市率先在全国开展了“假如我是市长”“评聘市长参谋”“市长专线电话”“市长专邮”等一系列政府公共关系活动，让民众与各级政府机关以及政府人员之间进行多种渠道、多种形式的双向交流、平等对话，促进民众直接参政议政。政府和政府人员在公众心目中的“公仆形象”变得比过去具体了：电话里可以听到声音，屏幕上可以看见形象，高楼深院、森严肃穆的政府机关的神秘色彩已经淡化。越来越多的公众开始逐步了解政府在想什么、做什么和为什么要这样做。另外，广州市还举办了“十大公仆评选”以及“政府首长定期接待”和“政府机关现场办公”等活动，使过去老百姓心目中高不可攀、难以接近的政府官员形象变得亲民化、平易近人。三是完善监督体制。监督体制的完善是政务公开的根本保证。建立、完善和强化监督体制的内容十分丰富，任务也十分艰巨。它要求纪检、监察、检察等部门加强自身建设，不断提高人员素质，完善法规；要求充分发挥民主党派、无党派爱国人士和群众团体在国家政治生活中的民主监督作用；要求按照干部管理规定和法律程序，吸收符合条件的民主党派和无党派人士担任各级监督部门的领导职务；要求为群众团体在所在地区和单位发挥监督作用提供条件和方便。同时，监督体制要求加强舆论监督，利用报刊、电视、广播来宣传法制，弘扬社会正气，揭发党和国家机关工作人员的违法违纪行为，借助舆论形成强大的威慑力量。

三、实事求是原则

实事求是原则是指政府在开展公共关系活动中实事求是地传递信息，通过与内外公众之间的双向信息交流来建立并维护相互信任的关系，树立政府在内外公众中的良好形象和信誉。具体地说，政府在开展公共关系活动中实事求是地进行信息传播，应以事实为基础，客观、真实、全面、公正地进行信息的传播与双向交流，这就要尊重事实，据实反映，讲真话，办实事。政府通过新闻媒介把信息真实地传播给公众，不主观捏造，也不故意隐瞒，更不歪曲。政府在传播沟通中力求反映事物的客观规律，除了把真实情况告诉公众之外，还应努力告诉公众造成这个事实的原因及发展趋势，以帮助公众更好地通过政府传递的信息认清事物本质。

坚持实事求是原则，具体地讲要做到以下几点：一是全面准确地掌握客观事实。在公共关系领域，事实不仅是简单的客观现象，而且承载了一定的社会信息。要准确地认识和掌握事实的本质，认识事实的原因、现状和后果，以增强政府公共关系的针对性和科学性。二是慎重权衡真实信息的利害关系。真实信息不易被掌握，也不好确定是否可以公开传播。每一个真实信息的传播大致可以对政府与公众双方产生几种后果，对双方都有利或对双方都无利，或对一方有利而对另一方无利。如果是第一种情况，当然会如实并及时地加以传播。如果是第二、三种情况，就有可能权衡利弊，考虑取舍，甚至会影响信息传播的真实性与公开性。从对社会、公众和政府负责的角度出发，应该以是否有利于政府工作和人们了解事实真相为标准，即使某一信息的传播会对相关方面的利益有所损害，也必须实事求是地公开传播。三是传播信息要客观、公正、真实、全面。传播的信息应符合客观事实真相，公共关系人员应避免主观色彩的影响，尽量从政府和公众的双重立场出发，冷静、客观地看待事实，保持一定的中立性。政府公共关系人员要公平正直，具有较高的思想政治觉悟和政策水平，坚持真理，不畏强权，把个人利益置于国家利益、社会利益和集体利益之下。据实汇报，防止片面性、虚假性。四是根据事实调整政府行为。政府公共关系是非常复杂的社会协调工作，要取得扎扎实实的效果，必须具备满足公众合理需求的能力，针对具体的对象、环境和目标，选择相应的策略和方法，积极主动地策划公共关系活动，襟怀坦荡地把事情告诉公众，并及时调整政府的政策和行为，使关系双方在相互了解、相互合作的基础上实现互惠互利。

四、整体协调原则

整体协调原则是指政府公共关系机构和公共关系人员在从事政府公共关系工作时，要从政府公共关系的整体出发，即为了政府的整体效应而彼此配合协调，也就是从整体角度来审度政府的公共关系。整体协调原则的具体内容包括：一是政府全体成员自觉维护政府的整体形象。政府机关是一个整体。在公共关系活动中，政府的公共关系部门和其他职能部门都是为了同样的公共关系政策、目标服务的，因而政府机关的所有职员都要自觉维护政府机关的整体形象。一旦相互之间发生矛盾，也能以整体的公共关系利益统一行动，并能互相促进，努力形成一个整体系统的水平。二是各级政府机关及职能部门要维护政府的整体形象。各级政府机关及职能部门都对整个国家的人民政府负责，维护政府的整体形象。各级政府机关的公共关系目标是一致的，在相互之间的公共关系活动中可以取长补短，密切配合，发挥各自优势。要通过横向联系，形成一个有机的政府公共关系的系统。要尽量避免各个政府部门在公共关系活动中单枪匹马、互不通气，甚至互相拆台的现象，使政府形象在公众中具有整体性、统一性。整体协调原则是决定政府公共关系能否取得更大成效的一条重要原则，更是社会主义国家制度优越性的体现。

在处理公共关系问题时，如何贯彻整体协调原则，要做好以下几个方面：一是开展全员公关。公共关系工作取得成功，不仅需要依靠政府公共关系机构及其工作人员的不懈努力，而且有赖于政府机构中全体成员的整体配合。要求政府机构内上至最高领导，下至每一个成员，都成为公关人员，通过开展全员公关，使政府机构进入一个理想的公共关系环境，这是从行动上坚持政府公关的整体协调原则。二是强化大局意识。各级政府机构开展政府公共关系时不应孤立地看待和处理自身与公众的关系，而应把本组织机构置于整个社会大系统中，分析自身与社会的关系，从与社会共同利益的基点上处理并协调政府机构与整个社会的关系。这就要求政府公关人员必须具备整体性的公共关系意识，要认识到公关工作是政府的整个管理系统中的有机组成部分，是统一的政府管理工作中的有机组成部分。政府公关工作本身也是一个整体，它要求政府的所有成员都养成公关意识，在各自的岗位上完成规定的工作任务，把本职工作作为政府公共关系的一部分，做好本职工作，提高组织的公关水平。如果思想上的整体性观念淡薄，行动上就会作出有害整体性形象的行为。例如，若部分政府工作人员认为政府形象只靠领导去塑造，与自己关系不大，或者认为政府形象的塑造只是公共关系部门或公共关系人员的事，就会出现行动上的不自觉。只有树立整体思想，才能统一行动，塑造好政府的整体形象。

五、依法公关原则

政府公共关系活动是一项政治性、政策性很强的社会协调行为，必须坚持依法治国、依法行政的原则，任何活动都要在法律允许的范围内进行，禁止任何违法行为。就中国行政管理的民主化和法制化的实际来说，政府公共关系人员尤其要通晓并遵循有关的行政管理法规。行政管理法规是用以规定国家行政活动的法律规范的总和。它规定了国家行政机关的组织机构、职权责任、活动原则、管理制度和工作程序，为调整国家行政机关之间以及国家行政机关同其他国家机关、企事业单位、社会团体和公民之间的行政法律关系提供了基本法律依据。我国行政管理法规的内容体系主要包括：行政主体法，如行政组织法、行政人员法等；行政程序法，即各项行政管理活动的规范；行政监督法，即关于监督政府机构及其管理活动是否守法违法的规范，以防止和纠正政府工作中的违法失职行为，如行政诉讼法、行政复议法、行政监察法等。上述法律尤其是行政管理方面的法律规范，都是专业性很强的知识。政府机构在从事公共关系活动时，一方面要抓好对政府工作人员和公众的法律教育；另一方面要在政府机构内设置专门的法律机构或聘请法律顾问进行法律咨询，协助政府机构解决公关社交中发生的法律纠纷，从而树立法治形象。

六、科学指导原则

美国的卡特李普等人提出了“公共关系必须以科学理论为指导”的思想原则。所谓科学指导原则，是指现代组织的公共关系活动必须借助现代科学的管理理论和方法，以强烈的公关意识和系统的思想为指导发展公关理论，揭示公关活动规律，进行公关实践，而不能仅凭直觉、经验来进行。在瞬息万变的现代社会，无论哪个政府部门的周围都聚集着浩瀚无际的信息，每天都会遇到很多的问题，并要求对这些问题立即作出反应和决策。我们只有运用理论联系实际、理论来源于实践又指导实践的原理，从我国现阶段的实际出发进行探索，并运用现象和本质的原理来研究各种信息之间的本质联系，研究协调关系，以及运用一切事物都是互相联系、互相制约的原理来观察组织机构的变化规律，才能把握问题的实质，进行科学的决策和行动。

用科学的方法分析政府公共关系现象。公共关系工作要与人打交道，人的主体意识和选择意向使公共关系在表面的背后隐藏着异常复杂和丰富的内容，它需要运用科学的方法考察政府组织与公众相互作用、相互影响的过程，考察公众构成及其变化，从而获得各种具体的材料和数据，进而在获得关于客观世界素材的基础上进行科学的判断和分析。用科学的手段开展政府公共关系活动是指在政府公共关系大量活动中应尽可能采取先进的科学设施和方法，它包括选用现代化的传播通信设备、电影电视广告，以及提供咨询服务等。古代公共关系活动处于原始的、不自觉的状态，缺乏科学理论的指导，基本上是凭经验、直觉行事，从科学角度来考察，充其量也只是处理人际关系的一些方法而已；而现代早期公共关系的艺术成分多于科学成分。至今仍有人认为，公共关系有“术”无“学”，只要掌握它的实务技巧，会周旋、善应变，擅长待人处事，开展公共关系活动也就绰绰有余了。我们说，公共关系学确实是一门实践性很强的应用学科，实务技巧也确实是其中的重要组成部分，但是公共关系并非无规律可循，也绝不仅仅是经验的积累和拼凑。科学指导原则的确立，不仅从根本上划清了现代公共关系同古代公共关系的区别，而且澄清了人们对公共关系有“术”无“学”的误解，使公共关系向艺术与科学相结合的道路发展。所以，现代政府公共关系活动再也不像古代和现代早期公共关系那样只有艺术而没有科学，只凭直觉、经验进行，而是要借助于现代科学的理论和方法来指导政府公共关系的活动。

【案例思考】

案例 1　南京申办青奥会的政府公关

2009 年 2 月 3 日，国际奥委会收到中国、印度尼西亚、波兰、摩洛哥、墨西哥以及土耳其等国家奥委会提交的青年夏季奥运会申办意向书。国际奥委会称，这六个国家中，中国南京、印度尼西亚首都雅加达、波兰波兹南已宣布申办本届青年夏季奥运会，其他三个国家的奥委会还没有决定由本国哪个城市申办，请求给予更多时间研究决定。国际奥委会提出必须在 2009 年 4 月 1 日之前递交申办城市名单。按照国际奥委会公布的申办程序，所有申办城市须在 2009 年 9 月 4 日前递交正式的申办报告，国际奥委会执行委员会于 2009 年 12 月宣布最终的候选城市，于 2010 年在加拿大温哥华举行的国际奥委会第 122 次全会上将宣布最终获选城市。

2010 年 2 月 10 日，国际奥委会在加拿大温哥华召开第 122 次全会，投票选出中国南京作为 2014 年第 2 届夏季青年奥林匹克运动会的承办城市。在申办过程中，南京市政府国际国内公关发挥了至关重要的作用。

《南京日报》推出迎青奥特刊《追梦・筑梦・圆梦》，以追梦、筑梦、圆梦、指南四个篇章，共同见证这场青春梦、中国梦和世界梦完美交融、扬帆远航！2009 年 9 月南京青奥办开通了“南京青奥会申办网站”，网站具有申办工作介绍、城市形象展示、新闻动态发布、网络互动参与等四项功能，开设了“关于青奥会”“南京申办计划”“南京申办优势”“文化教育体育”“新闻活动”“支持我们”和“问答”共七个栏目。该网站具有四个方面的显著特点：一是多语种，用中、英、法三种语言面向全球发布；二是多媒体，突出网站的视频功能，发布申办宣传片、视频新闻和现场直播等主题内容；三是全互动，充分运用最新的网络技术，鼓励建立以青年为主导的独立虚拟空间，吸引青年人参与，并与中国奥委会和各类知名网站链接，扩大宣传效果；四是南京元素，在网站设计页面上点缀城墙、梅花等南京元素，突出简约、明快的特点，更加贴近青年人的喜好。南京申办青奥会成功后，申办网站转为 2014 年青奥会的官方网站，在文化教育活动、赛事报道和青奥会推广等各方面发挥主导作用，并在青奥会后继续在世界青奥交流中发挥建设性作用。青奥会网站的建设，同时以网站为中心积极发挥各类媒体的宣传报道功能，扩大了南京的国内外影响，为南京申办青奥会营造良好的氛围。为了吸引更多的青少年和普通市民关注、支持青奥会，青奥办组织了多次大型公共活动。

(1) 征集活动。青奥办从 2009 年 9 月 24 日到 11 月 30 日共用两个多月的时间面向全国公开征集青奥会申办理念和口号。应征的理念和口号要充分体现“四个性”：国际性、青年性、本土性和互动性。语言要简洁明快，要有强烈的感染力和号召力，做到吸引人、打动人，真正为申办工作加分。两个多月时间内，共有近两千名群众参加了口号的创作，最后确定为“与青奥共成长，Grow with you!”在征集申办理念和口号的同时，做好网络征集签名、“郑和宝船网络行”和网络征文等活动，为青奥会申办工作营造良好的氛围。

(2) 奥林匹克教育活动。青奥办组织开展了青少年奥林匹克教育示范学校创建活动，在全市选择了 10 所中学和 10 所小学作为青少年奥林匹克教育示范学校，并组织开展“奥林匹克教育课堂”“体育与健康论坛”“冠军成长讲座”等文化教育活动，进一步宣传、普及奥林匹克价值理念。

(3) 志愿者宣传活动。2009 年国庆节期间，在全市设立 20 个志愿者服务站点，发放青奥会申办宣传单，征集申办签名，普及奥林匹克价值理念，积极争取广大市民对申办工作的支持。

(4) 全民健身活动。以“与青奥同行，为申奥加油”为主题，利用全民健身平台将奥林匹克理念和青奥会知识宣传并普及到社区群众和广大青年中，通过展板宣传、健身汇演、趣味问答等多种形式宣传奥林匹克知识。2010 南京元旦长跑活动还增加了“盼青奥”的主题。

这一系列公关活动取得了良好的效果，民意调查显示，有 97% 的南京市民支持申办青奥会，93.38% 的人愿意当志愿者。年龄在 35 岁以下的群体中，有 96.52% 的人想当青奥会志愿者。

(5) 寻求国外名人的支持。由于对市民的广泛宣传，一些市民主动加入到申办活动中，他们以个人身份与国际名人联系，寻求他们对南京申办奥运会的支持。2009 年 10 月，69 岁的刘奎龙给萨马兰奇和罗格写信：“虽然是青奥会，但每个市民都会支持。”说这番话的刘奎龙在 1998—2008 年期间，和萨马兰奇通信 20 多次，北京奥运会上约萨马兰奇“来古城南京走一走”的话眼看要实现了。2009 年 11 月，南京市汉江路小学四(1)班的孩子们掀起了一场“签名支持南京”的活动，活动地点却远在德国。曾经到过南京的哥廷根市长欣然成为首个签名者，德国的北京奥运会银牌得主、足球先生、莱比锡市长等也纷纷签名支持。德国当地的《哥廷根日报》《建议专刊》《瞭望》等媒体，也以《Mayer 支持中国城市》《哥廷根市民支持来自中国的申请》等标题，对哥廷根市长 Mayer 签名支持南京申办青奥会进行了报道。

(6) 早餐推介会。申办活动的最后冲刺是在温哥华面对奥委会委员的陈述并接受委员的投票。对于两座候选城市南京和波兹南，南京在亚洲很有名，波兹南在欧洲很有名。然而因为文化的差异，南京在国际上的知名度并没有波兹南大。如何在短暂的时间里把南京推荐给奥委会的委员们成为当务之急。

每天早上 6:30，申办代表团团长朱善璐就带人去委员们下榻的酒店餐厅，趁委员们来吃早饭的时候上前打招呼，进行交流沟通，介绍南京，一直到 9:30 早餐结束。通过各种方式，每天和 20 多位委员见面，给对方留下南京人谦和有礼、积极主动的感性印象，同时对南京这样一个古老而充满生机的城市产生一定的好感。

(7) 人性化传播。陈述中播放的 3 分钟短片，需要向世界呈现南京最美的一面，可谓"精雕细琢"，总共改了 100 多次。从 2009 年 12 月到 2010 年 1 月，创作团队打磨了两个多月才完成了初稿。为了保证作品的国际视野、国际品味，有关方面又邀请了北京奥运会的专业团队，以及屠铭德、蒋效愚等老申奥专家联合审片，加以调整和充实。

南京市副市长、申办代表团副团长王受文是三位陈述人之一，他对自己的陈述词要求不仅英文要准确，还要有韵律，要朗朗上口，读起来有诗意。按照这个要求，为了真正做到至善至美，到了温哥华时，陈述词还在反复修改中。直到陈述的最后时刻，陈述组还在不断找不足，按照"世界第一"这一标准不断打磨。

"我有一个 14 岁的儿子，我觉得，举办青奥会不仅是一个巨大荣誉，更是一项重大责任。在我小的时候，我和我的伙伴们走路或骑车上学，运动是乐趣，是我们生活的一部分……"最终，敲定陈述稿以这种人性化的、符合国际传播规律的方式切入。

思考与讨论：

1. 南京市政府之所以能成功申办青奥会，在公共关系方面有哪些成功的做法？

2. 结合案例谈谈你对政府公共关系内涵的认识。

案例2 厦门市思明区梧村街道“民意365”项目

一、背景及起因

思明区梧村街道地处以火车站为中心的厦门市中心城区，辖区面积6.2平方公里，总人口13万，其中常住人口9万，流动人口4万。依托厦门火车站、梧村长途汽车站、厦门公交公司总站、BRT站点等几大交通枢纽，形成了由商务楼宇、商业街以及多家全球500强企业和国贸集团等厦门知名国企组成的梧村商圈。如何创建服务型政府，提升社会管理与创新，提升民生保障与改善，提升人民群众的幸福感和满意率等问题，是梧村街道长期以来探索的方向。为此，2012年6月2日梧村街道正式启动“民意365”民声直通车项目，以“倾听民声、沟通民心、服务民生”为宗旨，通过广开言路、开门纳谏，达到接地气、通民气、增和气的目标，切实帮助居民群众解决实际难题。

二、做法及经过

（一）在组织架构上，打造“三大员”队伍

“三大员”分别为“民意服务员”“民意传递员”和“民意观察员”，借此汇集来自社会各界的智慧和力量，为该项目的运作提供组织支撑。

（二）在服务内容上，突出“六大”主题

围绕区委区政府的中心工作和梧村街道的工作要点，精心设计全年受理的阶段性专题，按月推出“爱心帮扶”“环境整治”“权益保障”“企业服务”“效能提升”“综合治理”等六大服务主题，在宣传平台上滚动预告当月主题，采用正常接访受理、相对集中办理、专题协调处理的方式，强化街道职能部门的执行力，提高办理实效。

（三）在制度保障上，落实“五大”便民举措

一是设置一个窗口专人服务。

二是开通一条热线全年无休。热线电话为5882365，寓意“我帮帮您365”，实行24小时热线接听。

三是设置一本工作日记考核效能。即“民意日记”，随时登记群众投诉事由，及时处理转办跟踪记录、沟通办理进度，及时反馈信息、跟踪督办结果、收集群众满意度评价。

四是构建一个网络覆盖辖区。在辖区内11个社区同步设立11个“民意365”基层服务点，实行“基点受理、同网办理”，做到辖区全覆盖、办理无差异。

五是建立一套办理联动机制环环相扣、高效便捷。制定“民意365”民声直通车办理流程图，街道内部各职能部门、各社区均指定专人具体负责对接承办和转办跟踪工作；通过“民意日记”的进程记载，落实办理各个阶段的工作责任到个人。

（四）在对外宣传上，突出便民为民的主旨

一是精心设计便民logo图标。街道专门为“民意365”项目设计统一规范的logo。

二是创办专题半月刊。街道创办“民意365”半月刊，并在梧村街道办公系统平台上发表、推广交流“民意365”民声直通车的运作经验及成效。

三是开辟官方微信、微博。

四是加大媒体宣传力度。在《福建日报》、厦门电视台以及省市区的项目管理创新工作中都多次提到了该项目，不仅为梧村街道“民意365”民声直通车加大了宣传力度，也让更多的辖区内群众通过媒体了解到该便民利民项目。

三、成效与反响

梧村街道“民意365”民声直通车已运行三年，截至2015年7月1日，共受理民意诉求及意见建议两千多件，办结率及满意率均高达98%以上，受到了广泛好评。经过这三年的运行，梧村街道“民意365”民声直通车项目“五位一体”的工作模式已逐渐成熟，做到第一时间受理群众投诉、第一时间赶到现场、第一时间回复，群众的一桩桩烦心事、一个个急迫的诉求，都能在“民意365”民声直通车的帮助下迎刃而解，真正做到了“用群众的满意赢得信任”。

（一）服务提标提速提效，群众满意度高

“民意365”民声直通车采用“一站受理，专人办理，全程跟踪”的模式，建立从窗口受理—街道业务部门、所属社区接管—递交上级相关部门协调办理的联动机制，真正做到“只要有人反映，就有部门响应”。

（二）服务宗旨得到深化，项目特点突出

一是零距离。街道在服务大厅专设服务窗口，开通电话热线，选派精干力量担任“民意服务员”，接待群众、记录诉求，实现服务零时差、沟通零距离。二是广覆盖。梧村街道和11个社区同时启动了“民意365”民声直通车，服务网络覆盖全街道，便于居民就近反映诉求和意见建议。梧村街道官方微信微博更是在空间与时间上扩大了受众群体。三是多参与。街道首批聘请了11名热心群众担任“民意传递员”，一方面负责在群众中收集民情、传递民意，另一方面负责在群众中宣传党和政府的路线、方阵、政策，成为联结群众和政府的桥梁纽带。

（三）服务主题特色突出，取得稳健成效

将群众聚焦的热点、难点划分为“爱心帮扶”“环境整治”“权益保障”“企业服务”“效能提升”“综合治理”这六大主题，在全年各个月份进行集中受理和宣传。自项目启动至今，运作情况良好。此外，街道还将收集到的民意诉求划分为求决类、咨询类、纠纷类等不同的处理模块，以便对应处理解决群众的合理诉求。

四、媒体评论

梧村街道“民意365”的影响力已经不断扩大，得到了中央省市各级媒体的关注，成为梧村街道建设让群众满意和信任的基层组织的重要抓手，被评为“厦门市党建十大品牌项目”。通过内部督办和高效转办，不仅让群众感受参与社会管理与服务的乐趣与成果，而且通过凝聚民心、民智增强发展动力，促进社会和谐。但是，在运作中仍然存在一些问题，如：项目影响覆盖面、办理面仍然有限，在新市民老居民中的认知度还有待提升；部分诉求由于职能权限所限未能达到最完美的解决；街道各机构、各社区内部协调机制仍有不畅通的现象等。（案例来源：厦门市思明区政府网）

思考与讨论：

1. “民意365”项目体现了政府公共关系的哪些职能？

2. 厦门市思明区梧村街道“民意365”项目取得良好成效的原因是什么？

案例3　“三鹿”奶粉事件引发政府信任危机

一、事件起因

2008年6月28日，位于兰州市的解放军第一医院收治了首例患“肾结石”病症的婴幼儿，据家长反映，孩子从出生起就一直使用河北石家庄三鹿集团生产的“三鹿”婴幼儿奶粉。7月中旬，甘肃省卫生厅接到医院婴儿泌尿结石病例报告后，随机展开了调查，并上报卫生部。随后短短两个多月，该医院收治的患婴人数就迅速扩大到14名。

2008年9月9日，《兰州晨报》以不点名报道的方式报道了该消息，消息称这14名患儿都是因服用了某品牌奶粉而致病的。消息发出后迅速引起了各方媒体的关注。

两天后，也就是9月11日，《东方早报》以《甘肃14名婴儿疑喝“三鹿”奶粉致肾病》为题对事件进行了公开报道，将矛头直接指向了“三鹿”奶粉。报道中接受记者采访的三鹿集团传媒部工作人员表示，他们已经委托甘肃当地权威质检部门对“三鹿”奶粉进行了检验，结果显示质量是合格的。与此同时，报道也指出，除甘肃外，湖北、河南、江西也均发现了类似病例。

消息见报后即被新浪、搜狐等各大门户网站转载并迅速成为公众关注的焦点，并快速从三鹿集团的企业危机演变为我国乳品行业的行业危机，最终扩大为民众对政府的信任危机。

二、企业危机

2008 年 9 月 11 日晚，卫生部对媒体表示，经调查发现甘肃等地报告的多例婴幼儿泌尿系统结石病例的患儿多有食用“三鹿”婴幼儿配方奶粉的历史，经相关部门调查，高度怀疑三鹿集团生产的“三鹿”婴幼儿配方奶粉受到三聚氰胺污染。这无异于是给了当天上午仍试图为自己辩解的三鹿集团一记耳光。

为此，三鹿集团不得不于当晚发布了产品召回声明。声明称，经公司自检发现，2008 年 8 月 6 日前出厂的部分批次“三鹿”婴幼儿奶粉受到三聚氰胺的污染，市场上大约有 700 吨，为对消费者负责，该公司决定立即对该批次奶粉全部召回。如此大规模的产品受污染，其后果的严重性可想而知。消息一经公布，舆论立即哗然。

2008 年 12 月底，三鹿集团因资不抵债而宣布破产。一场源自产品质量问题的企业危机最终导致了“三鹿”这个国内乳品行业知名品牌的轰然倒下。

三、行业危机

在“三鹿”奶粉事件的调查中发现，被污染的奶粉是一些奶农为增加原料奶或奶粉的蛋白含量而非法向其中添加三聚氰胺所致。而随着检查的逐步深入，蒙牛、伊利等国内乳制品行业巨头也被牵涉其中，“三鹿”奶粉事件由单一企业的企业危机演变为我国乳品行业的行业危机。

2008 年 9 月 16 日，国家质检总局公布了对我国市场婴幼儿配方奶粉检测的结果，22 家 491 批次婴幼儿奶粉被检出含有三聚氰胺，其中包括伊利、蒙牛、光明在内的行业巨头也未能幸免。尽管国家质检总局局长在随后的新闻发布会上作出解释，称问题奶粉涉及企业仅占 20%，其他 80% 的企业的奶粉是安全的，但此语很快就遭到媒体质疑，称国家统计局 2007 年奶粉行业销量排行榜显示：三鹿奶粉以 18.26% 的市场份额占据排行榜第一，伊利和蒙牛奶粉则占 22.11% 的市场份额。而这三家奶粉产品都查出了三聚氰胺。换言之，仅此三家所占的市场份额就超过40%。

2008年9月18日，事件再次升级，在国家质检总局开展的全国液态奶三聚氰胺专项检查中，蒙牛、伊利、光明三大品牌均被查出三聚氰胺。一时间，人心惶惶，整个乳品行业遭遇严重的行业危机。

四、政府信任危机

尽管“三鹿”奶粉事件发生后，政府立即启动了国家安全事故一级响应机制处置“三鹿”奶粉污染事件，在全国开通了问题奶粉咨询热线12320，并对患病婴幼儿实行免费救治，所需费用由财政承担。与此同时，有关部门迅速对“三鹿”婴幼儿奶粉生产和奶牛养殖、原料奶收购、乳品加工等各环节开展检查，质检总局会同有关部门对市场上所有婴幼儿奶粉进行了全面检验检查，对事故相关责任人也给予了严厉的处罚。但是毫无疑问，政府作为社会的管理者，在此次事件中难辞其咎，即便事件发生后有关部门采取了及时处置措施，然而事件中暴露出的政府在食品安全领域的诸多问题仍不可避免地引发了公众对政府的信任危机。

事后调查显示，自2007年12月以来，三鹿集团就已经陆续接到消费者关于婴幼儿食用“三鹿”奶粉出现疾患的投诉。经企业检验，2008年6月已发现奶粉中非蛋白氮含量异常，后确定其产品中含有三聚氰胺。8月2日，三鹿集团向石家庄市政府做了报告。在2007年12月至2008年8月2日的8个月中，三鹿集团未向石家庄市政府和有关部门报告，也未采取积极补救措施，导致事态进一步扩大。而石家庄市政府早在2008年8月2日就接到三鹿集团公司关于“三鹿”奶粉问题的报告，虽采取了一些措施，但直至9月9日才向河北省政府报告“三鹿”奶粉问题。在8月2日—9月8日的38天中，石家庄市委、市政府未就“三鹿”奶粉问题向河北省委、省政府做过任何报告，也未向国务院和国务院有关部门报告，存在刻意瞒报、延报问题，是导致事态升级的重要原因。

五、事件结果

本次事件中，多位事故相关官员被免职，其中包括石家庄市分管农业生产的副市长张某，石家庄市委书记、市长冀某以及河北省省委常委、石家庄市委书记吴某等。2008年9月22日，国家质量监督检验检疫总局李某引咎辞职，这是因此次事件辞职的最高级别官员。

2009年1月22日，“三鹿”系列刑事案件，分别在河北省石家庄市中级人民法院和无极县人民法院等4个基层法院一审宣判。田某被判生产、销售伪劣产品罪，判处无期徒刑，剥夺政治权利终身，并处罚金人民币 2 468.741 1 万元。此外，这批宣判的“三鹿”系列刑事案件中，生产、销售含有三聚氰胺的“蛋白粉”的被告人高某犯以危险方法危害公共安全罪被判处死缓，被告人张某、薛某以同样罪名被判处无期徒刑。其他 15 名被告人各获 2—15 年不等的有期徒刑。

除了追究相关责任人的责任外，“三鹿”奶粉事件还推动了我国奶制品安全监管工作进程。2008 年 9 月 18 日，国务院办公厅发布通知，决定废止 1999 年12 月 5 日发布的《国务院关于进一步加强产品质量工作若干问题的决定》中有关食品质量免检制度的内容。10 月 9 日，国务院公布实施《乳品质量安全监督管理条例》，该《条例》明确指出，乳品质量安全国家标准由国务院卫生主管部门组织制定，并根据风险监测和风险评估的结果及时组织修订。2010 年 2 月，第一届食品安全国家标准审评委员会审评通过了 66 项乳品安全国家标准，并于 2010 年 3 月 26 日由卫生部批准公布。

思考与讨论：

1. “三鹿”奶粉事件最终导致政府信任危机的出现，原因是什么？
2. 你觉得在此次事件中政府公关职能应如何体现？

第二章　政府公共关系的发展与实践

现代政府公共关系产生于20世纪初的美国，它是当时资本主义社会的基本矛盾以及经济、政治、科学技术、文化等诸条件综合作用的结果。随着经济的发展、社会的进步，政府公共关系也经历了不同的发展阶段，逐渐为世界各国政府所重视，我们有必要梳理清楚其发展历程与发展逻辑。此外，本章还挑选了三个政府公共关系活动的典型案例进行详细剖析，使学习者对政府公共关系有整体性的初步认知。

第一节　政府公共关系的产生及发展

政府公共关系的产生主要基于商品经济的发展、民主政治的兴起和现代传媒的进步。随着社会的不断进步和发展，政府公共关系正向现代化趋势发展。

一、政府公共关系的产生与发展

（一）政府公共关系的产生

马克思曾说："人们在生产中不仅仅同自然界发生关系，他们如果不以一定方式结合起来共同活动和互相交换其活动，便不能进行生产。为了进行生产，人们便发生一定的联系和关系，只有在这些社会联系和社会关系的范围内，才会有他们与自然界的关系，才会有生产。"①这段话揭示了人类发生社会关系的必然性。作为一种社会现象和社会活动，公共关系的发展历史源远流长，远在公元前几世纪，在当时一些文化较为发达的国家里，就出现了现代公共关系活动的雏形。由于古代社会的组织化程度较低，除了政府及附属组织，社会上几乎没有其他类型的组织存在，因而古代社会的公共关系则主要表现

① 马克思恩格斯选集：第1卷[M].北京：人民出版社，1995：344.

为政府公共关系。

根据史料记载，考古学家们曾在伊拉克发现了一份公元前1800年的农业报告，它主要阐述了政府告诉农民如何进行种地、灌溉、收割、治理虫害等一系列农业活动，这是最早有记载的政府公共关系活动。在古埃及、古巴比伦、波斯、古希腊、古罗马，统治者就一方面用武力，另一方面用舆论手段来治理国家，处理与民众的关系。这些帝王、政府都曾动用大量的金钱和人力来造雕像，建寺院、陵墓，写赞美诗等，用精湛的艺术手法描述他们的英雄业绩，树立统治者的声誉，宣扬自己的伟大和神圣的身份，也传播生产知识。在古代中国，也很早就出现了具有政府公共关系性质的观念和活动，中国历代的农民起义都十分注重利用公关传播手段来制造舆论，赢得老百姓的支持。西汉和亲政策、班超出使西域、郑和下西洋，都在世界公共关系史上占有十分重要的地位。然而，严格意义上讲，由于历史条件的限制，古代并不存在科学的政府公共关系，那时的一些类似于今天的政府公共关系的思想与实践，可以看成是政府公共关系的萌芽状态，但它们却为现代政府公共关系的发展奠定了坚实的基础。

（二）政府公共关系的发展

近代政府公共关系起源于北美殖民地人民反对英国殖民统治、争取独立的斗争。他们利用报纸、小册子、传单，采用制造事件、集会、辩论等手法宣传独立的主张。最早的政府公关和竞选的宣传职能出现于安德鲁·杰克逊时代，这个时期公关活动的主要代表人物是阿莫斯·肯德尔。在19世纪20年代末30年代初，普通的公民开始拥有选举权，公众的政治兴趣迅速萌发，为了适应美国竞选、修宪、筹措资金、提高票房收入等活动的需要，开始出现了以游说、报刊宣传、民意测验等内容的政府公共关系活动。第二次世界大战期间，美国成立了战时政府公关机构——战时新闻局，培育了75 000名公关人员，并把他们派到美国的军队及盟军中去。战争成为加快美国公共关系向全世界传播的重要契机。这时，工商界重新审视了自己的生存战略，不少企业主动配合战时需要，以求取得企业利益与国家利益一致的发展。

第二次世界大战之后，伴随经济社会的全面发展，计算机、电视等通信传播工具的出现，使得公共关系为越来越多的人所了解与重视，政府公共关系开始被越来越多的国家所认识，逐渐成为一种全球现象。现代政府公共关系的发展在以下几个方面表现出一定的特点：一是政府公共关系的机构和人员日趋专门化；二是政府公共关系的理论越发完善化；三是公共关系逐渐进入政府的高级决策层，成为政府工作、决策的重要组成部分，发挥着不可替代的参谋与咨询作用。

二、政府公共关系在中国的发展

20世纪80年代以来，随着改革开放的发展，公共关系也逐渐被国人所认识，并很快风行于各行各业、各个领域。短短十几年间，中国公共关系的发展呈现出突飞猛进的势头，跨越了引入学习阶段、骤热阶段和冷静反思阶段，开始步入健康、稳步发展的轨道。中国公共关系事业的发展，是由企业界率先起步的。20世纪80年代初，得改革开放风气之先的南方的一些企业和具有较高经营管理水平的酒店、宾馆，依照国外现代企业的模式设立了公共关系机构。随后，国内企业界的人士逐渐意识到公关事业对于增进企业经济和社会效益的重要性，因此20世纪80年代中期以后，公共关系便以燎原之势，从南到北、从沿海到内地迅速发展起来。

1988年底，新华社两位记者以《政府形象》为题报道了上海市实行廉政的情况，很快引起了研究组织形象的公关界人士的格外关注。人们据此分析，我国公共关系的热点已经不再局限于企业界，而开始进入社会政治生活领域。的确，在这一趋势的推动下，经过多年的发展，我国的政府公共关系事业已经逐步进入正轨，并取得了明显的成效，这主要表现在以下几个方面。

（一）政府公共关系活动普遍化

一些大中城市结合地方文化特色，以树立城市形象、开展经济和文化交流为目的，运用公共关系策划方案，成功地举办了一系列公关色彩很浓的社会活动。例如，潍坊的“国际风筝节”、淄博的“陶瓷琉璃艺术节”、哈尔滨的“冰灯节”、上海和成都的“电视节”、呼和浩特的“那达慕节”、青岛的“啤酒节”等，这些活动在提高城市知名度、招商引资等方面都产生了积极的作用。

（二）政府公共关系机构普遍设立

1991年，国务院新闻办公室成立，之后全国人大、政协决定设立新闻处。近几年来，在全国与地方“两会”期间，新闻发布会频繁召开，新闻发言人制度也越发成熟，一些地方政府还专门设立了公共关系事务局。

（三）政府公共关系制度化

从中央到地方，将为民办事，密切与群众的联系，设立解决民众突出问题的通道进行体制化。通过各项制度的设立和执行将政府公共关系制度化，如信访制度的不断完善，“市长热线”、“行风评议”、12345群众热线的开设等，以此加强政府与社会公众的直接联系与沟通，提高行政管理效率，树立良好的政府形象。

三、政府公共关系的发展趋势

政府公共关系是一项继往开来、与时俱进的工作，对时代变化和科技发展极为敏感，如今政府公共关系正向现代化趋势发展。

（一）政府公共关系基础理论的演变

政府公共关系学科研究的对象综合化，必须广泛吸纳社会科学、人文科学等学科知识，因而它是一门交叉学科。随着政府公共关系的发展变化，其基础理论也在不断地变化，由推销理论到传播理论并向社会管理理论过渡。整个理论基础的转变，要求在政府公共关系工作中，应以公众的需要和社会发展需要为前提来策划政府公共关系活动，并强调政府公共关系活动的宣传效应和社会效应。

（二）政府公共关系职能的扩充

20 世纪 80 年代，政府公共关系在中国内地迅猛发展，但人们对其认识和理解是局部的、片面的，还仅仅局限于人际交往，故认为开展政府公共关系就是进行政府公共关系资源开发，将主要任务定位于"请客吃饭"等一些接待应酬的琐事，利用人际圈解决遇到的一些困难；"吃好""喝好""陪好""玩好"成为衡量政府公共关系成功的标准。

经过十几年的发展，"交际""接待"已不再是政府公共关系的主要部分，而只是在政府公共关系职能体系中扮演一种辅助的形式。现代政府公共关系的职能体现在多方面：收集信息、政府形象塑造、协调沟通、传播设计、危机管理、参与决策、咨询建议等，这些职能大大拓宽了政府公共关系的活动范畴。

（三）政府公共关系运作的整体化

早期政府公共关系的整体运作模式处于一种零散化的、非专业化的状态，只是简单地开展活动、发布消息等，策划的公共关系活动既无法满足公众的需求，也与政府的初衷相背离，宣传活动之间不能形成连锁效应和规模效应。现代政府公共关系在具体的运作过程中，强调战略性、整体性和系统性，打破了传统政府公共关系"各自为政"的散乱状态。战略性主要指根据组织战略目标规划、开展政府公共关系策划等系列活动；就整体性而言，政府公共关系有一项基本的职能就是公共关系调查，不仅要了解社会公众的生存环境、思想观念、价值判断等方面，而且要掌握组织发展战略，做到"知彼知己，百战不殆"。

政府公共关系策划中需要各方面的有机配合，因而强调系统性，如大众媒介和公共关系活动的结合，通过密集的、系列的公共关系宣传活动达到传播的目的。

（四）政府公共关系活动的手段、形式多样化

一方面，政府充分利用传统的大众媒介，如广播、电视、报纸等；另一方面，政府又利用现代网络等先进技术，针对不同性质的工作和不同公众，利用不同的传播方式进行政府公共关系活动。由此，政府公共关系活动的手段越发多样化，一些直接能够被群众接受的方式也运用到了政府公共关系活动中，比如自媒体、网络语言等。

（五）政府公共关系范围的全球化

全球经济的一体化促进了各国之间的交流，各国对外政治、经济、文化的交流成为必然趋势，但在交往过程中由于文化背景的差异性、利益的不对等性等，难免会产生一些误会和摩擦，这就需要各国政府公共关系活动应具有国际意识，在国际事务中充分发挥其应有的作用，进行跨国性的公共关系交流和合作。

第二节　政府公共关系应用实例举要

一、德国总理的下跪

在20世纪距今不到一百年的历史期间，人类遭受了两次世界大战，特别是第二次世界大战给大多数国家的人民带来了深重灾难，受过伤的各国人民至今难以忘记那种刻骨的疼痛。德国是发动侵略战争，挑起第二次世界大战的轴心国，但由于战后政府反省战争的积极态度和行为，为德国赢得了受害国的谅解，重塑了德国政府的良好形象。

德国和日本两国在历史上有很多的相似之处。德国前总统认为，两国在20世纪上半叶都采取了军事手段扩大势力，几乎同所有的邻国都处于战争状态，在第二次世界大战中都宣布无条件投降，其后两国在经济方面都取得了戏剧性的复兴，因而两国均可以成为“战争的失败者和和平的受益者”，所有这一切都是众所周知的事实。在战争刚刚结束的时候，当时的德国国内对战争给他国人民造成的罪行的认识与日本国内目前的状态也相差不大，对于诸多德国人来说，他们确实不愿意承担战争的历史罪责。大多数人还认为自己是希

特勒乃至其追随者的受害者，说只是这些人把德国拖进了深渊，然而战后德国的政治家表现出勇于承担历史责任和他们的远见卓识。1970 年 12 月 7 日，勃兰特总理的正式访问日程中包括在华沙犹太人纪念碑前逗留数分钟，在那里，他为当年起义的牺牲者敬献了花圈。在拨正了花圈上的丝结之后，勃兰特后退几步，突然双膝下跪，这一举动事先并没有计划。据说事后，勃兰特说："我这样做，是因为语言已失去了表现力。"德国总理下跪谢罪的画面传遍了全世界，在德国国内也引发了强烈反响，许多人批评指责，但更多的是表示尊敬。当时担任德国内政部长的根舍这样回忆道："我被这一举动深深地感动。勃兰特以他全部的人格，向每个人作出了明确的表述。"2010 年 12 月 7 日，武尔夫总统当天在德国艾伯特基金会主办的活动中发表讲话说，勃兰特通过他的一跪，代表德国人向数百万大屠杀受害者（其中大多数是波兰公民）表达了无与伦比的尊重。武尔夫说："他（勃兰特）承担了过去、现在和未来意义上的责任。由此产生了一个不同的德国人形象、一个不同的德国、一个自由民主和平的德国形象，它寻求与邻国的和解。"他说，当年只有 11 岁的他对勃兰特的下跪印象深刻。勃兰特谦卑、寻求和解的举动至今让人们铭记在心。1970 年 12 月 7 日签署的《德波协定》首次承认了波兰的领土完整——勃兰特做了一件他的前任拒绝做的事情：他承认了奥德－尼斯河为德波国界。波兰历史学家特拉巴这样说道：对波兰而言，这一协定至关重要，因为德国首次承认了波兰的西部边界。此后，勃兰特的下跪谢罪则超出了任何人的期待。这一举动成为欧洲实现和解的象征，成为东西之间、德国同波兰之间和解的象征。

自此之后，两国间互换留学生以及在经济、科学和文化领域的合作日益加深。许多人尤其是年轻一代，利用这一契机扮演了更重要的角色。莱特在 20 年前选择了攻读日耳曼学，波兰转型之后他成为首任驻德大使。他回忆道："那是一个前往新世界的发现之旅。这个协定第一次给波兰人提供了前往西德的奖学金。它无论在政治还是在社会方面的意义，今天来看，都是无与伦比的。"后来人则将这一势头发扬光大，德国时任总统武尔夫就表示，他和波兰总统科莫罗夫斯基希望在两国签署《华沙条约》40 周年纪念日这天，寻求德波关系的"新的开端"。

德国是一个历史上的侵略者，曾对世界和欧洲人民带来极大的伤害，但是德国政府正视历史，正视事实，愿意改正错误，勇于承担历史的责任，德国总理的下跪，表明了德国政府的清醒和远见。这一跪，表明了德国政府与过去彻底决裂的勇气，表明德国对以往死难人民的忏悔之心。德国政府的行为赢得了欧洲人民的又一次信任，重新获得了尊严，德国政府的形象大为改善，德国成功地返回欧洲社会，并成为欧洲共同体的核心成员，这是必然的结果。

二、APEC会议与中国上海形象

2001年的金色十月，全世界的目光又一次投向了太平洋西岸的明珠——上海，因为10月21日第九次亚太经合组织领导人非正式会议将在上海隆重召开。这是中国当时承办的规模最大、规格最高的多边国际活动。亚太经合组织是一个全力推进区域经济发展的多边经济论坛，1993年APEC领导人非正式会议举办以来，前国家主席江泽民连续8次在领导人非正式会议上发表重要讲话，阐述中国参与亚太经合组织的重要原则，同时也对APEC的发展前景表明了中国的看法。1997年的温哥华会议上，江泽民主席再次表示，欢迎各经济体领导人在2001年10月到上海共商亚太经济合作事宜。在亚太经合组织领导人非正式会议召开前期，还有APEC贸易部长会议、青年杰出企业家论坛、海关和工商企业等对话，以及中小企业部长会议等近十个重要的会议在上海召开，特别是10月20—21日APEC的领导人非正式会议是在美国于2001年9月11日遭受恐怖分子袭击后的情况下召开的。面对中央交给上海的这个光荣而艰巨的任务，上海市政府领导人指出，在我国即将加入WTO前夕，中国承办的这次重要会议，参加人数多，持续时间长，工作任务重，要求高且牵涉面广，这是对上海城市文明素质和城市管理水平的一次重大考验，也是上海建设现代化国际大都市的一个极好的机遇，上海一定要积极营造良好的社会环境，充分调动市民群众参与的积极性，为这次APEC会议提供一流的场所和服务，向全世界展示中国及上海最美好的形象。经过近两年的准备和战斗，2001年10月21日APEC第九次领导人非正式会议在上海科技馆如期举行，澳大利亚总理霍华德、加拿大总理克雷蒂安、智利总统拉戈斯、中国香港特别行政区行政长官董建华、印尼总统梅加瓦蒂、日本首相小泉纯一郎、韩国总统金大中、美国总统布什等，以及东道主，时任中国国家主席江泽民共同出席了会议。会议进展顺利，并达成广泛共识，发表了《领导人宣言》。与会的领导人认为，此次APEC的一系列会议是在“9·11”事件之后举行的首次亚太经合组织的最高级别领导人会议，成员领导人如期与会，说明了他们对此次会议寄予厚望，也表明了他们对发展本地区经济的决心和信心。与会领导人高度评价中国改革开放取得的成就，而生机勃勃的上海就是中国快速发展的缩影，各国领导人纷纷祝贺中国成功举办此次会议，感谢中国和上海人民友好的接待和周密细致的安排。

国外媒介也纷纷发表评论，对这次 APEC 会议的成功举办和美好的上海形象大加赞赏。法国的各大电视台和电台从不同角度对会议和上海形象作出了不同角度的报道；在 APEC 会议召开前后，《欧洲时报》发表了社论，社论指出，通过这次会议的成功举办，人们看到了一个生机勃勃、充满活力的中国和上海，在“9·11”事件后整个国际社会受到震荡的情况下，中国从容地成功举办了如此大型国际会议，让人感到中国社会是一个安定团结的社会，中国市场是一个繁荣的市场。上海会议的报道主要突出了三个方面的内容：一是反恐怖；二是江泽民主席与布什总统的会晤；三是评述中国的经济发展。10 月 22 日，日本各大媒体都对上海 APEC 会议作了突出报道，《读卖新闻》发表评论认为，APEC 会议在中国上海的成功举办，使中国在与国际社会协调的能力方面有了更强的信心，与国际社会的协调发展是中国自身改革和发展的需要，中国正在以北京成功申办 2008 年奥运会、加入 WTO 以及成功举办上海会议作为具体步骤，成功融入国际社会，并成为国际社会认可的大国。总之，上海成功地举办了 APEC 会议，并通过承办 APEC 会议，赢得了全世界的关注和赞赏，展示了中国和上海的美好形象。

上海承办了中国当时规模最大、规格最高的 APEC 会议，从不同侧面展示了上海的美好形象，给世人留下了令人难忘的印象。我们从公共关系的角度对这些形象进行以下评说。

第一，全民参与的形象。公共关系认为，组织的每一个成员都是组织形象的一部分，成员行为的好坏会影响组织的形象，组织的每一个成员都应该自觉地参与建设、维护组织形象的活动，这是公共关系的一个重要原则，叫作全员参与。上海这次承办 APEC 会议，充分体现和实践着这一原则。上海从一开始就感受到了这次世纪盛会的分量，作为应答，上海人亮出了“当好东道主，热情迎嘉宾”的口号，这很快就成为 1 600 万上海市民的对外承诺。APEC 的官方语言是英语，为了当好东道主，上海人民掀起了学习英语的热潮，40 万册的《APEC 英语 100 句》，短短的两个月便已销完。因为在短短的几天内有上万的外国朋友涌入上海，也许他们会瞬间进入上海的大街小巷，直接与市民接触，还有几千名记者，那么多的官员和工商界的 CEO，学英语有助于市民在接待外宾时与国际接轨。于是，处级干部在学习英语，出租车司机在学习英语，商店店员在学习英语，在某一社区的市民学校里，众多老人还在参加“通用 APEC 英语 100 句”的学习。为了在 APEC 期间当好东道主，每一个上海市民都行动了起来。APEC 的志愿者，有 10 万人踊跃报名，APEC 新闻中心的服务人员基本都是在校大学生。由于 APEC 会议的召开，道路需要开挖，交通时不时地需要实行管制，给市民带来了诸多不便，一位外国记者采访市民时问道："你们政府大兴土木和整修交通，花那么多钱和妨碍你们出行，老百姓什么意见啊？"这位市民回答：每一次大型国家会议在上海召开，都会给上海的市容和面貌带来很大的改观，让上海变得更美了，老百姓也得到了实惠。在上海大众国际旅行社的接待厅里，几位市民一边买旅游票，一边心平气和地对记者说，盛会期间的交通管理措施理所应当，政府为此做了周密的安排，我们利用特有的假期外出旅游，也是老百姓对 APEC 会议的支持。正是上海人把办好 APEC 会议看作是融入全球化，实行与国际接轨的实战演练的理念激发了上海全体市民参与的热情，使得 APEC 会议顺利举行，取得圆满成功，这向世界展示了上海市民一流的素质和全民参与的美好形象。

第二，高科技的形象。APEC 第九次领导人非正式会议主会场设在上海科技馆，上海科技馆位于上海浦东的世纪大道，建筑中央有一颗硕大的玻璃球，给人一种强烈的现代建筑艺术和科学技术有机结合的感受，它的造型也别具一格，远看如巨鸟展翼，飞翔在一池碧水之上。中国是一个发展中国家，在一般人的眼里，也许科学技术水平很一般，正如悉尼奥运会之前，澳大利亚被他国人民误认为是一个"羊背上的国家"，但正是通过奥运会，澳大利亚向世界展示了一个拥有高科技的国家形象。同样，通过举办 APEC 会议，中国向世界展示了自己的高科技形象。以国际新闻中心为例，在整个 APEC 会议期间，3 500名中外记者汇集在国际新闻中心，忙着写稿、发稿，上海不仅为众多记者提供了一流的服务，而且还有一流的设备。国际新闻中心内设 5 个新闻发布厅，其中最大的可容纳 800 名记者，有供媒体租用的 170 多个标准工作间。上海电信为新闻中心构建了一个包括海底光缆、陆地光缆、卫星地球站及机动卫星通信等在内的多重通信服务保障体系，新开通的会议电视可以与美国、日本等十多个国家、地区和国内的 15 座大城市连接，随时进行双向传递。

上海电信还把宽带铺进了星级宾馆，上海绝大多数的四星级宾馆均将 ADSL 宽带拉进了客房，免费提供给会议代表和记者们使用，当日本、德国、意大利、智利的媒体记者住进通贸大酒店，接待人员告诉他们可以免费使用提供的 ADSL 宽带上网服务时，他们感到十分惊讶，因为在他们自己的国家里，也难以享受到如此的服务。另外，在会议期间，上海电信还专门为会议开设了"单边注入电信服务"，以满足记者们在有上海背景的露天环境里拍摄节目，手机无线上网消灭了所有的盲区，等等。同时，上海还对网络的安全进行了建设，以保证网络的正常运行。总之，上海向全世界展示了数字时代的高科技运行能力。

第三，绿色的形象。在 APEC 会议的餐桌上，蔬菜、禽畜肉类等一律选用绿色食品，不见野生动物，饮水则采用天然矿泉水；客房内节能灯闪亮，冰箱无氟；会场里所有用品都是“绿色”；等等。营造一个“绿色的 APEC 会议”，这不是一句口号，而是上海 APEC 会议的一个鲜明特征。包括出席会议的各国领导人穿的“唐装”也是绿色的，唐装的面料和辅料都是天然的真纺织物，采用的是环保的绿色材料，从天然植物中提取，不含有毒物质。这些年来，上海在绿化、环保方面频挥大手笔，成绩骄人，绿地随处可见。2001 年 9 月，空气质量优良天数同比其他月份已超过 85%，更重要的是，“以绿色装扮文明城市，靠环保维护美丽家园”已成为申城人人皆知的共同理念，绿色的上海、环保的上海由此孕育而成，正是在这一共同理念培养的土壤上，才有了今天这个特色鲜明的“绿色 APEC”。在秋天灿烂和煦的阳光下，上海的白云、蓝天、绿地给世界一个“绿色 APEC”的同时，也展示了“绿色上海”的形象。

第四，阳光下最安全城市的形象。上海的治安在全国一直是名列前茅的，APEC 会议能在上海举办，一个很重要的原因就是安全。APEC 第九次领导人非正式会议有如此多的经济体领导人同时来上海参加，又是在“9·11”事件之后，因此中国和上海的安全保卫力量承受着空前的压力。上海警方及海陆空各部队立体保卫、协同作战、昼夜守护，最终保证了 APEC 会议的圆满闭幕，各国领导人也安全离开，这也充分证明了上海是一个安全的城市。有几个方面说明了上海的安全管理，如战机为客人护航，机场严加戒严，宾馆安保从蔬菜到宠物进行严格检查，网格化管理与民众参与，公安干警的奉献精神，等等。

第五，兼收并蓄的“海派”形象。自开埠以来，上海就是一个移民城市，它兼收各种文化，并蓄不同风格的城市建筑，特别是中国进入改革开放后，这种兼收并蓄的胸怀、善于学习和消化的能力有了更大的发展，被人们称为“海派”。在 APEC 会议期间，“海派”风格又一次得到了很好的发扬，与以往的会议不同，上海人没有刻意强调会议所及的活动中使用的设备全部都是中国制造，而是更多地运用了中外合资的设备，体现了中外合作的精神。

上海通过成功举办 APEC 会议也让全球进一步认识了上海，借助 APEC 会议，上海不仅向世界充分展示了这座城市迷人的美好形象，而且赋予了这一形象新的内涵：冒着黑烟的大烟囱是工业时代的城市形象，摩天大楼也不过是工业时代向信息时代过渡的产物，21世纪新的城市形象应该主要由市民的素质、绿色的环境和意识、信息技术的运用和发展能力、社会的安定、融入全球一体化的程度等要素组成。这种打造城市形象的“海派”理念，值得中国正在发展的其他城市借鉴。

三、中国政府的“乒乓外交”

1971—1972年，中美两国乒乓球队互访轰动了国际舆论，成为举世瞩目的重大事件，被媒体称为“乒乓外交”。从此，中美两国结束了二十多年来人员交往隔绝的局面，中美和解随即取得历史性突破。1972年2月21日，美国总统尼克松访华，中美关系终于走向了正常化。“乒乓外交”同时也成了文化交流、推动政治发展的一个重要例子。

（一）乒乓外交的背景

20世纪60年代末，美国经过十多年的越战，耗费了至少2 500亿美元军费，与苏联相比，美国的国际地位也相对下降，客观上美国需要寻求抗衡苏联的力量。一方面，中国“两弹一星”的成功发射，使得其国际地位大幅度提高，成为美国争取结盟的对象；另一方面，中国政府也希望恢复对美外交，以求提高国际政治形象以及争取恢复在联合国的席位。但多年的政治意识形态的隔膜，使得两国缺乏一个合理的契机。后来亨利·基辛格也说，“尼克松总统入住白宫后，非常关心中国的发展，但却苦于找不到打通两国关系的渠道，无法跟中国联系”。而1971年，美国乒乓球队接受中国人的邀请，准备访问中国，中国领导人之后却以一种奇特的、非同寻常的方式对尼克松“私下探索同中国人和解的可能性”①作出反应，这在外交史上也是罕见的。西方政论家、新闻记者立即对此举进行了评论，认为“这是中国改变对美国的态度的一个极具重要意义的行动”②。

（二）乒乓外交的过程

事件起于1971年3—4月在日本名古屋举行的第31届世界乒乓球锦标赛。在中断两届后，中国乒乓球队在名古屋“世乒赛”上回归，在这之前，中国

① ［美］马文·卡尔布，伯纳德·卡尔布.基辛格：上［M］.齐沛合，译.上海：生活·读书·新知三联书店，1975：337.

② 顾宁.永恒的美中民间友谊：“乒乓外交揭秘”［J］.世界历史，1997(6).

队收到过国际“乒联”和日本方面的多次邀请。当时的国际乒联主席罗伊·埃文斯宣称自己曾与周恩来接触，并对其称“文革”以后中国需要通过运动交流与世界联系。由于当时处于“文化大革命”时期，直到邀请提交给毛泽东，方才获得批准。

“历史的进程常常是微妙的，有时偶然的事件会引出必然的重要结果，非常有意思。”①开赛前夕，周恩来召集有关人士开会时要求这次参赛“接触许多国家的代表队”，“我们也可以请他们来比赛”。同时，他要在座的人“动动脑筋”。比赛开始第一天，中国队乘巴士从体育馆返回宾馆时，美国运动员科恩上来搭便车。汽车到宾馆约需 15 分钟，而前 10 分钟大家都没有什么交流。后来中国运动员庄则栋主动和他握手、寒暄，并送他一块印有黄山图案的杭州织锦留作纪念。当时在车上科恩想回赠点什么，但在包里只找到一把梳子。他说：“我想送给你点什么，但我总不能送你梳子吧。”下车时，科恩手持织锦的情景被在场记者抓拍，成为“爆炸性新闻”。第二天，科恩准备了一件印有和平标记和“Let It Be”字样的运动衫，专门在中国队的必经之路上等待庄则栋，回赠他礼物，并与他拥抱。记者问科恩是否想去中国时，科恩回答：“我想去任何一个我没到过的国家，阿根廷、澳大利亚、中国。”记者再问：“那特别是中国这个国家，你想去吗？”科恩给予肯定的回答。

其后，美国乒乓球队副领队哈里森来到中国乒乓球队下榻的酒店与中国代表团的负责人会面，并询问能否邀请美国队访问中国。4 月 3 日中国外交部收到国家队的报告后，在提交周恩来的报告上指出，支持蒋介石政府的美国政府的球队访华乃是不合时宜。周恩来批示同意外交部意见，并附带一条批阅：“请把愿意访华的美国队名单记录下来，以便今后同他们联系。请毛主席阅示！”这份报告转交毛泽东后，毛泽东圈阅报告退外交部王海容处存档。当晚，毛泽东睡前看参考消息，读到外电对回赠礼品事件的报道，突然大喊“我的庄爷爷”，并立即指示邀请美国乒乓球队访华。次日，美国国务院接到驻日本大使馆《关于中国邀请美国乒乓球队访华的报告》，立即向白宫报告。尼克松在深夜得知这个消息后，立即发电报给美国驻日大使，同意中方的邀请。事后尼克松说：“我从未料到对中国的主动行动会以乒乓球队访问北京的形式得到实现。”4 月 10 日至 17 日，美国乒乓球协会的 4 位领导和科恩、雷塞克等 9 位运动员及其中的 2 位配偶，以及一小批美国新闻记者经香港抵达北京，科恩等

① 薛庆超.中国现代史论：第六卷[M].成都：四川人民出版社，2010：26.

成为自1949年以来第一批获准进入中华人民共和国境内的美国运动员。其间，周恩来每天都有详尽明确的批示应对各种突发情况。如1971年4月12日11时，周恩来在批示中特意指出"可以安排他们去参观故宫"；4月13日晚建议"看样板戏的剧场，既然政协礼堂不太合适，应安排在人民大会堂三楼小礼堂"，对样板戏剧场的变动给予妥善安排。与此同时，4月16日，尼克松发表声明，"本届政府和下届政府的长远目标必须是做两件事：一、使美国政府和中华人民共和国之间的关系正常化；二、使大陆中国与世隔绝的状态结束"①。

其间，美国队在北京和上海进行了两场比赛。4月14日凌晨，美国、加拿大几名队员突然生病，美国乒乓球代表团与中方翻译发生误会，以为中方有意把美国队员留下不让走。周恩来得知后批示迅速给予治疗，如能参与接见尽量安排，并保证美国队员的人身自由。当天，周恩来在人民大会堂接见美国乒乓球队时说："你们在中美两国人民的关系上打开了一个新篇章。我相信，我们友谊的这一新开端必将受到我们两国多数人民的支持。"会见结束时，周总理意味深长地表示："我请你们回去把中国人民的问候转告给美国人民。中美两国人民过去往来是频繁的，以后中断了一个很长的时间。你们这次应邀来访，打开了两国人民友好往来的大门。我们相信中美两国人民的友好往来将会得到两国人民大多数的赞成和支持。"总理的话使美国记者罗德里克很感动，他代表随团美国记者热情地表示："我首先感谢你邀请美国记者访华。美国记者访华，经过这么长时间的中断，终于实现了。同时我赞成你刚才的说法，我们的关系翻开了新的一页。如果我们两国间有更好的谅解，这新的一页将更加美好。我希望通过记者的报道，这种关系会得到改善。"

"周总理会见美国乒乓球代表团这一举动本身，特别是谈话中传达的重要政治信息，立刻引起美国政府高层的关注，也受到美国广大民众的欢迎。"②1971年7月基辛格秘密来北京，1972年2月尼克松访华等重大事件相继发生，人们不难理解周总理"小球转动了地球"一语的深刻含义和英明预见。就在尼克松访华后的两个月，也是美国乒乓球代表团访华一周年之际，中国乒乓球代表团踏上访问美国的征程，实现了对美国乒乓球代表团访华的回访。可以说，"乒乓外交"打开了中国外交的新局面，为中国政府与美国正式建交以及

---

① 张静如.中华人民共和国发展史：第三卷[M].青岛：青岛出版社，2009：369.

② 吕聪敏.小球转动了地球：亲历"乒乓外交"[J].观察与思考，2009(5).

中国进一步走向国际舞台提供了一个经典案例，同时也是中国政府公共关系史上的一个经典案例。

【案例思考】

案例 1　马航客机失联事件

北京时间 3 月 8 日凌晨 1 时 20 分，由马来西亚飞往北京的马来西亚航空公司 MH370 航班与地面失去联系，机上 239 人中包括 153 名中国大陆乘客。2 时 40 分，马来西亚苏邦空中交通管制台证实航班失联。6 时 30 分，失联航班没能按时抵达北京首都国际机场。11 时，马航公布乘客名单。马航接受 CNN 访问时表示，本次航班配有 7 小时航油，他们相信到目前为止，飞机航油已经耗尽，马航目前对飞机位置完全没有头绪。有媒体报道称，越南搜救人员当天在越南南部金瓯省西南 120 海里处发现失联客机信号，随后越南官方予以否认。8 日下午，马航召开发布会，却比预定时间推迟两小时。发布会仅持续 5 分钟，发布的仍是“失去联系”的消息，也未给记者提问机会。主持人离场时现场一片骚动，场外则一片混乱。马来西亚交通部长 8 日否认了马航 MH370 航班已经坠毁的消息。波音公司 8 日下午发表关于马来西亚航空公司 MH370 航班的声明，向失去联系的马来西亚航空公司 MH370 航班上所有人的家属致以最深切的关切，并宣布波音正在组建一支团队，以向调查当局提供技术协助。在失联 13 个小时后，马来西亚总理纳吉布宣布 16 时将就事故情况召开记者会，但记者会又因故推迟数小时。8 日晚，一些媒体报道，失联客机乘客名单中的一名意大利乘客并没有登机，其护照于一年前丢失。意大利外交部证实，这名乘客身在泰国。9 日凌晨，奥地利外交部证实，乘客名单中的一名奥地利籍乘客也没有登机，人在奥地利，2012 年曾在泰国丢失护照。国际刑警组织当天下午证实，至少两本已在这一机构数据库备案的被偷护照被马航失联客机乘客使用。这一消息引发人们关于航班遭恐怖分子劫持的猜想。

马来西亚官方 9 日 15 时说，吉隆坡国际机场现场监控已经锁定使用虚假护照信息登机的乘客画面。马方称用假护照登机的乘客为“亚洲面孔”，晚些时候又否认这一说法。3 月 15 日，马来西亚总理纳吉布亲自出席发布会，并确认失联客机联络系统是被人为关闭的，而客机航线也是被蓄意改变的，卫星与飞机之间的最后一次通信为3月8日8时11分。针对客机的最后位置，纳吉布给出了两种可能，即南部走廊地带和北部走廊地带。北京时间3月24日晚10时，纳吉布在吉隆坡就有关失联客机MH370的相关进展召开新闻发布会，根据最新的分析结果，MH370客机已坠落在南印度洋，机上无人生还。纳吉布表示，25日早上会开新闻发布会公布更多细节。马航已经向家属通报了相关进展，随后纳吉布的声明结束，未透露更多细节。

在北京丽都酒店守候了十余天的乘客家属在听到马来西亚官方宣布飞机失事的消息后悲痛欲绝，但鉴于以往马方在调查事件时的反复和滞后表现，一部分家属表示不信任这一说法，只有看到飞机残骸才能确信飞机失事。25日上午，乘客家属举着自制标语步行前往马来西亚驻华大使馆进行抗议。家属要求大使现场给马总理打电话询问，马大使沉默，只称会转达问题。

有关MH370失联的消息在3月8日早间已经被媒体广泛报道，马方却未第一时间作出迅速反应，而是捂住“脑袋”，做起“鸵鸟”。官方新闻发布会更是拖延到当日下午才举行。MH370失联的消息传出后，马航副总裁最先接受了CNN采访，面对记者的询问，他一连回应了数个“no idea”。No idea，不清楚，这种状态一度是马来西亚航空对外回应的主基调。在MH370航班失去联系13个小时后，马来西亚方面才不得不召开新闻发布会。这场发布会不仅比原定时间推迟半小时，而且只持续5分钟即宣告结束，也没有给记者任何提问的机会。在马航官方微博附带的声明中，不痛不痒的官腔论调也深深刺痛了忧心不已的公众。他们没有站在乘客和机组乘员的角度去表达任何的安慰之情，并且在多份声明里，马航都用了“regret”(遗憾)的字眼，这是明显的公关词汇，将责任撇在一边，显得不近人情。“regret”一般只能用于利益不相关方，马航作为航班承运人，使用“遗憾”这个词，太轻描淡写了。相反，中国外交部用“忧虑”，表达了对乘客和机组乘员的关怀，显得更到位一些。更不用说马航的官方声明“一二三四”这样的排版方式，是有多么的官僚与冷血。

“我们都很揪心”，当天上午，得知航班失联后，中国外交部长王毅在全国两会新闻发布会上如是说。当天中午，遵照习近平主席、李克强总理指示，王毅紧急召开境外中国公民安全保护工作部际联席会议。中国第一时间启动最高级别响应。中国第一次在国外海域组织的远距离、大规模搜救行动启动。8日上午，中国海警指挥中心调派距客机可能出事海域最近的海警3411船全速前往。在南沙海域执行任务的“绵阳号”导弹护卫舰当晚赶赴疑似海域。交通运输部派出由专业潜水员组成的应急救助队和打捞专家，截至18日，中国调动10多艘专业搜救舰船、多架飞机和21颗卫星参与搜寻。

中国、美国、日本等国海空力量陆续加入行动。截至18日，参与搜寻的国家从14个增至26个。中国展现了不一般的姿态。中国总理李克强在继3月8日与马来西亚总理纳吉布通电话敦促马方迅速有力开展马航失联搜救工作后，3月12日竟径直与前方中国搜救船长通话了解搜救最新进展情况，于3月17日再次与纳吉布通电话，再次强调只要有一线希望就应继续尽最大努力救援。当时，海军执行搜救任务的两支舰艇编队分别距离疑似海域2 300多海里和3 100多海里。这一切告诉世界，在搜救方面，中国已突显“后发制人”，无论参与救援的军用武器和商船，还是参与救援的人员数量，都堪称第一。

为何在多国对搜救前景表示了迷茫，多国相继退出搜救的情况下，中国都不为所动，并有点逆“潮流”而动的倾向？网上有人说中国是在“作秀”。不对！中国在搜救马航失联问题上之所以不断加码，不断发力，乃因客机中有着150多名中国同胞生死未卜，以人为本的执政理念就需要千方百计找到这150多名中国人。其实，近年来，在国际事务中，中国每遇中国人在境外遭遇不测都会及时伸出友谊之手进行各种方式的救援，这一点已深深地印在中国人的心目中。马航失联事件一传出，中国国家主席习近平即第一时间责成相关部门组织力量进行搜救。后来，习近平还直接过问救援部门的工作进展情况。可以说，中国不惜耗资、耗力搜救马航失联人员，是以人为本的理念使然。

思考与讨论：

1. 在马航飞机事件发生后，马来西亚方面的做法存在哪些问题？
2. 点评中国政府在此次事件中的表现。

案例2　国庆大阅兵传播国家形象

中国的国庆阅兵，并非耀武扬威，它是以一种和平方式，展示中国的力量。2009年10月1日，天安门大典行将开始，天空由阴转晴，转瞬云开日出，一束光芒从东方射出……从1949年到2009年，中华人民共和国成立60周年，恰好是一个甲子。中国这头雄狮已经苏醒，抖擞精神，威武雄壮地站立起来。如此宏大的气势，如此超长的规模，如此整齐的步伐，如此绚烂的景象，哪里还能看到？只有中国。

8万名青少年在天安门广场中央布阵，两个半小时里翻动49幅字图；8 000多名陆海空军、特种部队、首都部队、首都民兵，组成14个方队正步跨越天安门;52种型号的战车、火炮、陆战队战车、常规导弹、防空导弹、反舰导弹、轰炸机、无人机、预警机、加油机、新型雷达,穿长安街而过;151架飞机凌空致敬;10万人组成的56个游行梯队,以五彩缤纷的动感演绎着中国60年的变迁;最后数以千计的和平鸽、数以万计的氢气球,在歌声和欢呼声的鼎沸中,飞入天空……

新中国在成立60周年的这一天,进行了浓缩众多中国元素的政治、军事、经济、文化的大汇演,并自豪地向世界宣布:中华民族的伟大复兴启程了。美联社、路透社、法新社这些国际通讯社,纷纷给予中国国庆重要篇幅的报道,BBC、CNN也以不同方式直播或转播了现场实况。当下,中国真真切切地巍然屹立在世界东方,是世界上发展较快的国家之一,已经没有哪个国家可以小看中国。国庆60周年庆典从陆、海、空方阵到群众方阵再到晚会,整个过程蕴含着无数含义丰富的象征符号,这些符号传播了繁荣富强的中国形象。实物媒介构成的政治符号与民间符号相互呼应,营造了团结和谐的氛围。

国庆60周年大典的天安门广场,运用了国家象征意义的政治符号,像国歌、国旗、国徽等,也运用了腰鼓、秧歌等一些民间艺术符号,营造了国家领导人与民同乐,全国人民普天同庆,解放军与老百姓军民同心的气氛。各省、市、自治区和各行各业的彩车展示了他们的发展成果,也隐含对政权合法性和发展道路正确性的认同。由训练有素的士兵,整齐划一的市民,精心制作的花车和坦克、导弹等新武器组成的国庆阅兵式成为中国人为之骄傲的时刻。

庆典中20万人保持整齐划一,极其成功地展示了人们对身体的"控制"和"规划"。"政治仪式"通过一系列经过特殊编排的操演程序,"将身体装扮成政治生活中的视觉代码",强烈地传达了权威信仰和政治忠诚等信息。少数民族群众、外国友人、归国侨胞、港澳台同胞、少年儿童等身份也都成为象征载体,确认着新中国民族团结、和谐安定并充满希望的社会秩序,也标志着中华复兴、祖国统一和更强大的国际影响力等愿景期许。外国友人的参与,无疑是作为一种"他者的认可"被植入展示自我发展成就的典礼中。此外,国庆大典只有约1.5万人受邀现场观礼,这一资格的获得也被视为一种身份和荣誉的象征,无形中具有了"赋予地位"的作用。国庆作为一种国家行为,其组织过程中自然要体现国家意识、政治意识,被赋予强烈的意识形态象征色彩,通过民俗符号、历史召唤、身份象征等共同组成了国庆庆典的结构,展现了人民普天同庆的"共同心声"。

对于重大仪式性活动,电视具有其他媒体难以比拟的优势,特别是它的现场直播技术和接近100%的覆盖率，使其成为现代仪式性活动中极为常用的传播手段。现场直播，作为非常规的播出形式，本身能给受众提供独特的参与心理和悬念心理，受众可以在无形中由被动观看变成事件参与者和见证者，获得直接的情感体验。通过电视，受众在不同领域、同一时间收看同样的仪式场面，人们以共同体的身份被吸引到“神圣典礼”中。可以说，在电视媒体普及之后，媒介仪式这种新的文化现象才真正出现。以电视为代表的电子媒介已经成为塑造国家集体生活与文化的中心机制，常常参与建构各种媒介仪式。本次国庆60周年大典运用了电视、报纸、网络和手机等多种媒介形式向全世界传播展现中华人民共和国伟大复兴的宏大庆典。尤其是中央电视台全程采用高清现场直播，当天，CCTV-1、CCTV-2、CCTV-3、CCTV-4、CCTV-7、CCTV-8、CCTV-10、CCTV-12、CCTV-新闻、CCTV-西班牙语、CCTV-法语、CCTV-阿拉伯语、CCTV-俄罗斯语频道分时段并机，对国庆庆典进行全球直播。

传统媒体中受众与媒介之间的交流是很少的，受众之间的交流更是微乎其微。而新媒体拉近了受众与媒介间特别是与信息发布者的距离，更促进了民众之间的交流。这些变化也间接影响着公共关系的发展，一方面，新媒体提升了受众的地位，受众在选择信息上变得更积极主动，在获得信息的渠道选择上更自由。他们不再只是被动接受信息的受众，更可以成为信息的发布者，拿YouTube、土豆网等播客来讲，播客使得受众与媒介之间的界限越来越模糊，人们很难分辨这些视频是网站发布的还是单独个人发布的。另一方面，新媒体确实促进了受众与媒介之间以及受众之间的联系。人们可以在论坛上自由地发表言论，在新闻消息的后面自由地发表自己的看法。人们更能通过QQ、MSN、飞信、手机等工具即时地交流。媒介也可以迅速地得到受众的反馈。同时，传播主体可以自己在互联网上发布消息、组织活动等，而不必依赖媒体，从而增强与受众间的互动。受众与组织间的互动也能提升受众对组织的好感与忠诚感。

国庆60周年庆典，新媒体被充分利用。2009年10月1日零时至22时30分，新华社手机电视台与中国移动共同推出了“国庆60周年大型电视直播报道”。除了手机电视这一新的传播尝试外，网络视频也有出色表现。例如，搜狐以“追寻现代中国”为主题进行新中国成立60周年特别报道。视频内容涉及10月1日阅兵仪式、群众游行、领导发言、现场展示、武器装备等方面及其花絮场景等。人民网、新华网等传统媒体网站以及新浪、搜狐、网易、腾讯等主要商业网站全线飘红，都在最醒目的位置设立了“国庆报道专区”，开通视频直播和现场文字图片快讯，并配有纵深专题和多样的网络互动。网络直播不仅弥补了电视直播收视的局限，而且其现场文字和图片传递极快，并融合了报纸杂志在纵深报道上的优势，其互动性也是传统媒体无法比拟的。传统媒体的强势覆盖和新媒体的互动传播，使得国庆60周年的传播范围广，传播效果好，此次庆典给人们留下了美好而深刻的印象。（案例来源：齐小华、殷娟娟、李兴国，《政府公共关系案例精析》，中国人事出版社，2012，有删改）

思考与讨论：

1. 中国政府国庆60周年庆典是如何宣传与树立国家形象的？
2. 此次国家形象的展示利用了哪些传播与公关手段？

案例3　英国政府公关的历程

1850年，英国邮局（后来成为政府部门）第一个建立专门的宣传机构来精心策划新闻报道。当时的邮政大臣发现，公众对邮局抱有“不完善的认识”，因此就建立起了一条“新的途径”，将“邮局的活动带进公众和议会的视野”。

英国历史上政府公共关系的重大变革都与两个因素有关：矛盾斗争，以及新媒体的出现——尤其是新的技术及不断增多的媒体选择。1914—1918年的第一次世界大战就见证了这两个因素对政府公共关系所带来的影响。

首先，电报的出现使得前线战报能够以当时不可思议的速度传回英国。英国政府邀请了伦敦新闻界的编辑们加入了它的“信息咨询委员会”（Information Advisory Committee），共同研究以何种方式向大众传播与战争相关的信息。内政部也开设了专门的信息办公室。1919年，航空部成为英国历史上第一个在成立最初就拥有自己新闻官的国家机构。

1930年到1940年间，政府各部门新闻办公室的职责发生了转变，由单一的回复问询逐步转变到参与制定更深思熟虑、更主动的传播策略和信息政策上来。1932年，唐宁街10号任命了英国历史上第一个新闻秘书长（Chief Press Secretary）。

第二次世界大战的爆发，通俗新闻、电影以及广播的出现，再次证明了矛盾斗争与新媒体技术这两个因素对英国政府传播方式的变革影响。为了更好地迎接这些挑战，曾经被撤销的信息部于1939年再次成立。

20世纪40年代末，英国政府决定重新审视政府机构传播工作的方式。

调查结果被写成了“克龙比报告”(Crombie Report),报告提议将“新闻官”(Information Officer)设为一种新的职业,这一建议于1949年变成现实。政府信息中心的主管同时兼任新闻官行业组织的负责人。

变革发生在20世纪80年代,原来拨给政府信息中心的国家资金被分配到各个政府部门,政府信息中心成为“下一个计划”的一部分,由国家资助变成自谋生路、企业化运作,以更好地提高工作效率和服务质量。而获得资金的政府部门增加了内部市场和新闻人才,对政府信息中心的依赖越来越少。

这一时期另一个关于政府公共关系的调查报告显示,政府缺乏正规的对专业人员进行评估和聘用的资格考核体系,因此“新闻官管理部”(Information Officer Management Unit)成立,制定了完善而专业的评估体系,这至今仍是对新闻官进行录用和考核的基准。到2003年,Phillis调查开始的时候,媒体环境变得更加多元化,竞争也日益激烈,尤其是电子媒介的运用已经非常广泛。这份报告号召重新界定“政府传播”的定义,认为它应该建立在一个更加广泛的媒体环境之上,运用双向沟通的方式,更加注重受众的需要,同公众开展对话。这份报告的建议中还包括任命一位负责政府公关传播的常任秘书,并为所有的政府公关人员建立一个网络,这便是后来的“政府通信网络”。

一、政府信息中心(The Central Office of Information)

英国政府信息中心(COI:www.coi.gov.uk)是官方的新闻传播及推广中心,为各个政府部门以及公共机构提供服务,为他们运作的各种公共关系活动提供信息支持。这些活动都同公众的日常生活息息相关,从卫生、教育到公民的权益、福利等等。该机构还负责政府网站Directgov(www.direct.gov.uk)的建设和管理。公众可以通过这个网站及时了解政府的公共服务,以及与自己密切相关的政策和信息。

二、政府通信网络(The Government Communications Network)

除了上面提到的政府信息中心,英国政府通信网络(GCN:www.comms.gov.uk)将各个政府部门的新闻传播及公关人员通过网络联系在一起,为他们提供支持和帮助,以便他们能够不断地学习提高,在自己的职位上不断发挥专业的、高标准的作用。在其网站上,负责人Howell James解释道:“高效的政府传播应当是一个双向的过程……我们需要从旧日的公告式传播方式——政府只是一站式地向公众传达一项已制定完成的政策——转为说明式传播——政策出台的每一步都应当向公众透明公开。”

三、政府公关运动的典型案例

英国政府信息中心与政府各部门以及公共机构紧密合作，开展了一系列同医疗、卫生、福利、就业相关的公关运动。

（一）气温变化运动

英国政府制定了到2010年达到二氧化碳排放量比1990年减少20%的目标。因此，环境、食品和农村事务部通过政府信息中心展开了一项针对环境变化的公关运动，以帮助减少日常生活中的二氧化碳排放。

这一公关运动有效地传达了这一目标，得到了公众的认可和支持。因此，它将继续为政府设下的到2050年减少60%二氧化碳排放量的艰巨目标提供公关支持。

这项运动的目的是提高消费者关于二氧化碳对气温变化产生的巨大影响的了解，告诫人们哪些不为人知的日常行为会制造二氧化碳，比如使用暖气、照明、旅行等，并鼓励人们减少个人对环境的负面影响。

（二）少数族裔运动

为了帮助各个公共机构加强同英国的少数族裔之间的沟通，政府信息中心发布了一项新的指南。政府信息中心代表英国的社区与地方政府部门制作的这一指南，强调了与不同少数族裔之间开展广泛而深入的沟通活动的重要性。它提供了一系列实用的操作指南，指导公共机构如何更好地深入社区、调查社区现状、参与社区活动、促进社区发展。

（三）新选民指南

下议院曾经通过政府信息中心发起过一场公关活动，专门针对英国的年轻人，称作“新选民指南”，旨在帮助年轻人了解参加选举的步骤，以及为什么选举对他们来说是非常重要的权利。

公关活动之前的调查是这次活动的亮点。调查提供了关于17岁到18岁的英国年轻人对政治与选举的态度，以及他们会对什么形式和内容的政治信息感兴趣。这在很大程度上协助了公关活动的策划和执行，使活动变得更具针对性、更有效果。

（四）海军入伍征召运动

英国的海军征召董事会（The Directorate of Navel Recruting）也通过政府信息中心开展过吸引更多年轻人入伍的公关活动。这个活动针对16岁到24岁的年轻人，增加他们对海军内部不同岗位职业需求的了解，并鼓励他们致电或写邮件咨询任何他们想要了解的信息。（案例来源：唐钧，《政府公共关

系策略与实务》，中国传媒大学出版社，2008，有删改）

思考与讨论：

1. 英国政府建立了哪些机构与部门承担公关的职能？
2. 英国政府历史上的公关方式有哪些？

第三章　政府公共关系的主体

政府公共关系的主体十分广泛。有人甚至这样来表达:“只要你在政府中供职,你也就是在从事公共关系工作……政府从事的所有事情中都包含公共关系因素。”从这个意义上讲,政府公共关系的主体涉及政府机构的总体。不过,我们可以从两种意义上来界定政府公共关系的主体,比如,政府公共关系的主体是国家机关及其承担公共关系职能的部门,即公共关系办公室或公共事务部。[①] 按照这种说法,当我们提到“政府公共关系主体”的时候,有时指的是“国家机关”,这是一个泛义的指称;有时则可能专指那些专门行使公共关系职责的具体政府部门,如 2006 年 12 月 28 日上午正式成立的河南省首家警察公共关系部——焦作市公安局公共关系部,该部职责包括:警方新闻发布、警察文化建设、警方业绩展示、新闻危机应对、公益广告管理和协调社会各界实施治安防范宣传社会化工程等。再如,马来西亚公共关系局、俄罗斯能源部公共关系局、科威特内政部公共关系局等都是专门履行公共关系职责的部门。以上这些部门都是直接以公共关系命名的公关机构,有的机构并不直接被指称为“公共关系局(部)”,如香港特区政府新闻处。

具体而言,政府公共关系由三大基本要素构成,即政府公共关系的主体、政府公共关系的客体以及政府公共关系的手段。政府公共关系的主体即政府公共关系组织机构,是指执行政府公共关系任务、实现政府公共关系功能的载体和实体,是政府公共关系工作的专业职能机构,是政府公共关系主体建设的组织保证。政府公共关系组织机构为了适应不断变化的政治公共关系环境,以寻求自身发展的需求,便产生了政府公共关系行为;为了实现政府公共关系组织机构的公共关系目标,便应运而生了专门从事公共关系工作的专职机构和专业人员。这样,政府公共关系组织机构和政府公共关系工作人员便构成了政府公共关系的主体。政府公共关系组织机构能否充分发挥政府公共关系

① 詹文都.政府公共关系[M].广州:华南理工大学出版社,2004:13-14.

主体的整体功能，能否有步骤、有目标地推进政府公共关系工作，关键在于是否设置了专门的政府公共关系组织机构。政府公共关系组织包括内部公共关系机构和外部公共关系机构两大类。内部公共关系机构是政府为了顺利推进政府公共关系工作，自身设有的公关机构。由于公共关系活动的专业性越来越强，政府也需要借助外部力量来弥补自身不足，因而公共关系顾问、公共关系公司等外部公共关系机构也日趋成熟。

第一节 政府内部公共关系机构

一、政府内部公共关系机构的含义及内容

政府内部公共关系机构，主要是指专门承担和完成沟通协调、收集信息、教育引导等公共关系职能的机构，承担政府大量的、经常性的公关活动的内部公关机构都可以算是政府内部公共关系机构。

政府公共关系在内部有其自身的特殊性。首先，政府一般不存在知名度的问题，因此政府内部公共关系机构的首要任务是提高自身的美誉度，把树立“创新、务实、廉洁、高效”的政府形象作为政府公共关系的基本目标。其次，作为一种特殊的社会组织，政府内部公共关系机构还应加强政府管理的民主化，增加政府工作的透明度。与此同时，由于政府公共关系面对广泛而复杂的社会公众，政府内部公共关系机构必须采用多种协调手段来调节各种社会关系，以维持社会的稳定与平衡。最后，政府内部公共关系机构应始终明确政府公共关系活动旨在追求的是社会效益，而不是经济利益。

政府内部公共关系机构的一个重要内容，是适时地在政府内部公众身上实施公共关系管理。政府公共关系机构工作成员作为内部公众，首先要面对的就是政府自身，作为政府内部公共关系组织机构的一员，任何与政府相关的事情，尤其是与政府的利害得失休戚相关的大事，都会激起内部公众心理上的强烈反应。其间，政府内部公共关系机构要及时摸透其心理，审时度势，因势利导。当政府遭遇重大困难和压力时，让政府内部公共关系机构成员充分知晓相关情况和利害关系，同时适时地在内部进行有效的传播和沟通活动，激起内部成员的责任感和紧迫感，促使其拧成一股绳，心往一处想，劲往一处使，排除万难，帮助政府渡过难关。当政府获得了辉煌的成就和良好的声誉时，政府内部公共关系机构应适当宣传，让内部成员知晓，促使其产生强烈的集体荣誉

感和自豪感。政府内部公共关系机构要积极引导内部成员形成饱满、高昂的情绪，并将这种情绪带到日常工作中去，搞好政府工作。政府内部公共关系机构要抓住时机进行良好的互动，创造出良好的工作关系环境，促进政府公共关系工作质量的提高。

二、政府内部公共关系机构的职能

政府内部公共关系机构是政府开展公共关系的主体力量，是政府各种公共关系活动的主要策划者、组织者和实施者，它肩负着重要职责。

（一）对内职能

1. 基于信息提供决策咨询

政府工作要适应复杂多变的社会环境，就必须及时掌握影响政府工作开展的各种动态信息，以便及时调整自身的行为。在这一方面，政府内部公共关系机构承担着环境监测和情报搜集的重要职责。通过了解、调查民情民意以及社会舆论，及时向领导决策层提供社会环境的动态变化，及时预测并进行公共关系策划，从而有助于领导决策层采取相应对策，避免和改善政府工作的被动局面。

公共关系机构能否充分发挥作用，首先在于它能否介入领导层的决策活动，能否尽到领导层决策参谋的职责。政府内部公共关系机构通过各种社会来源、渠道获得相关的信息，并将来自各方面的信息进行收集、整理和分析，为政府的决策层提供社会环境、民众意向、社会舆论等信息，辅助决策层制订行动方案。与此同时，协助决策层分析、权衡各种备选方案的利弊得失，并客观预测方案可能产生的影响及后果，及时对不恰当的决策和行为进行修正。

2. 协调政府内部各方关系

政府内部公共关系机构的协调作用，主要表现在建立并发展同内部公众的联系网络，同时协调好内部各方面之间的关系。协调内部各方关系，是指协调好政府机构各部门领导之间、领导与职工之间、职工与职工之间、部门与部门之间的关系。可以说，和谐的内部公众关系是任何一个政府机构产生良好的工作成效和发展的基础。政府内部的各种关系是否融洽，各部门运转是否高效、协调，是政府树立良好形象和自身良好发展的关键所在。

首先，通过与政府的最高领导层保持经常性的、有效的“热线”联络，政府内部公共关系机构充分发挥其联络员与信息传递者的角色，准确地传达最高领导层的决策与基层工作者的想法，使决策层之间、执行层之间以及决策层和执行层之间通过这种同级协调、上情下达和下情上呈的联络方式达成一致。其次，沟通并协调职工之间以及部门之间的关系，彼此合作互助以增强职工的集体观念、加强各部门的协调统一，防止内耗，消除隔阂，减少摩擦，为政府工作的开展创造良好、和谐的内部环境。

（二）对外职能

政府内部公共关系机构所承担的对外职能是其核心职能，主要包括三个方面。

1. 对外信息传播

为了让政府了解公众，让公众了解政府，政府内部公共关系机构应有效地充当政府与公众之间的沟通桥梁。政府内部公共关系机构要将有关政府的信息发布出去，传递到目标公众那里，向目标公众宣传政府政策，解释政府行为。与此同时，政府需要扩大政务的透明度，从而减少政府与外部的摩擦，获得公众的理解和支持。

2. 正面教育引导

政府内部公共关系机构是政府公共关系的传播者，它是构成传播过程的主导因素。在树立政府形象、提高政府信誉的过程中，政府公共关系传播者处于主动地位，起到控制者与组织者的作用，因此政府内部公共关系机构要合理地运用沟通方式和技巧，积极地向社会广泛宣传政府所倡导的意识形态和价值观，正面引导公众的意识与行为。

3. 重视媒体公关

在当代信息社会中，政府要对媒体公关予以重视。首先，要建立新闻发言人制度，培养自身的新闻发言人。在我国政治组织中，发言人的角色一般由党和国家的新闻发布机构、新闻发布人以及各级党和政府的新闻宣传部门担任。其次，要与媒体保持亲密的接触，对其热诚相待，建立良好的工作和人际关系。再次，要善于利用媒体，积极开展合作，通过媒体来解释政府的工作，回应公众的质询，帮助政府解决危机。

（三）专业职能

专业职能既是我国任何公共关系机构的共性职能，又是公共关系机构区别于其他机构的独特之处，具有不可替代性。具体来说，政府内部公共关系机构及其工作人员需要根据不同的对象和目标，有针对性地编辑发行宣传资料、杂志以及报纸，给杂志社、报社、电台、电视台拟写新闻稿，编写简报、黑板报，撰写组织简史，组织新闻发布会、记者招待会、演讲会、展览会，设计、筹划、监制各种宣传品和赠品以及公关广告，承担礼宾接待任务，接待参观者、来访者、新闻记者采访等。

三、我国政府内部公共关系机构的现状

从我国现状看，由于传统体制的惯性影响，加上公关意识尚不普及，政府内部公共关系机构的设置尚无固定模式。尽管几乎没有以公共关系命名的专门机构，但这并不代表在我国政府管理中不存在公共关系事务。在实际运行中，我国政府内部公共关系组织主要有国家行政机关以及政府内部的相关部门。

（一）国家行政机关

1. 行政机关的含义及特征

行政机关是根据权力机关的决定和委托，依照宪法及有关法律组织起来并对国家行政事务进行组织和管理的执行机关。

行政机关主要有以下三个特征：第一，强调行政机关是国家权力机关的执行机关。它以人民的利益为最高利益，代表人民的意志并以其为行动准则，是全心全意为人民服务的国家机关。第二，直接、具体是行政机关最大的工作特点。行政机关的工作就是对国家事务实施直接的、具体的组织管理。第三，行政机关的工作具有层次性。行政机关组织管理国家事务，其内容划分为上中下三层并且不同层次有不同的权力和职责。上层是以法律或事实为依据的权威机构，其任务比较偏重于原则和决策方面；中层是起辅助与传递作用的机构，其任务比较偏重于组织协调方面；下层是具体执行任务的机构，其任务比较偏重于具体执行方面。行政机关的人员结构一般呈现“金字塔”式，下级人数较多，上级人数较少。

2. 行政机关的分类

国家行政机关的种类繁多，对其进行分类的标准不同、角度不同，划分的结果也就不同。

（1）按照工作的管辖范围划分。一是国家行政机关（特指国务院），即中央人民政府，负责领导全国的行政工作。二是地方国家行政机关，即省、直辖市、自治区人民政府，负责管理所辖区域的行政工作。三是县、市人民政府，负责管理县、市所辖区域的行政工作。四是乡、镇人民政府，负责管理乡、镇所辖区域的行政工作。

（2）按照工作的性质和作用划分。一是领导机关，主要指各级政府的首

脑机关，如国务院，省、直辖市、自治区、县(市)、乡(镇)的各级人民政府。领导机关在行政组织中起决策指挥的作用，其主要功能是计划、协调和指挥组织任务，使任务得以圆满完成，目标得以顺利实现。二是职能机关，主要指各级政府的行政管理部门，如国务院的各部、委，省政府的各厅、局，县(市)政府的各委、局。行政管理部门的主要功能是根据其职权，在国家行政系统中就某个方面负责组织管理工作，以推动机关任务的顺利完成。三是辅助机关，主要指专司辅助领导机关和行政首长工作的机关，如各级人民政府的办公厅、政策研究机构等。其中，辅助机关又可以按其功能划分为综合性、政务性、专业性等类型：各级人民政府的办公厅(办公室)是综合性辅助机关，政策研究机构是政务性辅助机关，计划、财政、人事、劳动等部门是专业性辅助机关。辅助机关的主要功能是协助行政首长收集信息，提供各种可行的方案和计划，对决策信息进行追踪、信息反馈、协调关系等。四是监察机关，主要指专司监督检查工作的行政机构，如监察局、审计署等。监察机关不仅要对整个行政机关和行政人员是否遵守有关行政法规、决策进行监督，还要对社会组织和公民是否遵守相关行政法规的情况进行检查和监督。五是派出机关，主要指一级政府在所辖行政区内设立的代表机关，如省政府下设的地区行政公署、区政府下设的街道办事处等，都是具有派出性质的行政机构。派出机关的性质有别于地方政府，其只是一级政府组织派出的代表机关，并不是以管辖为对象的一级组织。派出机关的主要任务是代表上一级政府，检查、督促和指导下一级政府的行政工作。

3. 行政机关的特殊性

国家行政机关作为政府内部公共关系机构有其特殊性，主要表现在两个方面：一是主体的特殊性，二是任务的特殊性。

(1) 主体的特殊性。第一，行政机关作为一种社会组织，它的特殊性体现在以下两点：一是行政机构具有权威性，拥有极大的权力。行政机构可以颁布法令、制定政策、垄断并合法地使用暴力，这些都是其他任何社会组织所无法企及的。二是行政机关具有独特性，在整个社会中是独一无二的。一个国家或地区可以存在很多社会组织，但不可能出现几个政府。这一独占性必然使其超然于其他任何社会组织之上，并且免受竞争规则的制约。第二，行政机关作为公共关系的主体之一，在表现形式上也有其"不同凡响"之处。一是行政机关体系巨大。政府机构有一个完整的体系，从中央到地方再到基层组织，规模之大是绝大多数社会组织所望尘莫及的。二是行政机关结构复杂。从社会的经济发展、国防外交、文化教育、环境生态到居民的衣食住行，都属于行政管辖的范围，可谓包罗万象。人类生活的各个方面几乎都被纳入政府行政管辖范围，政府机构也与此相应地形成了一个严密而全面的系统网络，整个国家、各个领域都囊括其中，层次分明、纵横交错。

(2) 任务的特殊性。提高组织的知名度和美誉度是任何组织开展公共关系工作的任务之一。其中，提高知名度是很多社会组织的首要任务。如果说组织不为公众所了解，那么所谓的组织形象也就无从谈起。由于一个国家或地区的人民，不可能不知道管辖他们的政府，因此政府作为一个特殊的社会组织，提高知名度的任务在其公共关系的工作中几乎不存在。拥有较高的知名度对于政府来说是与生俱来的天然优势，因此相比于其他社会组织的公共关系，政府公共关系的任务主要是如何提高政府的美誉度。“创新、强干、务实、高效、廉洁”一直是政府所追求的形象标准，树立起良好的政府形象有利于争取公众对其工作的理解与支持，有利于为政府顺利开展各项行政管理活动创造良好的社会条件。

(二) 政府内部公共关系相关部门

政府大量的、经常性的公共关系活动是由政府内部公共关系机构所承担的，因此政府内部公共关系机构是否健全直接影响到政府公共关系活动能否有效开展。政府中承担公共关系工作的主要有以下一些部门。

1. 综合部门

作为职能综合部门，政府办公厅(室)承担着政府大量的公共关系事务，同时也发挥着公共关系综合职能的作用。它要承担整理文书档案、收发信息、协调关系等具体工作，又要协调政府各部门的横向关系，并与政府外部有关组织进行沟通。办公厅、办公室联系广泛，它的公关对象既包括上下级政府和同级政府及其工作人员，又包括党委、人大、司法、工会、妇联、共青团及其他社会组织团体和企事业单位。因此，它在收集与传递信息、缓解矛盾、协调关系、塑造形象等方面都具有十分重要的作用。

2. 新闻部门

新闻部门是政府与社会公众沟通信息的职能部门，如国务院新闻办是政府专门的新闻发布机构。它主要负责沟通与协调政府各部门和新闻媒体的联系，传达政府意图，协助新闻界及时了解政府的各项工作，并听取新闻界的意见和反映；其公共关系工作的顺利开展有助于塑造良好的政府整体形象，形成有利的社会舆论。在实际运作中，有些地方政府的新闻部门隶属于同级党委的宣传部门,接受其领导。

3. 调研部门

调研部门是负责收集情报、提供咨询的专项职能部门,如研究室。调研部门主要负责对政策执行情况、社会经济形势变化以及带有全局性、倾向性的问题进行事实调查和分析研究,以便及时向政府决策层反映,提出具有可行性的对策建议。这些调研部门大多由专家组成,专家能够准确地理解政府意图,同时对公众的了解较为自觉。因此,调研部门提出的意见和建议较为中肯,往往被看作是政府"智囊团",发挥着重要的决策咨询功能。

4. 信访部门

信访部门是负责接待、处理公众向政府提出的申诉和要求,解决具体问题的部门,如人民来信来访办公室。信访部门通过受理来信来访者的申诉、要求和问题,依据实际情况提出处理意见,提交给相关政府部门并督促其尽快解决。尽管信访部门没有直接处理问题的权力,但其实际上发挥着教育引导、宣传解释、沟通协调等作用。公众可以从信访部门的工作中对政府的决策、工作效率和作风等作出评价,这直接影响公众对政府的信赖程度。

5. 外事部门

塑造政府的国际形象有赖于政府的国际公关,外事部门在国际公关工作中扮演着重要的角色,如外事办、侨办等,是政府处理境外事务的专门机构。外事部门主要负责国际往来及港、澳、台地区的事务,一方面要处理好境外投资、中外合作、国际交往等涉外事务,另一方面还要组织、推动和协调政府有关部门对外介绍我国的工作。随着对外开放的发展,涉外事务越来越多,外事部门在发挥其协调和处理境外事务作用的同时,也在努力消除外界对我国的各种隔阂和偏见。外事部门在塑造政府良好的国际形象,增进国际社会对我国的了解、交流与合作方面发挥着举足轻重的作用。

6. 举报中心

举报中心的任务是受理人民群众对国家公职人员违法犯罪活动的检举,并依法进行处理。政府通过举报中心对国家公职人员的违法犯罪活动进行查处,以保持政府机构的清正廉洁,这对提高政府的威信、塑造政府的形象起到至关重要的作用。

第二节 政府外部公共关系机构

一、政府外部公共关系机构的含义

政府外部公共关系机构是指为政府提供各种公共关系服务的，与政府不存在隶属关系的商业化、专门化公共关系组织。随着时代的发展，公共关系活动的专业性越来越强，常常可能超越政府内部公共关系机构的能力范围，因而政府通过聘请外部公共关系组织来开展公共关系活动的方式变得越来越普遍。政府的外部公共关系机构也可以称为政府公共关系的代理机构，他们是提高政府公共关系科学性、有效性的组织保证。

政府在建立公共关系系统时，不仅在政府内部配备专业的公关人员，而且与外部公共关系组织机构密切合作，逐渐形成了“以内为主、内外结合”的一体化组织网络。在这个网络中，政府内部公共关系机构负责内部协调，政府外部公共关系机构则主要负责对外传播。政府的对外传播既可以提高内部的凝聚力，又可以增强对外的渗透力。内部的凝聚力是指政府对外国资金、技术与人才等的吸引力，近几十年来，我国政府在改善外国来华投资环境方面作出了巨大的努力。对外的渗透力是指我国走向世界的推动力，国际社会的联系越来越密切，国际公共关系工作对我国在海外的影响和声誉愈发重要，我国政府对此亦更加重视。

二、政府外部公共关系机构的类型

政府外部公共关系组织机构与政府内部公共关系机构在功能上是有一定差距的。作为专业化公共关系服务的政府外部公共关系机构，可以按不同标准划分为不同类型。一般来说，较为经典的分类方法是以外部政府公关代理的规模大小和服务性质为标准，将其分为公共关系顾问和公共关系公司。

（一）公共关系顾问

政府外聘的公共关系顾问是指以合格的法人资格受聘于政府，利用自己的专业公共关系经验和技术，专为社会组织提供公共关系方面的技术性、服务性咨询，并收取一定费用的技术专家。公共关系顾问既可以是一个人，也可以是精通不同领域公共关系事务的若干人；既可能长期服务于政府，也可能短期服务于某个项目。

公共关系顾问的职能主要包括:其一,帮助政府分析公共关系失调的情况、原因、后果及影响;其二,分析、预测可能导致不良社会舆论和损伤政府良好形象的潜在因素;其三,就公共关系方面向政府提出意见和建议,帮助或指导政府制定公共关系规划,提出防范或纠正的措施,调整公共关系策略,以维护或修复政府形象等。

(二) 公共关系公司

政府外聘的公关公司是指为政府提供公关劳务和业务咨询服务的信息型、智力型的专业机构。公关公司是随着公共关系职业的出现而产生的,一般由职业公关专家和公关人员组成,是专门受理委托为客户开展公共关系活动的社会服务性机构。相较于公共关系顾问以及其他类型的公共关系机构,公共关系公司具有人员、技术、信息、经验、财物等优势,具有完善的从事各类公共关系工作的组织系统,具有独立或与委托者共同进行调查分析、制订计划的严密工作程序。

公共关系公司的职能主要包括:其一,协调政府与公众之间的关系,帮助政府建立与公众直接联络的渠道,协助树立良好的政府形象;其二,为政府提供公共关系方面的咨询服务,提出具有可行性的意见和建议,帮助政府确定沟通的内容、方式及公关宣传;其三,协助政府操办大型或专题公关活动,并对其实施监督和管理;其四,为政府培训内部公关人员,对其公共关系工作进行指导,在政府内部开展各种层次的公关技术和职业训练等。近十余年来,公共关系公司在我国得到了长足的发展,从数量上来看,目前全国的公共关系公司已超过 1 500 家;从地域上来看,国内公共关系公司主要分布于北京、上海、广州等一线城市地区,其中北京地区占据最大份额;从公司规模上来看,相对成熟、专业的公共关系公司员工人数一般在20—50人。

政府与公关公司的合作

在一定情境下,政府可与专业公共关系公司合作开展政府公共关系活动。例如,自 2001—2004 年,共有 15 家公共关系公司与美国联邦政府签订过合同。我们还可以以南非德班(Durban)市民税收态度转变的政府公共关系活动为例。20 世纪 80 年代,德班的一些居民为了抗议种族隔离,拒绝交税。西内区政府(Inner West City Council)聘请一家公关公司设计了一次态度转变活动,目的是促使 17 500 多个家庭户主了解这个城市的运转经费是如何筹措起来的，并扩大纳税人的基础。活动的主题是“一个城市，一个税收体系”(One City，One Tax Base)。该活动经历了三个月的研究与培训，六个月的实施，同时实施过程中西内区政府每月对关键问题接收反馈。活动过程中，总共有22 600人参加了630次社区集会。活动不仅增加了税收，还提高了社区中的协商与宽容精神。国际公共关系协会(International Public Relations Association)给予该活动1997年度“卓越公共关系世界金奖”。

南非政府的“政府传播与信息系统”(Government Communication and Information System，GCIS)关于“媒体内容分析与议程设置”(即媒体监测)项目的招标公告，截至2006年10月9日。下面简要说明该公告的部分内容。

(1) 背景。政府传播与信息系统是政府的传播机构，目标是在政府传播活动中提供领导作用，保证公众对政府活动有所了解。所以，政府传播与信息系统需要持续地对政府与公众传播的环境进行评估。为了实现这个目的，政府需要对印刷媒体、广播与网络媒体关于政府项目与活动的报道进行全面的监测。

(2) 媒体分析的主要目标。政府传播与信息系统希望当需要时能按照自己的意愿对南非的主要印刷与广播媒体以及关键的国际媒体进行持续的、详尽的、扎实的内容分析，以便能有助于政府传播与信息系统：① 有效地评估媒体关于政府报道的趋势；② 通报政府的传播策略；③ 通过对与政府的项目与活动相关的传播环境进行的分析来协助其他的政府部门与机构。

(3) 工作范围。媒体样本有日报、周报、杂志、南非广播公司电视新闻与在线电视新闻、国家级广播电台黄金时段内容、重要国际性出版物。分析方法为投标人必须说明具备如下能力：对媒体内容进行持续、详尽、逐句分析的能力；对议程设置、观念形成过程、信息流理论的实际应用能力；创造性地整合使用定量与定性研究方法的能力；能有效地控制数据的准确性与一致性；能应急性地对与政府主要传播事件相关的主题进行分析；能对24小时内的国际新闻进行监测。

(4) 预期结果。投标者必须说明具备如下能力：能提供对报道趋势进行的月度分析报告；不仅能提供日常性的报告，还能进行特别的报告；能提供持续、及时的咨询；在特别活动过程中，能提供逐日的报告。

(5) 专业资格。投标者选择的标准是：拥有上述第3项与第4项所要求的能力，并得到证明；对媒体内容进行分析的广泛经验、专业技术与成就，并得到证明；对南非以及国际媒体与传播环境进行分析的专业能力与经验，并得到证明，即报告上述分析结果方面的广泛经验的证明；熟悉政府并能与目前政府内部的发展节奏同步；投标者必须展示对项目中外包部分的重视。

(6) 证明人。投标者必须提供最近曾经合作过的客户的详细联系信息。

(7) 合同期限。合同期限为两年，依据工作表现可延长一年。

(8) 经费问题。投标者必须说明合同期限内管理项目的方法，并保证能及时地提供相关票据；政府传播与信息系统保留需要时缩减所需服务的规模的权利；政府传播与信息系统可以要求服务提供方向，其他政府部门提供分析服务，额外的费用由政府传播与信息系统和服务双方进行协商。

三、政府外部公共关系机构的优势

与政府内部公共关系机构相比，政府外部公共关系机构具有无可比拟的比较优势，它能够帮助政府有效地弥补自身能力的不足，促进政府公共关系工作的顺利开展。这些优势主要体现在以下四个方面。

(一) 专业优势

外部公共关系机构拥有的人员素质高、人才结构科学，这其中不乏大量具有各种专长技能以及拥有丰富公关知识和经验的专业公关人员，因而政府内部公共关系机构很难超越其专业水准。与此同时，在协助公关活动，尤其是处理较为复杂、规模较大、时间紧迫的公关活动时，外部公关代理的实力和专业性往往表现得特别明显。

(二) 独立客观

由于政府与外部公共关系机构之间只存在委托与被委托的商业合同行为，而不存在上下级隶属关系，这就使其不受政府内部人事关系的束缚，也不必听任于政府领导的意志。这一特殊性使得外部公共关系机构能够独立地、客观地分析问题和作出评价，敢于指出问题、提出质疑。为此，它们得出的公共关系信息更具真实性和客观性，得出的判断和结论也更为准确。

(三) 业务网络

政府外部公共关系机构拥有多层次、多渠道、灵通可靠的信息系统以及能为政府公共关系所用的具体工作或项目。由于公关代理的服务对象并不仅限于政府，同时还受理社会各界的其他业务委托，这就使得外部公共关系机构长期与社会各界进行广泛的联系，故而其拥有跨行业、跨区域甚至跨国界的关系网络，这是政府内部公共关系机构所无法比拟的。

(四) 权威认证

政府外部公共关系机构凭借其客观性和专业特征，对政府而言具有权威认证的效应。作为第三方认证的外部公共关系机构也更易获得公众、社会的信任和认可。

在政府公共关系实务中，政府既要灵活运用公共关系代理的优势，也要注意到它的局限性。与内部公共关系机构相比，外部公共关系机构的局限性在于对政府管理职能和运行流程的了解和把握相对不足，处理公共关系事务往往需要一个过程。同时，出于保密考虑，公共关系顾问或公司并不能够出席政府的高层会议。因此，政府需注意对内部和外部公共关系机构的交叉使用，相互配合中要取长补短，使二者为政府公共关系工作发挥合力。

四、政府外部公共关系机构的独特性

(一) 公共关系实务的中介作用

从工作性质上看，政府外部公共关系机构的职责是传播与沟通，即协助统筹政府公共关系实务中有关传播沟通的业务。外部专业公共关系机构促使政府传播沟通的目标和手段更加专业化，传播沟通的工作更具效率和效益，传播资源的投入更加合理、产出更加理想。

在现代信息社会，政府外部公共关系机构的传播沟通活动已然职业化，并成为协助政府公共关系机构组织管理的重要手段。随着政府对社会及公众的依赖程度越来越高，政府的传播沟通业务量日渐增多、传播的资源投入也逐渐增加，外部公共关系机构的加入强化了政府的公共关系职能，提高了政府传播业务管理的科学性。政府外部公共关系机构在政府系统与公众之间处于中介地位，在政府组织与公众之间起着一种沟通联系的桥梁作用。

从管理作用上看，政府外部公共关系机构在组织体系中扮演着中介的角色，即在政府和外部环境之间，担负着策划组织、咨询建议、辅助服务、沟通信息等责任。一个理想的政府外部公共关系机构的中介作用主要体现在三个方面：其一，自觉拉近与公众之间的距离，帮助公众解决问题，消除矛盾；其二，能够与政府、政府领导层之间保持经常性的、有效的“热线”联系，及时就公共关系公务进行研讨；其三，有效地充当政府与各类公众之间的联络者、信息传递者的角色，帮助政府在公众心中树立良好的形象。

(二) 沟通桥梁的表现功能

政府外部公共关系机构要充分运用其专业技术，在政府与公众之间架起一座沟通桥梁。首先，要观察政府与公众之间的公共关系状态，自觉聆听来自公众的反映、意见和建议，及时向政府通报；其次，深入了解公众的甘苦，为公众排忧解难，同时让公众深入了解政府的方针和政策；再次，为政府提供相关的信息资料，提供各种可供选择的专业性决策方案，协助政府做好公共关系工作。

1. 咨询功能

政府外部公共关系机构的专业咨询服务主要包括：协调政府机构与环境、公众的关系而拟订可供选择的行动方案；帮助政府预测其政策和行为可能产生的结果和影响；协助政府及时修正将会导致不良后果的政策和行为等。政府外部公共关系机构只是政府的参谋助手，仅仅起协助作用，而不能干扰或阻挠政府的最终决策。一旦决策形成，政府外部公共关系机构将责无旁贷地承担起向公众传播政治信息、解释政府政策及行动方针等任务。

政府外部公共关系机构在传播科技与民主沟通的关系问题上，能够有效地发挥其咨询功能。在现代信息社会，信息与通信科技的发达促进了民主政府的开放自由。随着信息与通信科技和计算机中介传播的广泛应用，信息的传播速度与数量得到大幅度提升，信息的储存与获取的能力剧增。政府外部公共关系机构所拥有的信息网络系统，为其广泛了解和掌握公众心理开启了一扇更为直接和方便的大门。通过网络信息的获取，政府外部公共关系机构提供给政府公共关系方面的政策与建议更加完善、更加具有针对性。

2. 信息功能

政府外部公共关系机构的重要工作之一就是收集信息，监测社会公共关系环境。任何关系到政府发展的外部消息、任何环境因素的发展变化，都是外部公共关系机构所要收集的信息要素，政府需要通过这些消息来分析、了解并掌握外部环境变化。同时，还需要通过外部公共关系机构的专业分析，帮助政府更加精确地掌握瞬息万变的环境，预测发展趋势。政府需要外部公共关系机构为其搜集、处理一些公共关系信息。如果没有这种情报作用，政府对一些外部环境就不甚了解，就无法使自身快速地适应环境变化并在此基础上发挥能动作用。

政府外部公共关系机构在帮助政府处理公共关系事务时，其主要从事的工作有：广泛收集调查社情民意，了解外部公众对政府工作的反映和意见，了解外部经济、政治、外交等各种因素的变化；与此同时，预测其发展趋势、预测外部公众的心理及他们对政府方针、政策、行为的反映，在对已知信息加以整理分析基础上，为政府部门提供行之有效的意见和建议。

3. 服务功能

政府外部公共关系机构是为政府提供各种公共关系服务的商业化、专门化的公共关系组织，其工作本身就是一种服务工作，且日常工作也具有明显的服务性质，其工作成效也是以服务的质量加以衡量的。政府外部公共关系机构为政府提供信息、咨询、培训，通过各种服务促使政府公共关系工作运转得更加顺畅协调，使政府外部环境更加良好、和谐。政府外部公共关系机构的公共关系服务做得越好，政府就越得人心，就越受公众的欢迎，社会形象就越好。

第三节　政府公共关系的人力资源

一、政府公共关系人力资源的类型

政府公共关系的人力资源是指专门在政府公共关系机构中从事公关工作的各类人员。他们是政府公共关系工作的重要主体，同时也是公共关系活动的设计者和实际操作者，其素质、水平的高低对政府公共关系活动的效果和成败产生直接影响。

(一) 领导人员

领导人员是政府公共关系机构的决策者、组织者和管理者，是公共关系活动的领军人物。他们负责统筹规划政府公共关系活动的所有环节，这要求其兼有权力和权威，因此往往由政府的高层领导人兼任。

领导人员肩负的职责主要有：其一，主持政府主办的新闻发布会，负责担当政府的新闻发言人；其二，负责向社会各界解释、说明政府的相关政策和行为；其三，出席、主持各种社交活动，在政府的对外交往活动出现重大问题或发生危机事件时，亲自到现场处理、解决问题等。

(二) 公关专业人员

公关专业人员是政府公共关系机构中的专业策划者、设计者和指导者，是公共关系活动的骨干。公关专业人员拥有较为丰富的专业知识和良好的专业技能，在政府公共关系活动中发挥着中流砥柱的作用。根据各自专长的不同，公关专业人员分为以下五种类型。

1. 策划专家

策划专家主要负责撰写和编辑有关公共关系方面的文件和宣传材料、各种政府公共关系活动的规划及报告等。

2. 沟通专家

沟通专家主要负责组织和主持传播活动与新闻发布，与媒体保持密切的接触与联系。通过向社会和公众传达政府活动的相关信息，宣传、解释政府的政策和行为，塑造政府形象。

3. 民意测验专家

民意测验专家主要负责通过各种手段和方式了解公众意见并跟踪调查，检验公众对政府政策和行为的满意度。

4. 咨询顾问

咨询顾问主要负责针对民意测验专家的调研结果或通过其他方式获得的相关信息对政府的相关公共关系政策和行为提出意见和建议。并根据领导和有关部门提出的要求，提供相应的决策方案。

5. 培训专家

培训专家主要负责培训公共关系人员，开展专业讲座或课程，指导他们更好地开展日常公共关系工作。

（三）一般工作人员

一般工作人员即公共关系工作的具体承担者，是指在公共关系领导和技术专家的指导下，从事某些具体事务工作的人。根据分工的不同，一般工作人员划分为以下三种类型。

1. 文书编辑人员

文书编辑人员主要负责撰写公文、新闻稿、发言稿、年度报告、布告、来往信函、编辑出版物及报纸等。

2. 信息工作人员

信息工作人员主要负责收集和传递公共关系信息，并对这些信息进行初步整理和加工。

3. 接待人员

接待人员主要负责保持与公众进行密切的联系，如接待来访、记录来电、处理来信等。

二、政府公共关系人员的基本素质要求

政府公共关系的专业性对公共关系人员提出了一定的要求。政府公共关系人员只有具备特定的素质与涵养，才能够胜任公共关系工作的需要。具体

来看，政府公共关系人员的基本素质要求包括道德修养、职业素养、能力结构等多个方面。

（一）道德修养

政府公共关系人员由于其特殊的工作职责，即沟通政府组织与公众之间的联系，因此人们把政府公共关系人员的这种工作状态形容为"一只脚在组织内，另一只脚在组织外"，这种特殊的工作状态对政府公共关系人员的道德品质提出了较高的要求。根据政府公共关系机构工作的要求，政府公共关系工作人员除了要有一般政府工作人员的基本道德修养外，还应做到以下几点。

1. 坚持宗旨，尊重公众

政府公共关系人员在公共关系活动中要始终坚持维护公众的利益，毕竟政府的一切工作以为人民服务为宗旨。关心公众的利益，与公众密切相连，政府的公共关系活动才能得以更加顺利地开展；反之，若不关心公众利益，公共关系活动将难以奏效，政府形象也必然受到损伤。

2. 实事求是，正确传播

所谓"正确"，体现在信息来源可靠、信息内容真实、传播意图明确、传播方式公开。政府公共关系人员不得有意制造虚假和未经核实的政府新闻；不得根据个人的喜好，隐瞒或删减政府消息；不得滥用权力对新闻媒介施加压力，操纵和控制新闻媒介等。

3. 平等待人，热情诚恳

政府公共关系工作所面对的公众，既可能是初出茅庐的年轻人，也可能是德高望重的领导者；既可能是儒雅风流的艺术工作者，也可能是满身尘土的环卫清洁工人。不管是什么年龄段的人，不管他所从事的职业是什么，都应一律平等看待，热情服务。

4. 客观公正，正直无私

由于政府公共关系人员常常与政府的决策层打交道，其个人意见会对政府的最终决策产生影响，这就要求政府公共关系人员必须公正客观地分析、评论问题，必须合理合法、正直无私地提出建议。如果有人为了迎合领导层而阿谀奉承，抑或为了达到个人目的而向领导"打小报告"，诬告陷害别人，这样的工作人员必须坚决清除出政府公共关系部门。

（二）职业素养

国内外的公共关系学者曾从不同的角度对政府公共关系人员的素质和能力进行考察，他们一致认为政府公共关系人员必须具备较高的、较全面的素质和能力，必须在品德、性格、知识、经验、行政工作能力等方面达到一个基本的职业水准。良好的职业素质是政府顺利开展公共关系工作的人力基础，是政府形象的直观体现。

1. 较高的政策水平

政府公共关系人员的思想政策水平决定政府公共关系工作的质量。政府公共关系人员的政策水平主要表现在两个方面：一是对政府的各项相关政策和方针了解、认识、运用得如何；二是熟练地运用组织内的有关政策和方针，努力使每一项公共关系活动都能为实现组织目标服务。在大量信息面前，具有较高政策水平的政府公共关系人员，往往能够准确地进行判断，果断地行动，并把握时机，推动公共关系活动的顺利开展，从而有利于组织的生存和发展。

2. 丰富的知识素养

政府公共关系所面对的公众囊括了各行各业的工作人员，要求政府公共关系人员什么都懂是不可能的，但具备较广博的知识面、新颖的知识观念以及合理的知识结构却是非常必要的。政府公共关系人员需要学习掌握与公共关系工作紧密相关的其他学科知识，如传播学、管理学、社会学、哲学、心理学、新闻学等。除了一般的文化科学知识结构外，还需具备一些体育、艺术等方面的知识和技能。对一位优秀的政府公共关系人员来说，足智多谋来源于渊博的知识，“水深则所载者重，土厚则所植者蕃”。一个专业知识扎实、知识结构宽广、兴趣爱好广泛的政府公共关系人员，能够得心应手地应付各种场面，创造出令人舒适的气氛和局面。

3. 精巧熟练的技能

政府公共关系专职人员，一般都要具备某项专门的技能，拥有较强的公共关系业务能力，特别是组织管理能力：其一，从本质上来说，政府公共关系工作属于管理职能的范畴，政府公共关系部门一般属于该组织部门的管理层。同时，政府公共关系部门需要经常组织各种类型的公共关系宣传活动，这些活动往往规模较大、时间较长、牵涉的各类组织较多，因此政府公共关系人员必须具备相当的组织管理能力才能胜任此项工作。其二，组织管理能力还表现在策划活动方案、落实活动过程、指挥和控制现场等方面。在具体的业务技能方面，如新闻写作、宣传资料设计、摄影摄像、主持演讲、辩论谈判等，政府公共关系人员往往是“一专多能”的人才。

4. 健康的身体和心理素质

身体健康、形象正派、气质良好是政府公共关系人员所应具备的基本要求。公共关系工作紧张而繁忙，健康的体魄是完成工作的基本要求。政府公共关系人员代表的是政府部门的形象，因此他们的气质、形象与政府形象紧密相连。仪表和气质风度是一个人内在的素质和外形美好的综合体现，良好的外在形象能够帮助政府公共关系人员赢得公众的好感，人格魅力的表露有助于公共关系工作的开展。

除了外在的要求，政府公共关系人员也应具有良好的心理素质：其一，在日常工作中要做到乐观开朗、积极向上，积极地对待挫折；其二，善于控制和支配自我情感，能够以积极的情绪影响和感染他人；其三，在面对危机时要做到沉着冷静，细心观察，不为表面现象所迷惑，不为一时变化所左右，能够透过现象看本质。

5. 独具特色的个人魅力

对政府公共关系人员个人魅力的要求，是公共关系工作中的最高要求。既热情、机敏、善于交际，又沉着、冷静、意志坚定；既待人宽厚、豁达开朗，又自尊自重、举止大方；既善于妥协、解决冲突，又不卑不亢、坚持原则；既是一位善解人意的倾听者，又是一位才思敏捷的演说家……无论在什么场合，具有个人魅力的公共关系人员都是最受欢迎的人。

（三）能力结构

实践证明，具有较强工作能力的政府公共关系人员是公共关系活动成功的保证，是政府公共关系工作顺利推进的基础。具体来看，对政府公共关系人员的能力要求主要有以下几点。

1. 创新能力

创新能力来自丰富的想象力以及将想象变成现实的创造力。一般来说，公众对信息的注意，并不都是来源于信息的重要性，而是在于它是否能够“抓住眼球”吸引人。政府公共关系人员若是可以将一些基本信息变成新鲜的、吸引人的东西，别具一格地策划公共关系活动，达到令人耳目一新的效果，就会促使公众产生兴趣并最终接受政府的观点。反之，老面孔、老腔调、老方法，常常令公众感到厌倦而变得漠不关心。为了有效地开展政府公共关系工作，政府公共关系人员寻找解决问题的办法并向领导层提出建议时，更应体现出这种独特的创新能力，使问题得到妥善解决。

2. 交际能力

政府公共关系人员在日常工作中要和各种各样的人打交道，在同他们的交往中实现政府与公众之间的沟通，这就需要政府公共关系人员具有较强的交际能力。政府公共关系人员面对的常常是政府与公众的矛盾和冲突，是来自公众的意见和批评。出于政府与公众之间的关系，政府公共关系人员更多时候需要的是耐心倾听和疏导，而不是作出评判和裁决。倾听时的耐心，有时是忍耐，这来自政府公共关系人员对公众的理解，对自我责任的深刻认知。善解人意才能够吸引人、打动人、说服人，给人以极大的好感，这是政府公共关系人员与公众交往的起点，也是他们被公众接受的基础。

3. 沟通能力

无论是语言、文字、图像，还是动作、表情，政府公共关系人员都能通过它们准确地表达自己的意思。向公众说清楚问题，比要求公众接受结论更为重要。说清楚问题不仅在于怎样表达，还在于选择何种方式、在何种场合、以何种形式表达。只有真正让公众准确理解其用意，才能实现双方无障碍的沟通。

4. 组织能力

政府公共关系人员常常需要围绕不同的主题，组织各种各样的政府公共关系活动，每一项活动都需要计划周密，组织得当，尽量避免疏漏和失误。因此，政府公共关系人员的组织能力如何，直接关系到活动的效果，如计划制订是否周到详细，活动形式是否切合实际，组织实施是否井井有条，评价反馈是否客观公正，改进措施是否正确有效，等等。一个称职的政府公共关系人员可以不是领导人，但必须要有领导人的魄力和组织能力。

5. 思辨能力

政府公共关系人员的思辨能力表现在质量和速度两方面：其一，所谓质量，是指对问题的分析新颖透彻，综合准确有力，有悟性，善联想。其二，所谓速度，是指思维灵敏，反应迅速，能很快抓住问题的本质、要害，又能随机应变，摆脱困境。

三、政府公共关系人员的培训

政府公共关系人员的素质修养、言谈举止和精神风貌代表并反映着政府形象，也决定着政府公共关系工作的效果与成败。我国政府虽然已经建设起政府公共关系方面的人才队伍，但是依然面临着一些困难。符合工作需要的高素质的政府公共关系人员，离不开平时有针对性的培养与训练，一般来说，公共关系人员的培训大体包括知识型和技能型两种类型。

（一）加强政府公共关系人员培训的紧迫性

中国特色政府公共关系的发展已经取得一些成效，但要适应形势发展的需要，政府公共关系人才队伍的建设还面临着一些迫切需要解决的问题，有主观上的问题，也有客观上的问题。

1. 主观上的意识形态问题

政府工作人员的公共关系意识仍较淡薄。普遍来说，现在许多政府工作人员既没有认识到政府公共关系活动的重要性，也没有将其提升为一种价值观和管理哲学而渗透到政府工作人员的日常行为之中。其主要表现有以下几方面。

首先，缺乏自觉利用传媒手段进行自我形象投资、塑造、管理的意识。尽管政府工作具有权威性和政策性，但是无论从民主政治的国际“大气候”，还是从中国特色的政府公共关系的“小环境”来看，所谓的权威性及政策性都必须建立在社会公众对政府的依赖基础上，表现为公众对政府欢迎、接纳、信任的程度，政府的形象如何将会直接关系到党和政府的威信及其工作成败。许多政府公共关系人员心中缺少形象意识，没有足够重视现代传播媒介的重大作用，并且公共关系宣传缺乏应有的传播技巧，表现在决策和行动中就是对自觉进行形象投资和塑造不够重视。

其次，缺乏为公众服务的意识，“门难进、脸难看、话难听、事难办”的现象时有发生。尤其是一些领导干部，更多考虑的是其权威性和政策性，他们习惯于高高在上地发号施令，而不愿脚踏实地地为群众服务、为社会奉献，不愿用热诚的服务去赢得公众的好感和信赖，不愿通过自己的工作为群众带来满意和方便。更有甚者，将手中的权力当作群众办事的路障，进行“管、卡、压”，严重损害了政府的形象。

最后，缺乏协调意识，主要表现为：一是不善于统一、调节和平衡各种不同的要素、关系和利益；二是缺乏对“统筹”“兼顾”“缓冲”“调和”“折中”的意义和价值的认识，致使政府公共关系工作经常陷于难以协调的矛盾之中。

2. 客观上的队伍结构问题

首先，政府公共关系人员的素质水平较低。应当承认，我国政府公共关系人才队伍的成员素质现状并不太理想，素质水平相对较低。从知识结构上看，我国现有的政府公共关系人员，真正具有政府公共关系方面系统知识的人员为数不多。在实际情况中，绝大多数工作人员都是以政治经济学、哲学、科学社会主义以及某些管理学科知识为政府公共关系的知识框架，这种知识架构致使他们在从事政府公共关系的活动时，往往只能局限于搞政治思想教育等原则性的工作，并不能将工作深入化、具体化。随着工作的推进，他们的知识结构愈发陈旧老化。从能力素质上看，我国政府公共关系人员的能力素质相对较低，突出表现在社交能力不强和创新能力欠缺两个方面。与此同时，不能虚心求教新知识，老成持重者居多。

其次，人员结构和年龄结构不合理。从人员结构上看，我国政府公共关系人员的结构主要有三点亟待改变：其一，不懂专业知识的多，懂业务知识的少；其二，男的多，女的少；其三，性格内向的多，活泼外向的少。从年龄结构上看，我国政府公共关系人员的年龄结构也存在不合理。政府公共关系人员的年龄始终偏大，致使我国政府的公共关系手段、方法、形式等都趋于老成保守型。

总之，由于我国富有现代公共关系精神的政府公共关系起步较晚，政府公共关系人员的素质水平相对较低，而公共关系人员的素质很大程度上又决定着政府公共关系工作的成败，因此在建设中国特色的政府公共关系事业中，着力培养优秀的政府公共关系人员，提高政府公共关系人员的素质，显得尤为迫切。

（二）政府公共关系人员的培养目标

根据我国当代政府公共关系的工作需要及个人特点，可以着力培养两种不同类型的公共关系人才，即"专才式"的具体公共关系人才与"通才式"的公共关系领导人才。

1."专才式"的具体公共关系人才

"专才式"的具体公共关系人才是指精通某一方面的公共关系技术的政府公共关系人员，如新闻写作、编辑制作、市场调查、广告设计、美工设计等。由于大量的政府公共关系具体工作都需要公共关系人员去完成，因此"专才式"的工作人员在组织中越多越好。"专才式"的工作人员需要经过专门训练，他们经过一段时间的工作实践或专门的指导培训，也有可能成为"通才式"的工作人员。

2."通才式"的公共关系领导人才

"通才式"的公共关系领导人才是指知识面广泛，具有专业的知识结构、能力结构和适宜的个性气质的政府公共关系管理人员。他们在工作中能够独当一面地处理各种问题、矛盾和冲突，能够充当公共关系具体工作的组织者和指挥者，领导公共关系人员有效地推进公共关系工作。"通才式"的领导人才，一般在政府公共关系组织结构中不需要太多，但他们对公共关系事业的成败关系重大。因此，必须通过系统的理论训练和培养，造就一批"通才式"的公共关系领导人才。

（三）政府公共关系人员的培养原则

政府公共关系人员的培养要遵循以下几个原则。

1. 专业知识与综合知识相结合

政府对公共关系人才的培养与教育，需要加强专业课程的设置，并且每项教育活动的开展都需要围绕公共关系专业目标进行。由于公共关系学是各学科知识高度综合的产物，因此现代公共关系人才应具有较扎实的专业知识和广博的综合知识。

2. 科学理论知识与思想品德教育相结合

开展公共关系培养与教育，既要深入学习公共关系理论和相关的学科知识，对公共关系的概念、定理、原则、规律等必须保证其内容的准确性和科学性，又要对公共关系人员进行思想政治、道德品质等方面的教育，同时将二者有机地结合起来。

3. 因材施教与因人施教相结合

公共关系人才的培养与教育，必须根据不同的学制、不同的教育形式和教育方法来进行。同时，还应根据受教育者的智力、能力、兴趣、个性等不同特点有差异性地进行。公共关系人才的培养教育不仅具有普遍性、适应性，还具有特殊性，强调将因材施教与因人施教相结合，充分发挥每个公共关系人员的个性潜力。

4. 理论学习与具体实践相结合

众所周知，实践对认识具有决定作用，认识对实践具有反作用。一方面，理论离不开实践，实践是认识的来源和目的，是认识发展的动力，是检验真理的唯一标准；另一方面，科学的认识对实践具有积极的指导作用。因此，培养与教育公共关系人员必须理论联系实际，强调在实践中灵活运用理论知识，在实践中提高运用理论解决实际问题的能力。同时，引导其在具体实践中更深刻地理解理论知识，不断提升自我的理论修养。

（四）政府公共关系人员的培养渠道

培养、教育政府公共关系人员的渠道主要有三种，即高校教育、社会教育和实践锻炼。

1. 高校教育

高等院校公共关系专业教育可以说是培养高质量专业公共关系人员的正规途径。学员可以系统地学习公共关系理论知识，掌握多方面的公共关系实务技能，这是正规院校培养公共关系人员的优势所在。在高等院校的正规教育中，还特别强调学员要把知识面铺得广些，多掌握一些知识，把知识学得深入些，更具专业素养。因此，一些学校的公共关系专业所制定的课程，基本上以公共关系学和传播学为基础课程，此外还有近70%是与公共关系相关的其他课程。一般来说，起初两年学员所学的课程，绝大多数都不是公共关系学和传播学，这种课程安排对于他们未来能够得心应手地开展公共关系活动有相当大的好处。

正规教育也有其缺陷：一是他们缺少实践来运用所学理论和检验技巧；二是正规教育时间很长，学员的学习容易产生怠惰。此外，在学员未结束学习前，他们最多只能算后备人才。

2. 社会教育

除了高校教育培养公共关系人才外，社会教育亦是提高公共关系从业人员理论水平和业务水平的重要渠道。社会教育属于非学历的再教育，主要分为普及型和提高型两种：普及型的公共关系社会教育，侧重向非公共关系专业人员普及公共关系知识，非公共关系专业人员在掌握公共关系知识后，经过进一步的学习深造和实践锻炼，有可能成为公共关系专业人员；而提高型的公共关系社会教育，重点是对现有公共关系人员进行集中教育和培养，以提高他们的理论和实践水平。

无论是普及型还是提高型的公共关系社会教育，都要具有针对性。具体的培训方法分为"请进来"和"走出去"两种类型：其一，"请进来"即半脱产或不脱产培训，是指由组织聘请公共关系方面的专家学者或实业界人士举办讲座或短期培训班，对公共关系人员进行公共关系专业理论和业务技能的培训。公共关系人员也可以选择参加业余大学、自学考试、函授等方式学习。其二，"走出去"是指由组织选派代表人员，或参加培训班，或到高校旁听公共关系专业课程，或委托高校代培养等，以提升代表人员的专业理论知识和实践业务能力。

3. 实践锻炼

公关是一项实践性很强的工作，公关中的许多职业知识和能力并不是仅仅从培训教育中就可以获得的。无论是高校教育还是社会教育的培训和学习所给予的理论与技巧，都与实际工作有很大的差距。对于政府公共关系人员的培养教育来说，首先应该不断学习、掌握新知识，掌握更新、更多的技能技巧，经常总结经验和教训，注重自我素养的提高，以适应新时期政府公共关系工作的需要。同时，政府公共关系人员要想成为公共关系方面的专家，必须要加强实践锻炼。只有在丰富多彩的政府公共关系实践中才能达到这一目的。由此可见,在加强教育培训的同时,也要注重在实践中锻炼公共关系人员,使政府公共关系人员多面向社会公众、面向基层、面向企业,这也是培训政府公共关系人员,完善其能力素质的重要途径。

四、我国政府人力资源管理变革的创新模式

基于上述政府对人力资源的基本要求,我们尝试提出我国政府人力资源管理变革的创新模式。

(一) 形成以目标分解为核心的人力资源配置模式

公共关系人力资源管理核心价值的变化会带来政治制度变革的压力,并形成相应的人力资源配置模式。纵观西方政府行政人力资源管理理论的发展过程,从政治恩赐制度、公务员制度、集体评判制度、弱势群体保护制度发展至今形成一些新的可供选择的制度模式,与之相应的政府体系也从"保姆政府"向"有效政府"进行过渡。

长期以来,我国政府公共关系的人力资源管理表现出明显的"政治需求配置"特征,这一特征突出表现在政府公共关系部门及相关职能的部门设定均是按照政治需求进行划分的。按照有效政府管理的思想,我国的政治体系应向支持性政府过渡,政府的宗旨应体现社会整体的发展思想,政府的人力资源配置也应体现社会整体的发展导向。同时,我国政府按照这一管理思想,应将整体发展目标逐层分解,逐级确定政府各部门的职能目标,并以此目标体系形成政府决策反应流程来进行人力资源配置。

(二) 形成扁平化的组织架构

及时对出现的问题进行反应是扁平化的组织架构的最大优点所在,它有效地避免了由于内部流程过长所造成的效率低下的问题。长期以来,我国的政府构架是对每一个权力进行横向与纵向的分配,这种分配方式直接导致的不良后果是政府权力部门较多,监督部门较多,然而相应的责任部门较少。与此同时,这样的权力分配方式,极大地拉大了决策者与社会和公众的距离,致使政府的服务功能难以得到有效的体现,并且过多的职位设置又极大地影响了决策和办事效率。

按照有效政府管理的思想,我国政府现阶段应以经济建设为中心,这一核心目标决定了我们更应强调政府决策的经济性原则,应按照扁平化的组织架构原则,尽可能减少中间环节,下放权力,强调提高政府一线服务工作的数量

与质量，改变政府控制幅度，缩短政府决策时间，提高政府执行力度。而注重及时反应，有效提高效率，减少政府层级，缩短政府与公众之间的距离正是扁平化组织架构的核心优势。

（三）从人事管理向人力资源管理转变

在政府管理中应该偏重效率，引入成本与收益的管理思想，促进政府从人事管理转向人力资源管理。公共关系部门的人力资源不仅涵盖了人事管理的内容，还强调其本身的作用；在人力资源管理中不仅要引入人力资源需求预测、规划、开发、配置、培训、绩效考核的现代管理体系，还要从人力资本的角度评价其投资与收益。

传统人事管理将人力看作一项单纯的消费成本，从而导致其管理过程将人力工具化，强调对人力的管制、监督；现代人力资源管理将人力看作一种可以创造价值的价值，为了获取更高的目标，政府组织对人力资源进行投资开发。有效政府管理的思想认为，人力资源在组织中的主体地位以及组织对人力资源的培训、培养和激励，都会为组织的发展带来收益。

（四）从规章管理向专业化管理转变

由于我国目前的行政管理、行政领导缺乏相关的专业化背景，政府人力资源管理更多地停留在规章管理阶段，以法规文件为依据，按档办事，对于突发性事件需要逐级向上请示呈报，因而这样的工作模式极大地减缓了政府的反应能力，限制了政府快速决策的可能性。并且这种模式强调上级对下级组织的绝对控制，强调监管，致使监管这一管理手段变成了管理目的。

一个基于规则的体制中，问题总是要靠制定更多的规则去解决。规则自然带有更多的应用条件和例外，直到我们陷入其中不能自拔。政府组织被迫集中精力发现和追随这些规则而不是忙于工作。[①] 要解决这一问题，我们就要从根本上改变原来的那种规章管理的方法，使政府管理方法转向专业化管理，从简单的建立规章向建立决策管理系统转变。这就要求政府公共关系人员要具有专业知识及技能，从原来的政治权力分配向专业化管理进行转变，并形成与之相配套的决策体系。

（五）利用先进技术，提高政府决策效率

由于现代信息社会的高速发展，先进的信息技术使政府公共关系人力资

---

① 张星，王润孝.基于政府公关行政管理的人力资源管理变革研究[C]//21 世纪的公共管理：机遇与挑战——第二届国际学术研讨会文集，2010.

源管理有了技术保障,但是随着社会的发展,政府部门也越来越分散,同时倡导的扁平化管理又加大、加强了政府管理宽度。因此,先进的政务管理手段可以极大地提高政府工作效率,同时通过各种网络技术的运用,社会和公众也将更容易与政府公共关系部门进行间接甚至直接的沟通,政府部门的弹性工作制、绩效工作制将在新技术条件下得到有效实施。

【案例思考】

案例 1　青岛城市形象的战略系统

一、城市概况

青岛是一座历史文化名城,中国道教的发祥地,六千年以前,这里就有了人类的生存和繁衍。青岛是山东省省辖市,副省级城市、计划单列市、山东省经济中心城市、全国首批沿海开放城市、国家级历史文化名城、全国文明城市、国家卫生城市。青岛因名牌企业众多,被誉为“中国品牌之都”“世界啤酒之城”。青岛市的旅游景点有百花苑、海军博物馆、海水浴场和崂山风景区等。

二、城市形象塑造的战略与手段

一个城市的发展离不开良好的城市形象,而城市形象的塑造必须拥有良好的战略战术。经过几十年的发展,青岛已经成为我国沿海重要的旅游工业城市。随着 2008 年奥运会的举办,青岛抓住发展契机,加大奥运宣传力度和城市形象的塑造和推介。

(一) 青岛城市形象塑造的战略

青岛城市形象在塑造的过程中遵循着一定的战略。其中,城市定位是成功构建城市形象的前提,在此基础上,通过差异化战略找出自身的特点,提出可以彰显城市特色的个性化理念,由此再提高对城市各方面的管理水平,并加大对城市形象的宣传和推广。

1. 明确城市定位,找准发展方向

城市定位是城市发展和竞争战略的核心,科学和鲜明的城市定位可以正确指导政府活动,引导企业和居民活动,吸引外部资源和要素,最大限度地聚集资源,最优化地配置资源,最有效地转化资源,最大化地占领目标市场,从而最有力地提升城市竞争力。青岛依据自身的优势,确定了全国重点城市和世界知名特色城市的目标定位。这一目标定位的基本理念不在于大,而在于高、在于优、在于名、在于美。由此，青岛对自身城市形象进行包装和设计，为城市形象的传播打下基础。

2. 突出差异战略，创造个性理念

在对城市清晰定位的基础上，其发展目标必须具有差异性特征。表现出城市自身的优势，彰显出城市独特的个性，从而构成城市的竞争力和鲜明形象。青岛围绕实现"世界知名特色城市"的目标，通过加快发展港口、旅游、海鲜三大特色经济优势，把青岛建设成为在世界上享有盛誉的海滨旅游度假城市。围绕实现"全国重点中心城市"的目标，着力建设四大工业基地、五个中心和六大产业集群。

3. 加强城市管理，提高市民素质

一个城市的管理服务水平，很大程度上影响了城市形象的形成，因此提升城市管理水平是塑造良好城市形象的必要策略。近年来，在加强城市管理、改善城市面貌方面，青岛做了大量的工作，推出了众多的政府服务品牌。从2003年开始，青岛连续三年在7月份成功地开展了"我为青岛发展献计策"市民月活动。市政府认真听取和采纳在"市民月"中群众提出的意见和建议，体现了政府转变工作作风、提高工作效率、求真务实的实际行动。2007年启动"城市管理年"，其活动的重点工作包括城市市容环境、道路交通、景观灯饰亮化以及重点区域的综合治理和城管专项执法行动等。

4. 拓宽宣传渠道，大力推广形象

青岛为进一步树立自身的形象，不断利用和开拓各种宣传平台和渠道，加大对形象的宣传，扩大自身的知名度和影响力。诸如，借助奥运会，通过举办奥运帆船比赛，把世人的目光吸引到青岛这座城市上来；不断加大对外宣传力度，在美国《华文日报》(侨报)上组织了青岛专版，系统地介绍了青岛历史沿革和改革开放以来的建设成就；邀请各国的媒体记者来青岛采访，积极组织外国客人来青岛参加建市一百周年纪念活动；市旅游局组织了9批(次)旅游、促销团到日本等一系列活动。

(二) 青岛城市形象塑造的具体手段

1. 打造奥运城市，全方位广告推广

2008年奥运会的举办，吸引着来自全世界的目光。因为自身特有的海上运动资源优势，以及高的办赛能力和水平，青岛成功申请为举办2008年"奥运会帆船比赛"的城市，这无疑将为青岛的发展带来更大的推动作用，让青岛城市形象进一步深入人心。

2. 组织各种活动，带动全民参与

（1）百万市民迎“奥帆”。为全面提高市民文明素质和城市文化品位，营造“当好东道主，办好奥帆赛”的浓厚氛围，2006年，青岛迎办“奥帆赛”的大型宣传活动高潮迭起，在全国和海外产生了较大影响。2007年，青岛市民再次走进“奥帆”基地，亲身感受“帆船之都”的魅力；青岛市举办“帆船之都从这里起航”大型展览，宣传人文奥运理念，普及奥运帆船知识。

（2）整治市民陋习。2007年，青岛市每两个月突出一个主题，号召市民“向陋习说再见”。如结合养犬综合治理，号召市民文明养犬；号召市民“文明过节，和谐岛城”，办好“文化大拜年”系列文化活动，引导市民文明燃放烟花爆竹等。

（3）文明礼仪“十百千万”。所谓“十百千万”，“十”就是评选“十大文明礼仪形象大使”；“百”就是“百场文明礼仪宣讲演示”；“千”即千场文明礼仪培训讲座，对广大市民和窗口行业从业人员进行培训；“万”则是在各区市、各行业评选出万名“文明礼仪之星”。

3. 借用名人担任形象大使

2007年，著名歌手韦唯被青岛特聘为2008奥运城市——“帆船之都”——青岛环球形象大使。除了作为形象大使向世界宣传青岛之外，她还为奥运城市青岛创作歌曲《你让我心醉》，并邀请著名词作家法提玛瑞妮担任英文版的词作者，作曲则是世界著名作曲家布莱恩·哈伯斯、安德里亚斯·阿尔曼，而为这首歌进行编曲、配器的则是曾经为麦当娜、小甜甜布兰妮等世界大牌歌星制作音乐的专业制作团队。

4. 走出青岛，推介形象

（1）与著名船公司联手。青岛为推广城市形象，与世界著名船公司如美国总统、以星、达飞、东方海外、中远、中海等联手，以青岛来命名集装箱班轮，这些海上“形象大使”从青岛港起航，载着城市的形象远航世界五大洲、四大洋，让青岛市与青岛港蜚声世界，使正向国际大都市阔步迈进的美丽海滨城市盛名远扬。

（2）国内推介：海陆空全面发力。从2005年以来，青岛在国内开展了一系列的城市形象推广活动，概括起来包括海、陆、空三个方面。

青岛在国内的城市形象推广

形象推广地点	推广形式	推广路线
海	“海尔·青岛号”大帆船	途经大连、烟台、日照、上海、厦门、广州、深圳、香港等城市
陆	奥运宣传列车	青岛至福州、成都、北京、上海、广州等城市
空	“帆船之都”城市名片印上登机牌	从青岛带到各地

(3)走出国门推介。为进一步让国外友人了解青岛，增强青岛在国际上的知名度，青岛主动走出国门，在各个国家宣传和展示青岛的新形象，到目前为止，青岛已经在美国迈阿密、加拿大多伦多、温哥华等多个城市举办了一系列形式多样、内容丰富的活动，诸如图书展、艺术展、招商会等，吸引了国外不少媒体的注意力，提升了青岛的国际形象。如2006年，“青岛奥运传播日”系列宣传活动在北京举办，“相约奥运，扬帆青岛”城市品牌环球推介巡回展跨海到日本、韩国、英国等国家的八个重点城市展示，将“帆船之都”城市品牌和奥运城市形象推向了海外。(案例来源：唐钧，《政府公共关系策略与实务》，中国传媒大学出版社，2008，有删改)

思考与讨论：

1. 政府公共关系主体有哪些？
2. 该案例中的公共关系主体形象是如何塑造的？

案例2　各级政府借开放日活动实现官民互动

当前，我国不同利益群体的诉求及表达方式多元化趋势日益明显，呈现多样化、多变化，而且官民矛盾和博弈层出不穷，凝聚人心、达成共识、赢得民心的难度与日俱增。因此，政府部门敞开心扉，走出“象牙塔”，营造“玻璃屋”，倾听民意就显得非常重要。各级政府凸显其公共关系主体意识，运用官方网站、官方微博、会议论坛、新闻发布会、听证会、政府广告、短信平台、举办政府开放日活动等多种传播手段和传播方式，与人民群众紧密联系，加强沟通交流，营造良好的政府形象。作为各级政府公共关系传播的有效形式之一，政府开放日活动近年来受到普遍重视。这里集中展示一下各级政府借开放日活动实现公共关系目标的案例。

一、北京市消防中队的开放日活动

2011年9月9日，北京市所有消防中队向市民开放，并且决定在以后每个月9日向公众开放。为了充分发挥消防中队为辖区群众进行消防宣传服务的作用，首都消防部门决定把每月9日定为“消防中队开放日”。开放日当天，所有消防中队向社会开放，组织群众参加烟雾逃生体验、消防知识讲座、火灾扑救演示、消防装备展示等活动。

此外，北京消防部门还建立消防中队“走出去”制度，每个消防中队成立两个流动宣传队，定期或不定期在辖区商业网点、交通枢纽、社区街道设立“流动消防宣传站”，开展宣传材料发放、宣传展板展示、火灾扑灭演示等教育活动。北京消防部门表示，在加大消防中队宣传教育硬件设施建设的同时，还将增加一些趣味性、互动性和针对性比较强的消防安全教育体验项目。

二、北京市政法系统开放日活动

北京市政法机关2011年4月15日集中向市民开放，通过各类政法机关向市民开放，让他们了解政法机关执法办案的程序，近距离接触警务装备，观看民警展示特色节目。市政府各单位、各区县政法委共设立了21个主开放点，除因工作性质特殊不宜对外公开的单位外，全部面向社会开放，广泛邀请社会各界及广大人民群众走进政法机关，集中与人民群众开展互动交流，广泛征求意见建议，积极改进政法工作。

西直门的市司法局迎来一批特殊的参观者，他们是来参观主题为“阳光司法、司法惠民”的开放日活动。市民来到警营，参观分局警务工作勤务指挥大厅，了解110接处警的全过程，警务处领导听取民意，答复群众咨询。通过开放日活动，加深了市民对司法行政工作的了解，树立了司法行政亲民的社会形象。

北京市第一中级人民法院吸引了30名外来务工人员子女旁听一起校园伤害案。学生们在整个庭审过程中都非常认真，庭审过后，以此次校园伤害案件宣判为契机，法官与孩子们就如何提高未成年人的法律意识，避免其合法权益遭受侵害等问题进行了交流，结合案例，提醒孩子们要增强自我保护意识，防止校园伤害事件的发生。

三、北京市民参观本市交管局

市交管局交通指挥调度中心对市民开放，大屏幕上信号灯控制、交通事故监测、122指挥调度、流量监测、路况监控、室外诱导屏发布等先进科技系统一并呈现，解说人员依次向市民解释这些系统的功能。

四、北京市疾控中心的开放日活动

北京市“公共卫生工作一日体验”活动在2011年8月8日拉开帷幕。北京市疾控中心向首批北京市民发放了病媒生物防治、传染病与地方病控制、营养与食品卫生等三个专业的宣传材料，现场市民可通过体验活动了解疾病预防控制工作是如何开展的。本次活动不仅吸引了北京市民参与体验，香港明星周海媚也出现在活动现场。

体验者可以在疾控中心专业人员的指导下直接参与蚊虫监测和标本鉴定与制作。在监测过程中，能够及时了解北京市不同环境中老鼠、蟑螂、蚊子等病媒生物的密度，密度过大就表明对附近地区的危害程度较大，这样能够为采取有效防治措施提供指导。另外，如何选择杀虫效果好的杀虫剂同样是老百姓最关心的问题，而北京市疾控中心承担的一项重要工作就是对杀虫剂的质量进行严格把关。所以，开放日当天，工作人员还为北京市民杀虫灭蚊活动提供指导并给出参考意见。

五、国家统计局的统计开放日活动

2011年9月20日，国家统计局又一次敞开大门，邀请网民等公众代表前来参观、交流。早在开放日活动之前，国家统计局在其网站上就发布通告，告知本次活动的主题及详细展示统计数据生产过程，并声明凡在9月1—7日期间参加人民网“中国统计开放日”活动问卷调查的网友，将有机会参加开放日活动。

通过网络报名、随机抽取的网友代表，以及来自基层的优秀采价员、记账员、辅助调查员等共计近百人在参观了中国统计资料馆后，来到统计局大楼三层会议室，与国家统计局有关负责人共济一堂，围绕热点统计问题展开坦诚的交流。

“CPI是怎么统计出来的”视频播放完后，有人问：“美国物价比中国高，但为什么中国CPI比美国高?”还有人问：“老百姓感受猪肉价格高，怎么CPI涨幅落了?”“为什么CPI数据那么低，而日常生活中接触到的价格涨幅都很高?”有网民在这一活动的微博直播中发问。国家统计局相关负责人作出了耐心通俗的解答。“老百姓更关心的是日常生活中经常接触到的商品价格。统计局有没有考虑过，把大家关心的商品的价格变动都公布出来?”来自河北的网友常磊在现场提问。国家统计局相关负责人回答说：“这是个好意见。CPI具体到规格品是600—1 000个，应当把具体的分类价格指数也都公布了。现在统计局网站上每10日公布一次全国29种食品价格。统计局今后要努力把更具体的价格信息告诉大家，大家也要会从统计局网站上查询信息。”在居民收入和支出数据如何获取的短片播出后，高收入阶层的收支情况如何获得，以及是否会拉高平均收入的问题又引起新一轮的热议。两个半小时之后，这场发言踊跃、回答坦率的交流才结束。

在上述一组案例中，我们足以看出各级政府在开放政府形象这一软资源上所作出的努力。也许，开放制度的不成熟还使得这个过程存在着一定的欠缺，但是从无到有、从少到多的进步是政府心态的转变。双向对等的沟通，完善的传播渠道和机制是获取最广大公众的理解与好感的前提条件。（案例来源：张岩松、张国桐，《政府公共关系》，清华大学出版社，2014，有删改）

思考与讨论：

1. 本案例中的政府开放日活动，体现了各级政府怎样的公共关系主体意识？

2. 各级政府的开放日活动有何共同特点？各级政府的开放日活动收到了怎样的公关效果？

案例 3　从“问题疫苗”看政府公关

一、“山东疫苗案的缘由”

2016 年 3 月 18 日，一条由澎湃新闻发布的标题为《数亿元疫苗未冷藏流入 18 省：或影响人命，山东广发协查函》的新闻爆出。山东省济南市某母女涉嫌非法经营二类疫苗被查出，涉案金额达 5.7 亿元，流入了全国 18 个省市。一时间引发社会极大关注。

3 月 19 日，山东省食品药品监督管理局公布涉案上线及下线名单，线索涉及 24 省市。

3 月 20 日，山东省食品药品监督管理部门经对警方提供的关于庞某非法经营疫苗案查封疫苗品种的清单进行核实，发现实有疫苗 12 种、免疫球蛋白 2 种、治疗性生物制品 1 种。

二、面对“山东疫苗事件”，政府做了什么？

3 月 18 日，国家食品药品监督管理总局新闻发言人表示，总局对此事件高度关注，已经责成山东省食品药品监督管理局会同公安和卫生计生部门，立即查清疫苗等相关产品的来源和流向，第一时间向社会公开相关信息。

3 月 19 日，山东省食品药品监督管理局发布了该事件的有关线索，以及公布了 300 名买卖疫苗人员名单。

3月20日，国家食品药品监督管理总局发布《关于非法经营疫苗案件查处工作有关事项的通告》(〔2016〕第62号文件)，要求各级食品药品监管部门成立专案组，尽快核实涉案嫌疑人身份，即时查明疫苗非法购销情况。

3月21日，国家食品药品监督管理总局、公安部、国家卫生计生委联合发布通告，联合成立相关工作组。

3月22日，李克强总理就"问题疫苗"流出事件作出批示，批示指出：此次疫苗安全事件引发社会高度关注，暴露出监管方面存在诸多漏洞。食药监总局、卫生计生委、公安部要切实加强协同配合，彻查"问题疫苗"的流向和使用情况，及时回应社会关切，依法严厉打击违法犯罪行为，对相关失职渎职行为严肃问责，绝不姑息。同时，抓紧完善监管制度，落实疫苗生产、流通、接种等各环节监管责任，堵塞漏洞，保障人民群众生命健康。

3月28日，国务院成立了山东济南非法经营疫苗系列案件工作督查组及批准组织部门联合调查组，进一步开展案件调查、处理工作。(案例来源：薛沁心、郑萍钦、廖琳，《公关世界》，2016年第6期，有删改)

思考与讨论：

1. "问题疫苗"事件的公关主体是什么？

2. 如何看待与评价政府在此事件中的公关策略？

第四章　政府公共关系的客体

政府公共关系主体与客体之间的互动是从政府与公众的互动关系中鲜明地体现出来的。互动，不是简单的说服、宣传，而是平等的心态和平等的交流。科学技术的发展每每使得公众更加了解并参与到整个社会中来，这种“牵一发而动全身”的时代对于整个世界来说，是以前历史上从未有过的。如今，公共关系能够发展成为一个职业、一门学科、一种不可缺少的理念，都是与时代的发展密切相关的。今天这种人与人之间互相依赖的关系，要求我们必须互相理解，而公共关系作为理解问题的一把钥匙，也要求我们怀着这种基本的理念：在我们“共同生活的世界”上，平等地交流、探讨，而不是被操纵地思考与说服，寻求我们理解的钥匙——“共识”，这也是公共性的含义所在。

公众是政府公共关系过程中的目标对象，因此对公众的研究也是政府公共关系的重要内容。作为社会公共事务的管理者，政府只有明确地认识和分析自己的公众对象，才能“因地制宜”地制定政府公共关系的目标、策略和方法，使政府机构的政策及其工作人员的行为能有效地建立在科学的基础之上。本章主要介绍了公众的含义、公众的特征、公众的类型、公众的态度和公众的心理等。

第一节　公众的含义、特征和类型

一、公众的含义

（一）公众的含义

“公众”这一概念在公共关系学中有其特定的含义，正确理解“公众”的含义，树立正确的公众意识，对于科学地理解和把握公共关系工作的实质具有指导性意义。“公众”有两个基本含义：一是“公开的”，即属于社会的，在词性上属于形容词；二是社会群体，在词性上属于名词。

从公共关系学的一般意义上说，政府公众即与政府公共关系主体利益相关并相互影响和相互作用的个人、群体或组织。他们对政府机构的目标和发展具有实际或潜在的影响力、制约力。“政府公众”这个概念涵盖了政府公共关系工作的所有对象，凡是政府公共关系传播沟通的对象都可称为政府公众。因此，政府公众是政府公共关系对象的总称。

从上述定义可以看出：第一，政府的行为对社会群体产生了现实或潜在的利益关系和影响，因此，受政府行为制约和影响的社会群体才被称为政府的公众。第二，特定的社会群体由于与政府行为面临着共同的问题，因而产生了共同目的、共同利益、共同心理等“合群意识”，对该政府的行为产生具有现实或潜在的利益关系或影响。第三，政府公共关系主体和客体之间的互动关系是相互制约、相互联系、相互影响的，是以开展公共关系活动的政府为主导的。

(二) 与其他相近概念的区别

从上述对公众的定义可以看出：公众与受众、群众、人民、人群的概念是有区别的。

“受众”是传播学的概念，在新闻学、广告学中也通用，其含义与公众很接近，乃至在公共关系学中也经常使用这一概念。但在不同的专业或学科，人们可能用不同的方式使用同一个词，从而使同一个词具有不同的学科含义。例如，在广告媒介宣传活动和公共关系活动中，“受众”一词的含义存在着微妙的差别。在公共关系领域，正确区别“公众”与“受众”这两个概念，不但有助于理解公共关系活动的本质，同时对有效开展公共关系活动具有重要意义。从广告学的角度来讲，受众是指信息或资料的接受者，因此消极、被动是受众天然内在的特点。公众则是与一个组织有着内在联系的群体，并且公众与组织的关系是相互的，公众给组织施加影响，同样地，组织也会影响公众。由此可见，虽然从信息传播对象、信息接受者这个角度来看，可以把公众和受众看作同义词，但从公共关系的严格意义上讲并非如此。受众天然内在的消极性和被动性是与大多数公共关系活动的目标——激起较强的公众参与是矛盾的。为解决语义上的差异和冲突，公共关系界已趋向把受众划分为积极受众和消极受众两类，公众则特指积极受众。

“群众”与“公众”这两个概念既有联系又有区别：群众是公众的主体部分，但群众又不等同于公众。公众概念的外延更大一些，比如，国外的投资者和商旅人员属于公众，是我们政府的服务对象和沟通对象，但却不适于用群众的称谓。同时，公众这一概念淡化了领导和统属的色彩，显得更为中性和客观。

“人民”属于政治学和社会学的范畴，量的方面泛指居民中的大多数，质的方面指劳动群众及一切促进社会历史发展的其他阶级、阶层或集团。

“人群”属于社会学用语。在量上，人群是居民中的某一部分；在质上，人群是个松散的结构，不一定需要合群的整体意识和相互联结的牢固纽带，凡是人聚在一起均可称为“群”。在公共关系学中，公众这个词特指任何被共同利益或共同关心的问题联结在一起的群体。公众与政府组织的相关性，即对特定的组织机构具有利益的相关性，即公众的意见和行动对该组织的目标和发展具有实际或潜在的影响力、制约力；而组织的决策和活动，对公众某些问题的解决也有实际和潜在的影响力和制约力。

二、公众的特征

（一）公众的相关性和同质性

政府公共关系的公众虽然是广泛存在的，但只有在特定条件下才能成为实际与政府机构发生直接关系的公众。这个特定条件就是相互之间存在的某些共同点，即因为面临共同的问题而产生的共同的利益、共同的需求、共同的目的等。这样一些共同点，使一群人、团体或组织与政府的行为相关联，由此成为政府的公众，形成政府机构与特定公众之间的互动关系：公众的行为和意见对政府的目标和发展具有影响力，同时政府的管理活动也制约着公众问题的解决。

由于政府公众是面临同一性质的问题而形成的群体，因此也具有同质性。公众的同质性是由公众形成的原因所决定的，即特定公众的形成是因为他们面临共同的问题，尤其是对问题的处理有相似的意见。例如，一个城市来自不同行业的居民，随着经济发展和社区建设的优化，因为收入水平和文化层次的差别，分别住进不同层次的社区，形成一种客观上的“分离”。收入水平、文化层次、消费观念的差距直接形成了人们的分离：高层次的社区和中低层次的社区。前者倾向于“享受型”，后者倾向于“实惠型”，不同的利害关系造就了他们不同的群体分化。[①]

（二）公众的群体性

政府公众的群体性体现在构成公众的特征上。政府公共关系既然是一种公共关系，那就不是仅仅与一两个人或一群互不相关的人发生关系，而是以某

① 唐跃进，向力力．行政公关学[M]．武汉：华中理工大学出版社，1999：59．

一个公共问题做纽带集结在一起的社会群体，一般是指以下三类社会群体。

1. 社会组织

一般来说，社会组织就是公共关系主体。然而，公共关系的主体和客体在一定条件下又可以相互转化。例如，新闻媒介、宗教团体、军队、企业、学校等组织是政府机构的公众，但在一定条件下政府机构又是上述各类社会组织的公众。

2. 初级社会群体组合

初级社会群体组合是指通过一定的固定关系纽带而形成的有亲密关系的社会群体，如由亲缘、业缘、地缘关系而形成的家庭、师徒、同乡等，又如政府计划生育部门的公众就是家庭群体组合。

3. 同质群体

同质群体是指因一时面临共同的问题而形成的社会群体。同质群体的内部成员原本不存在必然联系，因此其联系的程度取决于要解决的问题的难易程度，问题一旦解决，同质群体自然也就解散。如因某一问题而形成的上访人群体，就可以被政府机构看作是一种同质群体。

总而言之，个人只是公众的成员，政府公共关系的公众是一种社会群体。当某一个人作为群体或组织的代表而成为特定公众对象时，其意见和行为往往不是个人的，而是代表某一群体或组织。

（三）公众的复杂性

公众的复杂性主要表现在以下两个方面。[①]

1. 数量巨大

与其他类型的公共关系相比，政府公共关系面临的公众范围更为广泛，数量巨大。首先，在政府公共关系中，最基本的公众是公民。尽管公民因其社会地位、政治经济利益和居住地域的不同，以及面临政府各项具体政策和行为的不同，分别形成不同的社会群体，但就他们都面对同一个政府这个最根本问题而言，全体公民都是政府公共关系最基本、最稳定的公众。其次，政府公共关系的公众也包括各类社会组织。由于社会生活的每个领域都有一定数量的社会组织，因此协调与这些组织的关系是政府对社会生活各个方面进行管理的首要条件。政府与各类社会组织关系的全面性与广泛性，也是其他类型的公共关系所无法比拟的。

---

① 詹文都.政府公关关系：第 2 版[M].广州：华南理工大学出版社，2009：59.

2. 结构复杂

政府公共关系公众不仅数量巨大，还呈现出非常复杂的结构。这是因为与政府发生关系的，通常是个体公众与组织公众交织在一起的：从各级人民代表大会到各级政治协商会议，从执政党到各民主党派，从本国政府机构到外国政府机构以及广大多重身份的社会大众。这一特点要求政府公共关系机构和政府公共关系人员更加全面、更加努力地搞好政府公共关系工作，这也极大地增加了政府公共关系工作的难度。

（四）公众的可变性

政府公共关系的公众不是一成不变、封闭僵化的对象，它处于不断变化发展的过程中，是一个开放的系统。政府公众的可变性是指因某一公共问题而集合在一起的公众群体，因公共问题的解决而解散，公众群体的组合因其需求、态度的变化而转变，公众与非公众永远处于相互变换之中。任何政府面临的公众，其数量、范围、形式、性质等均会随着主体条件和客观环境的变化而转变，有的关系越来越稳固，有的则越来越动荡，有的甚至发生性质上的变化。例如，竞争关系转变为协作关系、友好关系转变为敌对关系等。公众环境的变化，必将导致政府公共关系工作目标、方针、策略、手段的变化；反之，政府自身的变化也会导致公众环境的变化，如政府政策与行为的变化，使公众的行为、态度、评价或意见发生相应的变化，这种变化的结果可能又会反过来对政府产生影响。由此可见，要认识、把握政府公共关系的公众，必须用发展的、动态的眼光来看待。

（五）公众利益的多维性

虽然从根本上说，我国人民之间的利益是一致的，但在具体利益上又存在着诸多的矛盾关系，同时公众本身数量巨大、结构复杂，因此公众的利益呈现出明显的多维性。以一定的利益关系为基础，社会公众可以划分成各种不同的利益群体，这些利益群体既有共同的社会利益，又有各自不同的特殊利益。对政府制定的相关政策和法规，不同的利益群体持不同的态度，这就必然出现不同意见的社会群体，尤其是在一些与人们切身利益密切相关的敏感性问题上，如就业问题、工资问题、物价问题、住房问题、社会福利问题等，政府相关政策会引起公众的不同反响。这些问题处理得不好，往往容易在公众与政府之间产生隔阂，引起矛盾。因此，政府公共关系工作应把握公众的这一特点，有效地运用公共关系的协调职能，统筹兼顾，协调好各方面的利益关系，理顺各种社会关系。

三、公众的类型

(一) 对公众分类的必要性

公众是政府开展公共关系工作的对象。能否对公众进行科学、合理的分类,决定了政府开展公共关系工作的质量以及在多大程度上能够完成既定目标。原因主要有以下几点。

1. 科学的公众分类确立了公共关系调查研究与组织形象评估的范围

一般来说,政府公共关系工作的初始工作是要做好调查研究,通过此阶段能够客观地评估组织形象,找出公共关系存在的问题。而寻找形象差距正是政府公共关系工作的首要任务,这一任务要完成好,必须精准地明确公众,从而确定调查对象和研究范围,以此来找到客观评估组织形象的镜子。公众态度便是能完整地反映组织形象的镜子,可见,民意调查是名副其实的公共关系调查研究的核心。必须研究公众,分析公众,才能准确了解、把握公众的态度和心理。

2. 科学的公众分类明确了制定公共关系政策、设计公共关系方案的方向

正确的方案和政策是公共关系活动的灵魂,整个公共关系工作的水平也将受决策和策划水平的直接影响,因此,制定公共关系政策和策划公共关系方案是公共关系活动中的第二个重要环节。形成科学的决策和策划是建立在对实际情况有深入了解的基础上,尤其是对公众的了解和分析是重中之重。只有分析公众,对其进行必要的区分,才能把握公众关系发展的一般状况,为制定不同的政策、策划有针对性的方案提供依据。

3. 科学的公众分类为公共关系活动的组织和运行打下基础

实际的公共关系活动直接反映了公共关系工作的效果,即“说”得精彩,“做”得成功。公共关系运行过程的第三步是综合运用多种传播媒介,拓展各种沟通渠道去“说”和“做”。传播沟通的许多步骤都离不开对公众分类的分析。为保证“说”和“做”具有针对性,通过对公众的分类研究,可以为选择传播媒介、沟通渠道提供可靠的参考依据。

4. 科学的公众分类为科学评审公共关系工作的效果提供依据

政府公共关系工作的最后一步是检测和评审公共关系工作的成效。公共关系工作的成效需要从多层面进行评估,例如,信息传递的范围和效率、公众态度的形成和改变、公众情感的建立和深化、公众行为的支持与配合等。由于以上方面的评估都直接与对公众的分类研究有关,因而需要分别了解不同的

公众，了解他们是否接收到了与他们相关的信息，他们的态度、心理和行为是否有变化，与预期效果还存在哪些差距等。合理的公众分类为评估公共关系工作效果提供了重要依据。

对公众进行正确的分类，明确公共关系工作的对象，对于政府开展公共关系工作具有重要的意义。

（二）政府公共关系公众的类型

1. 按照人口学结构分类

政府公共关系中最常用的分类方法便是按人口学结构进行分类。这种方法主要是依据对象的年龄、性别、民族、职业、经济状况、文化程度、政治或宗教信仰、种族等标准进行分类。政府公共关系的一项基础性工作是各级政府部门都应对辖区内的公众进行人口结构分析，积累并运用这方面的基本资料。

2. 按照公众的归属关系分类

（1）内部公众。政府系统内部的全体成员和各个单位被称为内部公众。诸如政府公务员、为政府机构服务的员工以及政府所属的各职能部门。内部公众是与政府自身相关性最强的一类公众对象，其特点是既属于政府内部公共关系工作的对象，又属于外部公共关系工作的主体。政府要想做好公共关系工作，发挥行政管理职能的作用，促进行政管理目标的实现，树立良好的政府形象，内部公众的行为起着决定性的作用。

（2）外部公众。在政府机构外形成的，与政府机构有直接或间接关系的个人、群体和组织被称为外部公众。外部公众对政府机构的施政活动仍具有一定的影响力和制约力，尽管这类公众与政府之间的关系不如内部公众直接和密切。与此同时，从数量上说，外部公众要比内部公众多得多，关系也要比内部公众复杂得多。此外，诸如政党、军队、新闻机构、企事业单位、社会团体、宗教团体、外国政府以及国际组织等都属于外部公众。政府公共关系机构的重要工作是使社会公众对政府的行为和政策保持理解或是支持，要做到这一点就要同这些外部公众建立经常的、密切的联系，及时了解他们的需求和动态，同时将政府自身的各方面信息与之进行沟通和交流。

3. 按照公众对政府的重要程度分类

（1）首要公众。首要公众是指与政府联系最频繁、关系最密切，对政府机构的生存发展、信誉成败起到举足轻重作用的公众。就政府内部来说，构成政府的基础性因素是与政府利益休戚相关的职能部门、政府机构工作人员等，他们也是推动政府机构运转和发展的内在动力。因而，做好内部公众的公共关系工作是政府公共关系人员的首要工作。从政府外部来看，社会公民也是一类首要公众，他们是各级人民政府推行政令和服务的重要对象，因此也必须做好这类首要公众的公共关系工作。

（2）次要公众。次要公众是指与政府有联系但并不是最密切的，对政府不起决定性影响的公众。当然，首要和次要之分是相对来说的，他们对政府的利益和发展同样发挥重要影响和制约作用，在特定时期或特定条件下，这类公众也有可能转化为首要公众。政府公共关系人员应该时刻注意保持和不断改善与次要公众之间的关系。

4. 按照公众对政府的态度分类

（1）顺意公众。赞同并积极支持政府的政策与行为的公众统称为顺意公众，是推动政府公共关系发展的基本公众。政府公共关系人员必须加强与他们的联系和沟通，及时收集、分析他们所反馈的信息。如果这类公众出现误解政府的行为时，应及时予以解释与制止，防止这部分公众的态度发生转变，对政府产生不利的影响。

（2）逆意公众。对政府的政策与行为持反对态度并有可能付诸反对行动的公众统称为逆意公众。对于这类公众，要想做到扭转政府在他们心目中的不良形象，力争使这类公众转化为顺意公众，政府公共关系机构必须有针对性地采取对策，加强信息、观点的沟通与交流，加强与公众的情感联络，不断完善政府的政策与行为。

（3）独立公众。对政府政策与行为持中立态度或态度不明确的公众被称为独立公众。正是因为他们随时都有可能转化为顺意公众或逆意公众，所以这类公众是政府公共关系工作中要争取的对象。为了有效地推进政府公共关系工作，必须做好这类公众的工作，促使他们有机地转化为顺意公众，避免其向逆意公众转化。

5. 根据公众的组织状态分类

（1）组织公众。具有稳定组织机构的政府公共关系公众被统称为组织公众。这部分公众可以分为集团型公众、社区型公众和权力型公众。集团型公众包括各种社会团体、学校、事业单位、工商企业、科研单位等；社区型公众由政府公共关系主体所在地的居民组织、社会团体、企业、医院等组成；权力型公众是公共关系主体以外的拥有某种行政权力的组织，如政府所属各类行政管理机构。

（2）非组织公众。非组织公众是指没有固定的组织机构的政府公共关系公众。这部分公众可以分为聚散型公众、流散型公众、周期型公众。聚散型公众是指因为某一事件或活动而聚集的公众，其特点是临时聚集又快速分散，如各种报告会、博览会、展览会、运动会等的参与者；流散型公众是指不按特定目标或规律聚集的公众，数量较多且分散、不稳定，如临时外出的政府工作人员、游客、旅客等；周期型公众是指按一定的规律定期形成的公众，如每天上下班的政府工作人员、几年一次进行投票的选民等。总之，非组织公众具有人数较多、流动性较大、分布较为广泛、目标与需求呈现多样化等特点，因此在特定的环境和条件下，做好这部分公众的工作对政府公共关系也至关重要。

6. 按照政府对公众的态度分类

（1）受欢迎的公众。受欢迎的公众是指完全契合政府的利益需求，对政府表示友好和交往意向的公众。对政府来说，这是一种一拍即合的关系，如自愿的捐献者和投资者、为政府采写正面报道的记者、慕名拜访的国内外友人等。由于双方均采取主动的姿态，因此这种关系不存在传播障碍，政府公共关系的任务就是维系和加强这种合作关系。

（2）被追求的公众。被追求的公众是指符合政府的利益和需要，但却对政府不感兴趣，缺乏交往意愿的公众。如一些社会名流、有雄厚实力的投资者等均可能成为被政府追求的公众。政府希望通过与这类公众建立关系来扩大政府影响，抑或吸收外资来发展当地经济，做好政府公共关系工作。

（3）不受欢迎的公众。不受欢迎的公众是指与政府的利益和意愿相悖，对政府构成现实或潜在威胁的公众。如在国际公共关系中，对我国政府怀有敌意或粗暴干涉我国内政的组织公众；或者是站在政府对立面，反对政府政策与行为并付诸实践活动的公众。对于这部分公众，政府应持疏远态度，必要时可采取措施给以有力还击。

7. 按照公众的发展过程分类

（1）非公众。非公众是指尚未与政府机构产生关系的公众，其观点、态度和行为既不受政府机构的影响，也不对政府机构的运行产生影响的公众群体。在一定条件下，非公众也可能与政府机构发生联系而成为政府的潜在公众，因而，虽然暂时他们不属于公共关系对象范围，但政府也不能忽视这类公众。

（2）潜在公众。所谓潜在公众，一种是指有待开发、尚未与政府组织发生任何直接利益关系的那部分公众；另一种是指由于政府行为，事实上已与政府发生了某种联系，并由此面临共同问题和利益关系，但本身并未意识到的公众。由于潜在公众与政府之间存在的有利关系或有害关系没有充分暴露出来，容易被忽视，因而政府公共关系要特别重视潜在公众。公共关系部门和人员要加强分析潜在公众，研究切实有效的对策，使潜在公众向有利于政府的方向转化，对政府组织的生存和发展起到积极的推动作用。

（3）知晓公众。知晓公众是指已经知晓自身处境，并意识到自己同政府机构面临的共同问题和利益联系，迫切需要进一步了解与该问题有关的信息，并开始向组织提出有关权益要求的公众。政府公共关系的良机在于把握知晓公众，使其成为重点工作对象。这是由于知晓公众已意识到与政府间存在着利害关系，因此，他们对有关信息特别敏感，获取有关信息的心情也较为迫切。这时在相关条件允许的范围内，政府公共关系部门的人员应该及时、准确地提供给他们所需要的信息，包括提供和解释组织准备执行的政策和即将采取的行动，这样才能不失时机地达到预期目标。

（4）行动公众。行动公众是指已采取实际行动，对组织机构产生了有利的或不利的影响和作用，迫使组织采取相应行动的公众群体。组织机构必须采取相应的行动，将压力转变为动力，使行动公众形成对政府组织有利的社会合力。

政府公共关系的问题是一个由潜在到被发现和解决的过程，因而从非公众到行动公众也是一个持续发展的过程。政府公共关系工作对于以上这四种公众要注意区分，研究和掌握公众发展的规律，时刻注意观察由于政府行为而带来的公众态度的变化，以便及时制定和实施公共关系计划，实现要达到的预期目标。

8. 按照公众之间的决定性分类

可以根据公众是消极地还是积极地就某个问题进行沟通的态度，以及他们对于某一组织所经营的业务是支持还是限制的方式作出反应的程度，将公众划分为消极受众和积极受众。消极受众是与政府组织存在着内在联系，但仍对这种关系的认识不够，或尚未从自身察觉到该组织的行为对其造成的影响，同时又可能觉察、卷入和认知到这些问题，但目前对组织的行为和传播持消极不干预、不影响、不积极反馈态度的公众。

积极公众是已经与组织之间形成互动关系，对组织问题认知和卷入较深，并积极对组织施加影响的那部分公众。正是因为他们最了解、最关注政府正在做的事情，并主动对政府的政策、行为、策略或目标施加影响，因而积极公众被认为是政府公共关系计划的重要目标。如果政府部门不积极地沟通、处理同积极公众之间的矛盾或冲突，那么，这部分公众也可能形成社会压力集团，并直接与政府对抗，表现出抗议、抵制、冲突等行为。当然，消极公众随着时机的变化存在着向积极公众转变的可能性，因此，政府组织在密切关注积极公众的同时也要关注消极公众的发展变化。

第二节　政府公共关系中的公众态度

一、公众态度的含义

在政府公共关系研究中，公众态度是非常重要的一个研究课题。政府是权威性机构，是国家权力机关的执行机构，在一定意义上又代表着国家的意志。同时，政府还担负着行使公共事务管理的任务，在实践中直接面对公民，“因而它和公民之间的关系最直接、最密切，同时也最容易扭曲甚至完全颠倒”，在一定意义上这一关系显得特别重要。① 政府和公众之间一个很重要的联结因素就是对公众态度的反应。随着当代信息社会的飞速发展、现代科技的不断提升，公众态度也发生了很大的变化，与以往相比，在表达方式、社会影响等方面都有很大的不同。

(一) 现代公众态度的发展

1. 影响公众态度的环境变化

现代社会是一个民主的社会、开放的社会，在社会主义市场经济强有力的作用下，公共社会的两大因素即公共领域与私人领域，开始呈现出分化状态，从而演化出一个广阔的公共领域空间。这个空间是由作为私人的个体公众积聚而成的，公众在这一领域中对公共权利和其他共同关心的问题作出评价，调节国家与社会的需要。

2. 影响公众态度的传播手段变化

公众态度不仅与政府的政策、行为有着密不可分的关系，还与传播手段的完善有着不可分割的关系。首先，任何公众态度如果不能通过一定方式表达出来，不经过传达过程，就不能为政府、他人所了解。公众往往根据自己的亲身经验、以往的知识储备、既有的价值系统以及所掌握的材料，自主地对社会公共事务作出自己的判断，形成自己的看法和态度。其次，公众态度通过传播和扩散，即使是少数人的态度和看法也可能转化为多数人的共同心声和态度，

① 宋全喜.中国行政体制改革的理论定位[J].理论与改革，2000(5).

并且不同的传播手段对部分公众的态度有着决定性的影响作用。在现代社会中，社会公众共同生活在大众传播媒介所营造的“拷贝世界”中，通过“电子传媒，事件在全球变得无所不在，不是同时发生的事件也具有了共时性效果”。此外，社会公众通过大众传播媒介联系起来，成为一个整体，他们越来越倾向于借助新闻媒体表达他们的意见和态度。①

（二）公众态度的内容

在哲学上，态度是一种社会意识，是对象意识与自我意识相互交织的产物。需要注意的是，作为一种社会意识的态度，与其他社会意识，如政治、哲学、法律等相比，它的主要特征是一种流动意识，在整体意识结构体系中居表层地位。其主要表现为：第一，群众性。公众的态度呈现出一种无时不在、无处不在的流动状态，是公众每时每刻都可以感觉到的一种社会意识。第二，主体性。公众在表达自己的态度时，往往缺少条理性和科学性，公众主体所表达的态度和意见不等同于真理。

从政府公共关系角度来看，公众态度是指社会公众对于社会公共事务的看法和意见，是民意和众意的反映，是公众意志、精神和愿望的总和。公众态度主要以社会公共事务为主题，是公众对政府组织的基本态度，是衡量政府组织公共关系状态的重要标志。

二、公众态度的现代特征

（一）影响公众态度的因素

1. 人际舆论穿透力、指向性的增强

街谈巷议是过去人们表达自我态度的一种传统形式，尽管在当代的作用和地位已不是很明显，但是精彩纷呈的电视节目、网络信息更是直接起到了导火索的作用。随着互联网技术的普遍应用，各种网站和论坛给予公众更直接的交流平台，不仅增加了交流的空间，还具有及时性；与此同时，也增加了社会公共问题的曝光率，提高了政府工作的公开性和透明度。因此，在网络意见领袖的引导下，由于态度指向性明确，很多社会问题的主流态度能及时有效地传递给社会公众。

2. 价值取向多元化、矛盾化的趋势

改革开放之后，社会中出现了多种价值目标，使得公众在人生价值、职业

---

① 程世寿.公共舆论学[M].武汉：华中科技大学出版社，2003：13－14.

价值、审美价值等方面的价值选择上呈现出多元化趋势，打破了过去价值选择上的单一性。公众受到多维度价值引力的牵引，必须在精神目标与物质目标、文化价值与经济价值、道德义务与实际利益的相互冲突中再三权衡。因此，价值选择的多向化成为一种十分普遍的现象。与此同时，社会变革所带来的双向社会效应在公众态度上还表现为一系列的矛盾，典型的矛盾就是乐观态度和消极态度的冲突。当政府的相关政策、行为触及公众的根本利益或基本生活态度时，公众会出现彷徨状态，其潜在的原有信念体系与现实的态度表达，有意无意地就出现了矛盾。

3. 大众媒介的迅速扩张和主导地位的强化

改革开放三十多年来，大众媒介的迅速发展是我们国家最重要的变化之一，这个变化对当代中国公众态度和看法的影响力及作用力非同小可。随着民主观念及互联网技术的进步，新闻媒介的体制有了很大改善，传播手段和力度也有了日新月异的变化。当代中国的新闻主流媒体在公众态度引导中的地位和作用是有目共睹的。

4. 公众态度结构的分散化

区域经济发展的差距、城乡发展之间的差距、利益群体的分化等直接导致了公众态度结构的分散化。进入社会转型期以来，东西部经济的差距以及城乡之间的经济差距造成了公众在群体上的分化，彼此之间的利益冲突在态度上也悄然形成了对峙状态，并且东部在媒介资源和设备上都是最先进的、最充足的。大众传播媒介资源的不平衡直接导致了东西部以及城乡公众态度的分散性。公共信息的不对称不利于东西部和城乡之间的交流，尤其是所属公众对人民政府等公共关系机构的态度表达。

(二) 公众态度的特征

公众态度的复杂性源于公众社会价值观念的多元化，从不同的角度可以看到公众舆论环境的不同类别特征。

1. 主体性

由于公众来自于各个地方、各个行业，而主体构成不同的公众群体态度也不尽相同，如党派态度、工人态度、农民态度、贵族态度等。虽然某些相类似的公众态度的主体往往是某一同质人群的集合，然而相似之间也有不同，根据主体意识的差别，公众态度也有积极态度和消极态度之分。一般来说，积极支持政府公共事务，促进社会民主的态度称为积极态度；反之，阻碍政府公共事务，破坏社会民主的态度称为消极态度。

2. 客体性

按照客体类别，公众的态度可划分为对政治的态度、对经济的态度、对文化的态度等。并且由于客体包括社会问题、公共事件、社会思潮等，因此公众的态度存在着交叉关系。简而言之，如果某个反映公众态度的客体涉及哪个层次的问题，那么该公共态度就反映该类客体的特点和规律。

3. 地域性

由于公众态度往往是围绕地区性事务形成的，因此公众态度还具有地域性的特征。根据地域特征，公众态度可划分为四个层次：对组织范围公共事务的态度，对地区公共事务的态度，对全国公共事务的态度，以及对国际事务的态度。由于全国事务、地区事务之间往往存在某种重合，因此在对待这些事务上公众态度有相似性。

总之，公众态度的复杂性和多元性决定了它自身的研究地位和作用。在我国的改革中，公众态度和意见的多元化是一种必然趋势，能够促使公众主体意识的进一步觉醒。

三、政府对公众态度的引导

（一）公众态度与政府之间的关系

任何政府组织都生存在特定的公众态度反应之中，其政策和行为既受到公众态度的影响，也影响着公众态度。特别是在当今的大众媒体传播时代，公众的民主意识高涨，公众态度对政府组织的压力也日渐增强。通过政府公共关系影响公众的态度和行为，为政府工作营造一个良好的执政环境，是政府公共关系管理的重要任务。

鉴于公众态度的重要性，政府公共关系必须很好地分析和处理政府与公众态度之间的关系。

首先，公众态度对政府政策行为有着一定程度的限制，公众态度对政府具有监督性。监督也蕴含着非常深的知识性、技术性，因此我们必须重视高素质监督的必要性：人的潜意识中具有就低性，虽然人都表现出进步的要求，但是这种要求多是源于社会对个人价值评判的驱使。如果某种行为不足以影响社会对他的评价，那么人的本能会倾向于一种惰性或利己的选择态度。行政管理中的政府回应问题也是如此，如对公众的需求和所反映的问题处理不及时、不恰当就会引起公众的不满，从而可能对政府的声誉产生严重不良影响，甚至某些政府公共关系人员会因此受到牵连。在这种情况下，政府公共关系机构及人员会更加关注公众态度和看法，从而提高对公众态度的回应率。

其次，公众对政府的不信任问题是公众态度多变性的重要因素。公众对政府不信任的一个原因是公众对政府不了解、缺乏信息沟通，因此在我国现代政治改革过程中，特别强调政务的透明性与公开性。一方面，需要回应现代信息社会公众对透明、公开、责任等的需求；另一方面，期望通过政府行政的公开化、透明化，加强公众对政府及其运作程序的了解，从而改变公众对政府的不信任态度。列宁曾指出，广泛民主原则要包括两个必要条件：一是完全的公开性；二是一切职务经过选举，离开公开性谈民主是很可笑的。没有政府工作的公开，就没有公众对权力运行情况的知晓，也就很难重新建立政府与公众的信任关系，公众参与、公众支持就更无从谈起。

综上所述，政府的治理是政府和公众相互协力、相互信任的过程。当代公共事务和公共问题的复杂性，公众态度的动态性和多元性，使得政府无法成为单一性的治理者，并且在这个信息爆炸的时代，公众态度也呈现出分散性以及多元化的趋势。因此，构建双向互动式的治理模式，也成了政府管理社会、服务公众的民主模式。

(二) 政府对公众态度的引导

公众态度是一种客观力量，它以支持或反对的方式对个人或组织发挥着独特影响。针对政府而言，公众态度是社会公众对政府的政策、行为所形成的意见、观点与看法的总和。了解公众态度，可以为政府决策提供依据；引导公众态度，可以为执行政策减少阻力，增加助力。政府在管理公共事务中的一个明显现实是：公众态度影响政府决策，而政府公共关系可以通过有计划地传播沟通对公众态度加以引导和影响，以推动、协助政治决策的实施。政府对公众态度进行引导主要有以下几种方式。

1. 通过新闻媒介引导公众态度

现代社会，新闻媒介是社会公众表达自我态度的重要方式，在政府与公众关系中扮演着双重角色：一方面，它是公众态度的主体；另一方面，它又是政府组织引导公众态度的重要手段和工具。无论是作为表达渠道，还是作为公众态度的代表，媒介对公众态度形成的每个阶段的影响几乎无处不在、无时不在。媒介为人们的观念导航，迫使人们超越自身狭隘的经验，学会更多地凭借大众传媒提供的信息和议题去认识世界，勾勒、修改脑海里关于现实世界的图像。通过新闻媒介引导公众态度的方式很多，主要有以下几种。

第一种，通过信息选择，引导社会公众态度，使公众的意见和倾向朝媒介预期的方向发展。在现实生活中，公众自身得到的信息不多且简单分散，加上自身的经验和素质以及客观认知能力有限，公众对政府公共事务的选择自然受到限制。而新闻媒介铺天盖地，其传播能量对公众在认知方面形成了一种压力，使得公众对客体的态度和意见在耳濡目染中与媒介趋同。慢慢地，公众就习惯于以新闻媒介的价值导向作为自己态度形成的方向。

第二种，通过意见、报道，形成某种主流态度和看法。新闻媒介直接传播某种态度、看法，对社会公众的思想态度影响更为直接，对公众态度的形成也具有直接的导向作用。态度的来源有多种，如舆论领袖的意见态度，新闻媒体直接发表的态度、看法、评论等。新闻言论代表媒体的态度、观点，但是公众对它的信任，会使它对公众产生亲和力和说服力，从而引导公众的主观倾向。

第三种，通过典型报道，提供社会典范。典型报道是我国新闻宣传的优良传统，榜样就是力量，典型的人物或事件能影响几代人的价值观念。无数当代先进典型散发出的精神力量，为社会形成积极、健康、向上的公众态度发挥了重要作用。当前报道要注重典型的多样化、平民化倾向，还要具有典型人物的人情味和典型选择的理性化。这类报道贴近生活、涉及面宽，更容易引起人们的共鸣。

2. 通过新闻发言人制度影响公众态度

现代社会政府引导公众态度的重要方式是建立新闻发言人制度，即举办新闻发布会，通过新闻发言人影响公众态度。当今世界上的各个国家，乃至一些大型企事业单位，不仅都设立了负责新闻发布的专职机构，而且都有自己的新闻发言人。在我国，也有外交部新闻司和国务院新闻办公室以及多个政府职能部门的发言人。

3. 通过社会公众领袖引导公众态度

社会公众领袖不是靠行政地位或强制方法迫使他人同意或服从他的意见，而是靠人格力量、自身的智慧和信息资源的权威来影响他人。社会公众领袖一般具有以下几个特征：第一，德高望重；第二，人际关系和谐；第三，消息灵通可靠；第四，意见专业、独到、有说服力。通过社会公众领袖引导公众态度的最基本方式，是请社会公众领袖就某一公共事务发表倾向性的看法和意见。新闻媒体的专家访谈、答记者问，权威人士的会议发言等都属于这种方式。

（三）处理好媒体、公众、政府三者之间的关系

1. 发挥媒体和公众的监督作用

大众媒介是政府与公众的中介，但它又担负着监督政府的作用，因为新

闻报道对人们的思想和行为具有迅速的、广泛而深刻的导向作用。当今社会是一个信息社会，大众传播媒介的力量不断扩张，经由大众传媒凝聚起来的公众力量也变得非常强大。实践证明，强大的公众力量会使公众监督成为一种极为有效的防腐剂。

公众的监督作用之所以有力量，就是因为它具有广泛性、公开性、针对性的特点，这种监督力量对社会腐败行为可以形成巨大的威慑力。为了正确发挥公众的监督作用，在揭露腐败现象时，必须注意事实准确，以法律和政策为依据。正向的公众监督有两个特点：一是公众的态度反应是否符合事物本质，反映客观规律；二是公众的态度倾向是否顺应历史潮流，引导人们前进的方向和社会进步。

2. 保障公众的知情权

有学者指出，公众态度的形成取决于三个条件：第一，公众获得真实信息的权利；第二，公众公开表达其关切问题的程度；第三，公众民主及法制意识的强弱。由此可见，政府公共关系人员的首要任务是告知，因此确保信息不断地流动到政府内部和外部是政府从业人员最优先的考虑。

随着政府活动范围的扩大，管辖事务的增多，维持公民的政治参与和确保政府对公众态度的及时回应也变得更具有挑战性。政府接触到社会的方方面面，政府的每一个层面都与公共关系紧密相连并有赖于公共关系。对地方官员而言，公共关系工作的复杂程度是显而易见的。地方政府不但提供的服务最贴近公众，同时也承受着来自于影响力越来越大的公众团体施加的压力。

3. 塑造政府的公众形象，确立政府信用

了解和把握公众态度，为政府的政策提供依据，为政策的执行减少阻力，增加动力；完善传播机制，健全沟通渠道；协调内外部关系，创造和谐的行政环境。一般来说，造成公众态度消极甚至偏激的原因是公众对政府的负面看法：特殊利益集团、体制僵化、腐败等。因此，政府对公众态度的引导要充分考虑公众的情感、思想、实际生活，因为公众是政府工作的终极对象。

现代民主政治高度重视公众态度，视公众态度为政治性与行政性决策和行动的基石与根据。重视公众态度就必须重视与公众的沟通、交流，就必须建立各种有效的途径和渠道来了解公众态度、反馈公众态度，从而可以掌握公众态度。塑造政府的公众形象，确立政府的信用，需要一系列的有效制度来支撑和保障。

首先，建立和完善信访工作制度。信访工作制度是政府了解公众态度和公众动态的一个重要渠道，使政府领导和相关工作人员有机会直接了解公众态度和想法，直接听到群众的心声，了解民众的情绪，掌握社会的脉向。

其次，建立和完善政府新闻发言人制度。一方面，政府在公众场合能够以一个统一、协调的形象出现，避免产生因信息传播失控而导致的形象混乱的局面；另一方面，具体负责的行政首长能够更冷静、更专注地思考和解决问题，特别是在应对复杂、疑难问题时有较充裕的应变时间和回旋余地，而不必事事抛头露面，处于公众关注的焦点上。政府新闻发言人制度不仅加强了政府自身的信息传播工作，也提高了政府政务的透明度，还同时满足了公众的知情权，这样更有利于政府政务的推行和公共政策的出台与实施。

最后，增加政府政务透明度，拓宽公众参政议政渠道。行政组织的结构复杂、规模庞大、身份特殊，造成公众对政府的办事程序缺乏了解，从而导致很多社会问题不能得到有效解决，陷入低效率漩涡。办事公开制度，使得政府的办公程序更明确化，增加了政府和公众相互了解的机会。同时，开拓公众参政议政渠道，让公众的意见能够有比较充分的机会并以有效的方式公开表达出来，让政府及时、广泛地了解各种不同的态度和看法，为制定、完善和执行政府决策提供了依据，而且能使各种潜在的社会摩擦与冲突在逐渐弱化的状态中得到缓和或解决。

第三节　公众群体心理

一、公众群体心理的含义

政府公共关系职能的实现，离不开对公众心理规律的研究。在公共关系活动中，必须分析研究公众是如何接受政府公共关系信息和影响的：公众对社会环境的心态怎样，公众对社会环境变动的心理承受能力如何，以及政府公共关系中的人际关系和沟通艺术等。只有正确把握或测度好政府公共关系中人的心理活动及其特征，才能采取相应的正确有效的政府公共关系活动心理策略，使公众按照政府公共关系所引导和期待的方向从事某种活动。

（一）公众心理的内容

公众心理一般会受到各种社会因素的制约。从一定意义上来说，“营造环境”的政府公共关系活动是充分利用各种外部条件和积极手段对公众施加影响的活动，也必然会对公众的心理产生制约作用和诱导作用。公众心理在政府公共关系作用下的反应，也有其共性和个性。

在政府公共关系中，人们的认识过程是由感性到理性、由具体到抽象的。公众在接受政府公共关系信息的过程中，其心理活动仍然受到其他社会因素和活动的影响。公众在接收政府公共关系信息后，产生兴趣、观察、思考、尝试等心理活动，会均衡优劣，由感知到综合思考，最后作出判断并付诸行动。由此看来，公众的心理活动是一种综合性反应和表现，那么政府公共关系活动也必须相应地进行综合性努力。

公众的心理活动及其变化会因政府公共关系内容的不同而有所差异。不同层次的公众，在同一政府公共关系信息的作用下，也会产生不同的心理反应；在不同公众身上，即使是有共同性质的公众心理现象，也会表现出不同的特点。政府公共关系活动，必须在注重公众心理共性的同时，注重公众心理的个性，从而对不同层次的公众、不同内容的公共关系活动，作出不同的适合公众心理过程特点的安排，达到政府与公众沟通、协调和相互理解、合作的目的。

（二）公众群体心理和心理需求

在一定社会条件和公众之间的相互作用及影响下，公众在一定时期内往往会对某一对象普遍产生共同的心理及行为倾向，这就是群体心理。公众的群体心理有时有助于政府公共关系问题的解决，有时则会造成障碍。因此，政府公共关系组织机构应当顺应和引导公众群体心理来开展政府公共关系活动。

公众的群体心理需求大体上可以分为高低两个层次。低层次的，如物质需要和追求时髦等；高层次的，如风俗、习惯和公众舆论等。高层次心理需求建立在低层次心理需求的基础上。人们不同层次的需求都有其相应的心理活动。

政府公共关系活动必须注意分析公众心理的共性，以公众群体心理作为自己公共关系活动的起止点，顺应和引导公众心理需求及变化，争取公众对政府的理解、信任、支持与合作。例如，在政府机构的公共关系活动中，利用公众的爱国主义感情，鼓励他们顽强拼搏，创造新纪录；在经济活动中，利用人们的消费心理，改善和推进自己的生产和经营等。

综上所述，政府公共关系人员应对公众的动机、心态、个性进行了解和分析，引发公众的心理需求，顺应公众的群体心理，以提高社会组织的社会效益和经济效益，在公众中树立政府的良好形象。

二、公众群体心理的特征

公众群体心理特征是群体成员在一定社会影响下，由于相互影响、相互作用形成的普遍心理活动特点和倾向，主要呈现出以下五种特征。

(一) 去个性化

去个性化又叫个性消失、去抑止化，是指由于群体中身份的匿名性和责任的分散与不确定性，使得个体在群体意识影响下出现自我功能弱化、责任感丧失的状态。在这种状态下，个体隐藏的潜意识欲望得以释放，从而会作出一些平时不敢做甚至不敢想的行为。

(二) 认同感

认同感是指个体在态度、情感、思想和行为上主动模仿、接受他人的影响，使自己的态度和行为与他人相接近。基于认同而产生的肯定性情感是人们活动的内在驱动力。近年来，随着改革的深入和贫富差距的拉大，社会形成强势群体和弱势群体的对立状态，弱势群体会有被压迫、被剥夺和被抛弃感，其群体成员会因此惺惺相惜、相互认同，而这种认同会给他们带来力量。

(三) 逆反心理

逆反心理是指人们受到过去经验的影响，对他人的要求和某些事物采取否定甚至相反态度的一种心理和行为倾向。这也就是人们常说的由于不信任而“对着干”的心理。

(四) 盲目从众

从众行为是指个体受到外界人群行为的影响，而在自己的判断、知觉、认识上表现出符合公众舆论或多数人的行为方式，这也就是俗话说的“随大流”。从众并非都是消极的，只有当缺乏冷静思考与是非判断的能力，不顾客观后果盲目“随大流”时，才会带来危害。提供给人们的信息开放水平，权威人士的影响力，个体的个性特点、文化水平、自信心等都会影响从众行为的发生。当群众无法掌握详细信息时，对一些公众事务的态度和看法就往往会偏听偏信。

(五) 宣泄情绪

宣泄是指通过语言或行为来减缓或释放心理压力的一种心理现象，是人类的一种减压方式。宣泄的方式有积极和消极之分，消极的宣泄方式，比如言语攻击、寻衅滋事、打架斗殴、破坏财物等，这些往往会给社会、集体、他人甚至自己带来直接或间接的损害。在公众群体性事件中，有很多参与者与事件组织者并不相识或者无利益相关性，他们参与进来表面上是基于对弱者的同情和对政府处置手段的不满，实际上是自身受压抑的不满情绪被激发出来。当自身诉求无法通过合法渠道满足时，这些人受到群体情绪的感染，就会将群体性心理转化为行动来宣泄压抑于内心的愤怒。

三、当前我国公众的群体性心理

从目前我国公众心理来看，居主导地位的公众心理无疑是健康、积极、向上的，主要表现为人心思稳、人心思进、人心思富，聚精会神搞建设，一心一意谋发展，追求心理健康，注重心态和谐。特别是党的十八大的胜利召开，旗帜鲜明地展示了我们党在改革发展的关键阶段举什么旗、走什么路，以什么样的精神状态、朝着什么样的发展目标继续前进，以战略性思维和前瞻性眼光描绘了我国改革发展的宏伟蓝图，更加激发了广大党员干部群众努力建设和发展中国特色社会主义伟大事业的热情。但也应看到，随着社会转型加快，新旧矛盾交织，改革方向纵深发展，社会利益剧烈调整，公众的思想和情绪日益复杂多样，公众的群体性心理也存在一定的问题。

(一) 失衡心理

失衡心理是当下比较普遍的一种公众心理。在改革开放之初，人们普遍对实行改革开放怀着很高的期望：期望立即增加经济收入，期望尽快地提高个人的社会地位，期望最大程度的改善生活条件，等等。一旦这些过高的期望落空或有落差，一种受挫心理就会油然而生。一旦在利益结构的变化中自身受损，付出改革的巨大代价，社会心理的失衡就更加严重。失衡心理的产生并非仅仅是由于自身利益受损，即使公众自身在改革中有所受益，得到实惠，在与他人相比时，依然会认为自己受益少，所得实惠不及别人多。这个时候，公众会产生一种挫折感和失落感，这种挫折心理和失落心理被社会学家和社会心理学家称为“相对剥夺感”。别人受惠多，是因为别人“剥夺”了自己应得的份额；自己受惠少，是因为自己受到别人的“剥夺”。

随着改革的深入和市场经济的发展，人们可获得的社会资源日益丰富和多元化，但与此同时，不同行业和不同社会群体之间的收入差距也逐渐拉大，这使相当一部分人产生了不同程度的心理失衡危机。社会收入差距的拉大，不可避免地引起了相对剥夺感的增加，极大地加剧了公众的心理不平衡，加剧了人们有关社会分配不公的主观印象，加剧了公众的失衡心理。

(二) 浮躁心理

浮躁心理表现在两个方面：一是表现为公众对当前的理想追求、人生信念和社会信仰发生危机后,对社会生活诸方面问题的一种情绪反应。这种情绪对问题认识形成的看法往往带有一定的主观性和盲目性。它的突出心理特征是对什么都持无所谓的态度,认为有没有责任、信仰、理想无关紧要,言行不一,华而不实。二是表现为市场利益原则的泛化。它的突出心理特征是急功近利。在强大的利益驱动下,人们总想以最少的投入和最简单、快捷的方式在最短的时间内获取最大的利益,于是一些人就采取不正当手段来达到自己的目的。

(三) 迷惘困惑心理

多元价值取向相互冲突碰撞,导致人们在价值选择时感到迷惘和困惑。当前我国正处于社会转型时期,各种思想观念激烈冲突,原有的社会价值体系在一定程度上出现了混乱和无序,对人们的思想教化和行为的规范功能日趋弱化;而新的为人们所普遍接受的价值标准处于缺位状态,价值观念出现了多元化的趋向。加上改革造成利益主体的多样化,更加剧了价值标准多元化的趋向。面对先进的和落后的、积极的和消极的、传统的和现代的、中国的和西方的价值观念的冲突,人们在进行价值分析和价值选择时丧失了既有的参照系,因而会形成无所归属的失落感、无所适从的困惑迷惘的心理。①

(四) 埋怨心理

埋怨心理是公众对当前社会生活存在的不正确、不公正、不合理的现象和问题感到不满、有意见的一种情绪表达。埋怨的问题涉及方方面面,既有政治的、经济的,也有精神的、物质的。尤其对物价上涨、分配不公、假冒伪劣、坑蒙拐骗、公款吃喝、权钱交易、世风日下等问题怨言最多、意见最大。现在不少人在谈到家事、国事时,总会流露出或多或少、或深或浅的埋怨情绪,抱怨的矛头又多指向社会和政府。尽管产生埋怨情绪的情况各不相同,但大多与人们的失衡心理有关。

(五) 失落心理

首先,中国长期的农业社会和自然经济形态造成了人们对一定的社会共同体的直接依附关系。计划经济条件下"从摇篮到坟墓"的社会管理模式,进一步强化了人们对群体和社会的依赖心理和归属感。随着社会主义市场经济体制的逐步确立和发展,一切有赖于政府的传统模式开始被打破,人们被推入市场经济的浪潮之中,失去了许多原本拥有的东西,心理上的失落感骤然而生。

---

① 温淑春.对当前民众社会心态的基本判断及存在问题分析[J].社科纵横,2008(4).

其次，社会转型使人们的社会地位和身份逐渐向多样化发展。原先享有较高政治地位的社会阶层，随着经济地位的相对下降，固有的政治上的荣誉感和优越感逐渐丧失。即使是如今在人们心目中仍享有较高社会地位的一些社会阶层，其社会地位与经济地位也形成了较大的反差。例如，原来被称为国家和企业主人的工人阶级，由于企业改革，一部分变为受雇佣者，使原有的“主人翁”自豪感转变为被雇佣的压抑感。这种现实处境使不少人产生了强烈的失落心理。

（六）焦虑心理

焦虑心理表现在三个方面：一是生活焦虑，公众在感受到收益较少的同时也面临买房贵、看病贵、教育费用高等问题，并且买房、看病等问题又有许多不确定因素，所以感到巨大的生活压力。二是公平焦虑，公众的公平感普遍不高，特别是对党政机关领导干部公款出差、公款出国、公款吃喝等意见较大，认为机关干部，特别是领导干部说起来是人民的公仆，实际上他们的政治经济待遇远远高于民众。三是矛盾焦虑，我国正处于社会变革时期，社会矛盾较多，最突出的是干部与群众、富人与穷人的矛盾，这些矛盾若不加以解决，将会影响社会和谐。

【案例思考】

案例1　精心打造警民和谐关系的公安分局

在传播快、影响大、作用大、难控制的信息化时代背景下，公安工作传统的群众工作方法已明显滞后于形势的发展。执法环境敏感、充满挑战，警察的公信力受到质疑，针对这一执法环境和社会背景，常州市公安局戚墅堰公安分局党委进行了认真思考，全警上下转变警务思想，树立公共关系理念，打造戚墅堰区警察公共关系品牌，构建和谐警民关系。

一、项目调研

经过实地走访、座谈讨论和调查研究，分局发现造成群众投诉的主要原因有如下几方面：一是群众不知道我们的法律政策和工作规范；二是民警耐心解释不够；三是无法满足个别群众的诉求。归结起来，其根本原因就在于警民之间缺乏必要的交流和沟通。

二、项目策划

2009年以来，分局着力以公安信息化、执法规范化、和谐警民关系“三项建设”为载体，确立“公共关系＝和谐警民关系”的理念，采取新举措，提升警察亲和力。

首先，响亮地喊出“我们来自百姓”的口号，教育民警不断树立执法为民的理念。其次，不断搭建警民沟通的桥梁。媒介时代既给公安工作带来挑战，也为发展警民关系提供了更多载体。只有占领媒体阵地，化被动为主动，为我所有，才能把握警民沟通主动权。再次，创新适应和谐警民关系建设的警务机制，加强警民之间的联系互动。

三、项目执行

刊发《平安戚区报》。聘请专业人员进行采访、编稿，在内容上改变传统警务刊物侧重于自我宣传推销的做法，紧紧扣住与社会公众息息相关的问题开展警民互动。该报电子版同时与戚墅堰区政府网站及分局内网、外网实现链接。发放防范扑克牌。对多发性、侵财性等设计群众切身利益的案件进行分析，从中找出人民群众法律知识盲区和安全防范薄弱点。

建立平安短信沟通平台。广泛收集全区人大代表、政协委员、企事业单位、行业场所、外来民工近几年内的信访投诉群众及居民群众代表的手机信息，分类纳入分局短信平台，编写制作“预警提示”“温馨祝福”“警务监督”“短信课堂”“平安指数”等8大短信，不定期地分类发送给平台用户。

开展“祖国有约”警民恳谈活动。刘祖明系戚墅堰公安分局潞城派出所副所长兼社区民警，在常州乃至全国都是群众知晓率很高的先进典型。分局依托刘祖明这一典型，顺势推出“祖明有约”系列之“所长与您谈防范”警民恳谈活动，并通过播放宣传片、ppt解说等现代传播手段宣传防范知识，零距离接受群众质询，为群众答疑解惑。

搭建网上警民互动平台。分局及各派出所均建立互联网门户网站，并将“网上分局”“网上派出所”建成网上警民互动的平台。突出服务与互动，设置“法律咨询”“预警提示”“警务监督”“网上报警”“在线交流”“为您服务”等栏目，安排网络评论员实时在线，接受群众报警、咨询，实时更新警务新闻，加强正面宣传引导。

开通警务微博。警务微博开通首周，便有5 200余名网民和粉丝围观、评论。2010年10月底，各派出所及所有社区民警全部开通微博，为使微博更加吸引眼球、增进“围观”，分局还专门邀请网络界专业人士对各“博主”进行授课，学习网络语言，掌握微博发帖技巧。

建立民意调查制度。接处警和勘查现场时发放“防范宣传卡”，案件办理中发放“案件告知卡”，接处警后进行家访，对不满意警情逐一倒查，倒查结果

5个工作日内反馈；每月对各社区开展民警熟悉率、群众满意度和安全感测评，打破派出所界限，分局内直观排名，掌握最真实情况。

每日发布平安指数。通过短信平台、网上互动平台等载体向辖区群众发布每日、每周治安播报和每日平安指数。同时，由情报指挥室24小时监控警情变化，及时下达巡防、布控指令，配以扁平化指挥、网格化巡防机制，实现精细化、点对点打防。推出电动车注册登记制度。

确立考核评价体系。分局把群众和服务对象测评的满意度、安全感作为决定社区民警、派出所考核评价的第一标准，制定出台了“1＋X”绩效考核机制，引入常量及系数概念，在第一标准考核的基础上，配套社区民警、接处警、执法质量等单项考核，突出抓执法源头、执法细节、执法言行，从根本上树立起民警和谐执法的理念和公共关系的理念。

“三百三看”系列活动。“感谢人民警察，谢谢你们，带我们看发展，还给我们送礼物”，戚墅堰区潞城街道一位低保户拉着民警的手，边说边抹着眼泪。去年12月份，戚墅堰分局集中开展了百名代表委员看公安、百名贫困居民看发展、百名网民访民看警营的“三百三看”系列活动。特别是组织辖区贫困居民参观市规划馆、南车集团戚墅堰机车车辆工艺研究所有限公司生产车间和圩墩遗址公园，使贫困居民大开眼界，也深受感动。

四、项目评估

2009年，戚区警察公共关系品牌系列项目不断推出并深入经营，各项举措以经常性、常态性工作成为戚区公安基层基础工作的重要内容，成为爱民、亲民、为民的自觉行为，成为戚墅堰公安分局的亮点与特色。2009年7月，国家统计局常州调查队对全市公安机关服务企业工作及成果作了抽样调查，分局“创新工作、服务方式”满意度在7个辖市、区中居首位；11月，在全市公安工作群众满意度调查中，区群众对公安工作和社会治安满意度分别提升了2.8％和2.5％，在全市名列前茅。通过有效的沟通与交流，既提升了民警治安管理工作的积极主动性和团队凝聚力、战斗力，也提高了广大人民群众参与社会治安和综合治理的积极性、主动性。2009年，全区刑事发案同比去年下降14.5％，下降幅度位列全市第一位。（资料来源：中国国际公共关系协会，《最佳公共关系案例》，企业管理出版社，2010，有删改）

思考与讨论：

1. 常州市公安局戚墅堰分局精心打造警民关系的活动对塑造警察形象发挥了怎样的作用？

2. 在这一案例中，公共关系主体与客体是如何互动的？

案例 2　公众优先

——济南“构建人民满意的城管品牌”

济南市城市管理局是在整合了原市容环境卫生管理局的全部职能和市建委的部分城市管理职能的基础上于 2010 年初组建的新部门，与济南市城市管理行政执法局合署，一个党委，两个行政架构。同时，挂济南市城市管理行政执法总队牌子，是市政府工作部门，主要负责市容市貌和环境卫生管理，行使城市管理领域规划、市政公用和市容管理等方面的综合执法职能。城市管理局成立以来，提出了“构建人民满意的城管品牌”的目标，实施了“十大行动、百件实事”，初步构建了“服务—管理—执法”三位一体的城市管理格局，全市城市管理工作呈现出“四大创新”。

一、创新全市城市管理工作会议

（一）成立济南市城市综合管理委员会

为了加强城市管理综合组织协调，成立了济南市城市综合管理委员会，市委副书记、市长张建国任主任，市委常委、副市长王良，市委常委、宣传部部长谭延伟、市公安局局长刘杰任副主任，市直有关部门、各区区委书记、区长任综合管理委员会成员。市城管综合管理委员会原则上每两个月召开一次专题会议，检查城市管理措施落实情况，研究解决城市管理中的重大问题，通报有关城市管理绩效考核结果。

（二）理顺市区两级城市管理职责分工

按照分级管理、各有侧重的原则，合理界定和划分市、区两级城市管理职责和权限。市城市管理机构主要负责研究拟定地方法规、行政规章草案、政策、标准和管理规范，编制城市管理专业规划，确定年度目标和考核奖惩。各区是城市管理的主体，履行属地管理责任，对辖区内城市管理事务负全责，负责落实城市管理经费使用，对辖区街道及相关部门的城市管理工作进行监督、指导、考核、奖惩。按照重心下移原则，各区负责建筑渣土日常管理、建筑物外部装修审批和牌匾核准、夜景亮化日常管理，相应调整人员编制和保障经费，保证各区有权管理、有人干事、有钱办事。

二、创新城市管理理念，努力提高城管境界

（一）明确城市管理指导思想

围绕城市管理指导思想、发展目标、城管理念，什么是人民满意的城管品牌，如何站在全国、全省的大局中定位济南城管工作等一系列重大问题，组织广大干部职工进行了广泛讨论。围绕提升城市管理水平开展了“大交流、大谏言、大谈心、大调研、大拜访、大动员、大培训、大座谈、大延伸、大练兵”等十大活动，通过全局上下共同思考，进一步明确了为人民管理城市的指导思想，用三年时间构建人民满意城管品牌的共同目标，打造“洁、谐”的省会城市形象的共同愿景。

（二）确立城管理念、作风、标准

教育广大干部职工牢固树立“民主为先、守土有责”的理念、“出了门就是上班”的理念、“主动上门、微笑服务”的理念；培育“行动快、效果好、有回音”的城管作风，“先处理、再协调、后规范”的城管作风，“单项工作争第一、整体工作创一流”的城管作风；确立了“好班子、好队伍、好思路、好氛围”的城管单位标准，“高品质、高能力、高修养”的城管职工标准，“完成、完好、完美”的城管工作标准，为做好城市管理工作奠定了坚实的思想基础、作风基础和理论基础。

三、创新城市管理思路，努力提高城管水平

（一）广泛开展城市管理“十大行动、百件实事”活动

2010 年初，在全市推出了城市管理“十大行动、百件实事”活动，内容涵盖城市管理和城管执法所有工作。其中，“十大行动”包括依法整治违法违章建设、广告牌匾与夜景亮化、建筑渣土处理、户外经营、生活废弃物处置、环境卫生全覆盖、城乡环境综合整治、数字化城管体系建设、城市管理社会动员、城管队伍行风建设。“百件实事”则由 20 个惠民城管项目和 80 项为民城管措施组成。

（二）推行城市管理千分制考核办法

2010 年以来，济南市制定出台了《济南市城市管理工作综合考核办法（试行）》，并按照千分制，以办事处为单位完成了全市违法违章建设整治、渣土整治和城市道路保洁三项月度考核，制定下发了占道经营和广告牌匾管理两项考核方案。特别是为了推进依法整治违法违章建设，8 月召开了全市依法整治违法违章建设绩效考核新闻通报会，对全市 83 个办事处 7 月份拆违控违得分和排名进行了统一公布。市委组织部、市纪委主要领导亲自与排名最后的

三个办事处书记、主任谈话，在社会上引起强烈反响。绩效考核结果公布后，几天之内，全市迅速拆除违法违章建设12万平方米，掀起了拆违控违的新高潮。

（三）实施环境卫生全覆盖行动

2010年以来，以居住小区、城中村和城乡结合部等区域为重点，全市撤除城市主要道路、重点区域放置的垃圾大箱54个，新（改）建公厕10座、垃圾转运站15座、保洁员公寓49处，共计8 728平方米。新增道路果皮箱611个，更换283个，维修683个，新增各类环卫车辆226辆。为全市280个开放式小区免费清疏化粪池3万多个，受到社会各界的好评。

四、创新城市管理方式，努力提升城管形象

为提升城管形象，提出了构建“服务—管理—执法”一体化的城市管理模式，先服务再管理后执法，而且要用服务手段去解决60%的问题，用管理手段去解决30%的问题，用执法手段去解决10%的问题。

（一）坚持堵疏结合和标本兼治，重点在疏和治上下功夫

对于违法违章建筑、占道经营、广告牌匾整治坚持治标与治本相结合，努力实现长效管理。新推出的“西瓜地图”，较好地兼顾了市容市貌、交通秩序、市民需求和瓜农销售四者的关系。

（二）加快城市管理数字化体系建设，重点在城管技术支撑上下功夫

按照“大城管、大服务”的思路，整合数字化城管、环卫110、16039城管执法热线，按照数字化城管工作流程、标准试运行，实现了“三台合一”，努力把数字化城市管理中心建设成为城市管理的总抓手、组织指挥的总枢纽、为民服务的总平台。2010年1月—7月，数字化城管平台受理案件1 772万件，办结率83%、处理率100%、回复率100%。

（三）强化全民动员和社会参与，重点在营造城管氛围上下功夫

城市管理局设立了社会动员处，负责城市管理社会宣传和社会动员。采取邀请市民体验城管工作，向社会公开征集城管宣传口号，组织城管志愿者参与城市管理等多种形式，加大社会宣传和社会动员工作力度。在城市繁华路段、重点部位与市委宣传部、市文明办联合拍摄了城市管理公益广告片，在市区设置了一批城市管理公益广告，组织开展了“城管十进”活动，营造了市民参与城市管理的浓厚氛围。坚持开门办城管、主动办城管、依靠群众办城管的思想，联合《齐鲁晚报》，共同成立了泉城百姓城管队，开设了“百姓城管大讲堂”，组织市民广泛开展了道路保洁、清洁垃圾、上街宣传、清理乱贴乱画、制止占道

经营和劝阻各类不文明行为等活动，初步形成了群众共建、共管、共创文明城市的新格局。（案例来源：李兴国、齐小华，《政府公共关系案例精析》，中国人事出版社，2012，有删改）

思考与讨论：

1. 济南此次针对外部公众的公关活动的主要特点有哪些？
2. 政府外部公共关系的主要作用是什么？

第五章　政府公共关系调查

政府公共关系调查是政府公共关系组织机构运用定性和定量研究方法，准确地了解公众对政府组织的意见、态度和反应，发现影响公众动机的因素，并从中分析和确定社会环境状况、政府的公共关系状态及其存在的问题，为领导科学决策，制订政府公共关系计划与开展政府公共关系活动而进行信息收集的专项活动。调查的目的主要有两个：第一，政府组织可以通过调查，准确地进行自我形象定位，了解开展公共关系的各方面条件，为制定政府公共关系目标和行动计划提供科学的依据。第二，政府公共关系调查本身就有宣传政府形象、改善政府形象的作用。所以，在客观上，政府组织可以通过开展调查活动，广泛地接触各方面的公众，从而达到扩大知名度、赢得公众的好感、塑造良好政府组织形象的目的。同时，它为政府组织制定切实可行的公共关系筹划方案提供客观的依据，是整个政府公共关系活动的“轴心”。

第一节　政府公共关系调查概述

政府公共关系调查，既是政府公共关系活动的起点，又贯穿于政府公共关系活动的全过程，是政府公共关系活动不可缺少的重要环节。只有这一环节是科学的、有效的，才能保证整个政府公共关系活动是科学的和高效的。所以，只有在充分辨析政府公共关系调查的特点与作用的基础上，按照一定的原则和程序来实施，才能达成一定的目标。

一、政府公共关系调查的特点

政府公共关系调查是社会调查的重要组成部分，是政府组织机构为领导科学决策，制订公关计划与实施公关活动的基础。与一般的社会调查相比较，政府公共关系调查包含以下特点。

（一）调查目的明确

明确调查的目的，即要寻求政府部门建立信誉、塑造形象、提高知名度与美誉度的途径，了解社情民意、社会舆论、社会公众的意见及需求，并且预测社会发展趋势。而社会调查虽然也是一个具有明确目的的认识活动和认识过程，但往往目的的明确和形成要经历一个过程。比如，研究城市居民的住房问题，开始时往往还提不出一个具体目标，经过探索研究后，根据存在的主要问题，即可将调查目的具体化：解决城市居民住房紧张问题，了解城市各类居民住房紧张程度、紧张原因，提出住房改革的具体方法等。

（二）调查对象是社会公众与新闻媒介

就某一项具体的政府公关调查工作而言，社会公众分为两种情况：一种相对集中，但数量较少；另一种则分布广泛，数量众多。向他们进行调查，主要是解决“形象差距”问题，即找到在组织形象上社会组织（含政府部门）的自我认识与社会公众认识之间的差距。调查新闻传播媒介，是因为其传播的内容具有信息量大、种类繁多庞杂的特点。在瞬息万变、知识爆炸、信息泛滥的当今世界，社会组织（含政府部门）面对永远不断变化的客观实际，其管理是否有效，关键在于是否有灵敏、准确、有力的反馈。灵敏、准确、有力的反馈是一种管理制度的实施、一个单位的发展具有充沛生命力的标志。而如果离开新闻媒介就无法收集到大量及时的信息反馈，无法有效地进行双向沟通，正确地反映公众的意见和态度，进而无法取得他们的信任、支持与理解。

（三）调查是一项长期的系统研究工作

政府公共关系调查要精心制订计划，规定目标（具体），确定调查时间，落实经费，长期跟踪分析和积累资料。由于公众数量大，流动性强，分布广泛，兴趣各异，政府公共关系调查往往先在公众中进行典型调查，然后运用定量和定性分析相结合的方法，揭示在特定社会环境中影响公众认识和态度的各种因素。

二、政府公共关系调查的作用

政府公共关系调查在政府公共关系活动中起着至关重要的作用，具体表现在：征集民意、反馈信息、制定政策，关注社会环境、调整政府部门自身活动，与公众沟通观点、协调关系，整理信息、积累相关资料等。随着公共关系在我国的普及发展，政府公共关系活动的逐步开展与深入，政府公共关系调查的作用将越来越凸显出来。

（一）征集民意、反馈信息、制定政策

一个社会组织包括政府部门在内，为了达到预定的目标，必须通过公共关系调查了解民意，调查公众意见和社会环境，以制定出切实有效的方针政策。例如，美国第 51 届总统选举结束后，为了制定新一届政府的国家安全政策，曾进行了一系列的全国调查。结论表明，美国公众的国家安全概念有了很大变化。以往美国人主张加强军事力量，加强对苏联的斗争。里根政府就是带着这个许诺上台执政的。如今，人们认为确保国家安全的程序应是：制止毒品扩散，减少贸易逆差，寻求对苏合作；减少国家防务承诺，维持现有的国防开支。调查表明，有 50％的人认为，像日本那样的经济竞争者给美国国家安全带来的威胁比像苏联那样的军事对手带来的威胁更大。44％的人认为，毒品走私是美国在今后五年中面临的对国家安全极其严重的"威胁"。只有 18％的人认为，苏联不断扩充军事力量是极其严重的问题。看来，国际缓和将可能成为今后一段时间的趋势。形势与公众态度的变化将影响美国国家安全政策的某些转变。

（二）关注社会环境、调整政府部门自身活动

一个社会组织包括政府部门的生存与发展是在一定的环境中进行的。因此，当政府机构已作出决策，某项政策已经制定，具体措施已开始实施，也需要通过公共关系调查随时监视环境，以调整自己的活动。如房地产政策的调整与改革，各地情况千差万别。各地公众究竟在思索什么，他们对房地产制度改革有多少是"赞成"或"反对"，是"喜"还是"忧"，与政府主管部门对房地产改革的自我认识有什么差距，这对于制订具体的改革方案，调整自身活动关系甚大。

（三）与公众沟通观点、协调关系

政府在进行政府公共关系调查后，将调查的结果与内外部公众沟通，或者是通过新闻媒体广为传播，以提高政府部门的工作效率和质量，加强行政机构的科学化、法制化和现代化。如在 20 世纪 90 年代后半期，不少省市地区曾对政府机关工作状况和某项行政职能的行使情况进行调查。调查结果显示，社会公众普遍反映，伴随着经济和政治体制改革，政府在行政职能转型过程中，行政部门的工作态度逐渐转变，较以往行政机构低效和浪费状况，行政效率有了明显改善，但是社会公众对政府职能部门的工作状况尚不满意，要求政府进一步提高工作效率与质量。

(四) 整理信息,积累相关资料

在当今时代,信息作为社会普遍联系的形式,广泛渗透于社会的各个领域,成为社会组织发展的前提和基础。政府公共关系的本质就是通过沟通,有效达成政府与公众间的信息交流,因此信息与相关资料的采集、处理便构成了政府公共关系活动的首要职能。政府公共关系调查是一个整理和贮存信息的过程,可以为政府的重要决策提供相关的依据与支撑,其具有的是"信息库"的重要功能。相关资料的积累是政府行政工作的基础,通过政府公共关系调查不但可以了解政府内外部的公共关系现状、存在的相关问题及原因,而且有助于公共关系计划的制订和良好政府形象的塑造。

三、政府公共关系调查的基本原则

(一) 科学指导原则

政府公共关系调查应坚持正确的政治方向,运用科学的意识形态理论指导调查的全过程。在科学的理论指导下,把握调查的重点与方向,要学会运用辩证唯物主义观点和历史唯物主义观点处理调查面临的一系列问题与挑战,及时调整调查的方案与统计信息。

(二) 客观性原则

坚持调查的客观性是指政府公共关系相关人员在调查过程中,应从客观实际出发,保证调查资料的真实性,区分公共关系公众的客观态度与主观臆想。调查的客观性要求政府公关调查人员在调查过程中,拥有认真的工作态度,切忌主观性,应随时随地从客观实际出发,避免主动迎合上级领导的需要,不回避、不掩盖事实真相,确保调查结果的可信度。

(三) 全面系统原则

政府公共关系调查的全面系统原则要求调查人员在调查过程中,必须具有全面系统的思维和眼光,搜集全方位的信息和把握政府公共关系对象的意见。一方面,确保所调查的对象必须能够代表政府公共关系公众,如果不能代表全体公共关系公众,即使能满足客观性,也不能代表整个的公众态度。另一方面,政府公共关系调查中所获得的资料必须系统、全面,能够通过调查,抓住政府公共关系对象的实质,既要了解调查对象的正面意见,也要注意调查对象的反面意见,注意各种意见之间的相互关系,切忌"盲人摸象,以偏概全"。

（四）经济性原则

由于财政资源的有限性，任何一项活动的实施都需要承担一定的经济成本，政府公共关系调查活动也不例外。在制订政府公共关系调查方案，将调查付诸行动时，要注意活动的成本控制，在尽可能达成目标的前提下，使调查成本最小化，在人、财、物等方面做好政府公共关系调查成本的跟踪与控制。

（五）计划性原则

政府公共关系调查是政府形象塑造、管理与提升的重要环节，不可能通过偶尔一次的调查活动就能掌握所有的信息，而应将调查作为政府整体计划的一部分，使调查常态化、制度化。此外，就政府公共关系调查本身而言，在实施前也需要进行周密的计划，对相关的资源作出合理的安排，充分考虑调查中的困难，保证调查活动的顺利开展。

二、政府公共关系调查的程序

政府公共关系调查分为以下五个基本步骤。

（一）明确调查的问题与任务

确定调查的问题，明确调查的任务是政府公共关系调查的开端，只有明确调查的方向与中心，调查工作才能按部就班地实施。应根据需要调查的内容，明确调查的相关领域和范围，分配调查的任务。

（二）设计调查方案

调查方案的设计是对调查内容与调查全过程的总体性安排，关系到调查结果的信度与效度，因此，政府公共关系调查方案的设计必须详尽、客观。调查方案的设计包括了以下几个环节：一是说明调查的目的；二是明确调查的空间范围和对象；三是确定调查的主要内容与方法；四是确定调查的时间与人员安排；五是调查预算的确定。

（三）调查的具体实施

调查的具体实施就是将相应的调查人员派到现场进行资料的收集，按照调查方案设计的要求完成各类调查的内容，这是政府公共关系调查的核心环节。通过运用合理的调查方法，从调查对象处取得客观准确的资料和信息，这一阶段的工作具体而复杂，还要根据实际调查的需要及时调整原有的调查方案。

（四）调查结果的处理

此环节包括调查资料的整理分析和调查报告的撰写。调查资料的整理除了对已获取的资料进行检查与整理外，还需将原始资料进行统计与录入，根据方案的设计要求，进行审核与汇总，使相关资料系统化和条理化。资料整理好以后，再使用一定的逻辑方法进行资料分析，揭示调查对象的特征。调查报告的撰写需要对调查的目的、调查的具体内容以及调查的方法、时间、结果等进行客观的分析与说明，提出调查中的核心问题、解决方法和相关建议。

第二节　政府公共关系调查的内容

政府公共关系调查的内容比较广泛，政府公共关系调查人员应将调查内容定位于政府内部情况调查与政府外部公众调查两部分。其中，政府内部情况调查包括了解政府内部管理情况、政府工作人员的基本状况和政府公共关系条件调查，政府外部公众调查则聚焦于政府形象调查、政策实施效果调查和社会环境调查。

一、政府内部情况调查

政府公共关系调查人员应通过对政府内部机构管理的基本情况进行摸底，了解政府工作人员的基本状况，以及政府公共关系活动开展的具体条件等。

（一）政府内部管理情况调查

1. 管理思想与管理目标

管理思想与管理目标调查，主要调查政府内部管理思想是否能够体现国家的大政方针，是否能够体现以人为本，是否运用科学合理的现代管理方式与方法对具体的政府管理工作进行实践指导；管理目标的设置是否科学、可行，是否能够与国家经济社会发展的目标相协调。

2. 管理体制与管理手段

管理体制调查主要是对政府内部机构设置、政府职能划分、政府工作人员分工协作、领导班子建设、政府内部各项规章制度等进行的一系列调查。管理手段调查主要是对政府在实施具体的管理行为时是否合理有效地运用经济手段、行政手段、法律手段等多种管理手段，依法依规合理搭配多种管理手段的调查。

（二）政府工作人员基本状况调查

政府工作人员的基本状况包括政府工作人员的基本结构（如年龄结构、政治思想素质、文化程度、专业特长、业务技术能力）和工作人员的基本态度（对自己的岗位工作、对领导的方式等）。对政府工作人员队伍状况的调查，有利于政府工作人员政治思想与业务素质的培养和提高，提升政府的管理水平和工作效率。

1. 政府工作人员的基本结构

（1）政治思想素质和职业道德风貌。调查内容主要包括是否有较高的思想觉悟和品德、政策水平，是否具有敬业精神和团队意识，是否具有全心全意为人民服务的观念和意识。

（2）文化程度和专业特长。调查内容主要包括受教育状况和知识结构，以及法律知识、管理知识和专业知识掌握的程度。

（3）业务工作能力。调查内容主要包括是否具有思维能力、决策能力、协调能力、社交能力和应变能力，是否具有自我认识和自我控制的心理素质。

（4）其他状况。调查内容主要包括政府工作人员的年龄结构、职工劳动条件、生活条件和健康状况等。

2. 政府工作人员的基本态度

政府工作人员的基本态度调查主要包括调查内部工作人员自身的价值观、对工作的基本态度、对自己所处岗位的想法与理解、对领导和工作环境的看法等等。

（三）政府公共关系条件调查

政府公共关系条件调查是指政府在开展公共关系活动之前，对开展活动的主客观条件进行调查研究，以便使公共关系活动得以顺利实施并取得圆满成效。

政府公共关系活动条件调查主要包括对政府公共关系的人力资源和财务资源状况两个方面的调查，前者是指对政府公共关系的人力资源状况进行合理的评估，确保政府的公共关系活动具有充足的、高素质的、有一定经验的人员参与其中；后者包括调查政府公共关系活动是否具备相应的财政投入保障，各项经费的使用是否科学、合理。

二、政府外部公众调查

政府外部公众调查主要包括政府形象调查、政策实施效果调查、社会环境调查三个方面。

(一) 政府形象调查

政府形象塑造是政府公共关系的重要内容和基本职能之一,在公众心目中维持良好的形象是政府做好各项工作的有力保障。政府公共关系的最终目的就是在社会公众中树立良好的政府形象。政府形象有不同的组成部分,包括整体形象、部门形象、领导者形象、公务员形象等多个方面。一般而言,对政府形象进行调查主要是从知名度、美誉度两个指标考察公众心目中的政府形象。

(二) 政策实施效果调查

公共政策是政府运用公权力合理调节公共利益、维护公共秩序的有力保障,公共政策的制定与实施对社会公众的利益产生重大影响,是决定政府公共关系的重要变量。政策水平、政策实施效果需要得到社会公众的认可,同时也会反映执政者的执政能力,因此,将公共政策纳入政府公共关系的调查范围之内十分必要。政策实施效果调查,主要通过各种途径征询社会公众对相关政策的意见和建议,了解社会公众的诉求,调查社情民意,有利于改善政府形象,也有利于推动政策的改善,提高公众的满意度。

(三) 社会环境调查

政府部门和其他社会组织一样,并不是存在于真空之中,而是存在于一定的客观环境之中,社会环境因素影响着政府公共关系活动的开展。社会环境调查内容涉及的方面很多,主要包括对政府公共关系活动的外部大环境如政治、经济、社会、城市、人口的调查和具体的公共关系活动环境,包括活动场所、人员设备、基础设施等的调查。由于政府具有组织和管理社会的职能,政府公共关系的职能之一是要维护社会的稳定与秩序,据此可以考虑围绕着这个目标进行必要的社会环境调查。根据社会风险计量分值,社会风险可分为六级,当风险值达到 B 级(一般风险)时,该风险计量系统即开始发出警报。此时,政府部门必须为公众的不满情绪提供多种宣泄渠道,创造宽松的社会心理环境,及时疏导人们的怒气和不满,即注意社会学所倡导的“安全阀”功能。

第三节　政府公共关系调查的方法

一、问卷调查法

(一) 问卷调查法的含义

问卷调查法,也称民意测验法,是政府公共关系调查中最常用的现代科学方法之一。问卷调查法就是以问卷调查的形式,采取控制测量的方式,以抽样调查的方法对研究的问题进行测量,收集可靠的信息,以更直观地了解社会公众对某一组织、事物、事件或某些问题的认识、理解、看法、意见和反应。问卷调查法常用于调查研究公众对选举、政府人员任命、政策方针及重大事件等范围广泛的问题的态度和看法。它可以准确、客观地反映社会舆论或舆论形式的变化,因而也被称为民意调查。

(二) 调查对象和范围

与政府有关的公众群体往往是一个庞大的数字,调查的人口总体也就是为一定的目的和要求所确定的调查对象的全体。由于人力、时间、资金的局限性,调查不可能对所有人进行,也不可能向所有人发放调查表。所以,在调查之前,必须在样本总体中抽取部分样本确定为调查范围,即把抽取的样本作为确定的具体调查对象。这里应该注意的是,样本应该具有代表性,即抽取的具体调查对象应该具备样本总体的一般性特征。

(三) 抽样的方式

在民意测验中,应当根据调查目的和调查对象的特点,选择适当的调查方法来确定调查单位和数量。抽样调查是指按照一定的方法,从调查的总体人群中选取一部分作为样本加以调查,并用这部分样本的调查结果推断总体的状况。样本是指按照一定的要求从总体中抽选出来的个体集合。由于抽样误差的存在,怎样保证所抽取样本对于总体具有一般代表性是抽样调查面临的一个主要问题。根据是否按照概率原则进行抽取样本,抽样调查可以分为随机抽样调查和非随机抽样调查。

1. 随机抽样调查

随机抽样调查是按照随机抽样原则从总体中抽取一定数目的样本进行调查,通过所得的样本数据推断总体的状况。由于是按照概率原则抽取样本,随机抽样完全排除了调查者的主观意愿,保证了每一个对象在调查总体中被抽中的机会均等,使得随机抽样能够较好地控制抽样误差的出现。因此,绝大多数的问卷调查采用随机抽样的方式。随机抽样包括简单随机抽样、间隔随机抽样、分类随机抽样、整群随机抽样、多级随机抽样等方法。

(1) 简单随机抽样。简单随机抽样也称纯随机抽样,是抽样方法中的一种最基本形式。它采用完全随机的方式抽取调查样本,而不对总体中所有单位进行任何分组、排队。常用的抽取方法有:一是抽签法。把总体中的各个单位进行编号,将号码写在纸上,打乱顺序后从中抽取一定单位的数目。二是随机数表法。先把总体中各个单位进行编号，从随机数表中选取任意行或任意列的第一个数字为起点，从左至右或由上至下数，碰上属于总体单位编号范围的数字便作为样本，直到抽够预定的样本数量为止。

（2）间隔随机抽样。间隔随机抽样是把总体各个单位按照一定的顺序排列起来，用等距法，按相等间隔或距离抽取预定的样本数目。这种方法适用于规模不大的人口总体，而且调查内容无须考虑到群体内部的各种差异。

（3）分类随机抽样。分类随机抽样也称分层抽样，就是把总体各个单位按某一标准分成若干个类型或者层次，然后在各部分中按一定的比例进行随机抽样。这个标准可以按照个人的性别、年龄、居住地、职业、受教育程度等因素进行分类，也可以按照行政组织的人口密度、不同职能等进行分类。实施分类随机抽样应该注意以下几点：一是总体中各个样本间必须有明确、科学的分类界限；二是必须知道各分类中的单位数目和比例；三是分类的数目不宜太多。分类抽样尤其适宜用于总体情况复杂、各单位之间差距较大的情况。

（4）整群随机抽样。整群随机抽样也称组抽样，先把总体各个单位按照一定标准分成若干群，然后在这些群中按照随机原则抽取部分作为样本。整群抽样具有样本集中、操作比较方便的特点，但样本分布不均、代表性差。

（5）多级随机抽样。多级随机抽样也称多阶段随机抽样，对于数量较大且分布散乱的公众总体可以采用此种抽样方法。它的特点是分两个或多个阶段来进行抽样，即先把总体各个单位进行分类抽样或整群抽样，然后再从抽取的层式群中随机抽取若干调查对象组成样本。

例如，在全国范围内就公众对住房问题的意见进行抽样调查，可以按如下程序操作：首先，把全国划分为 500 个地理区域，编上号，按照间隔抽样法从中随机抽出 100 个地理区域；接着，采用分类抽样的方法按照市、镇、村分类标准随机抽出 10 个抽样地区；然后，在这 10 个抽样地区随机选出若干个二三十户为一个单位的户段；最后，在这些地区采用间隔随机抽样的方法，抽出以家庭为单位的样本。这样，调查者就可以直接上门访问调查对象了。

2. 非随机抽样调查

有时根据情况不同，也会采用非随机抽样的方法进行调查。非随机抽样是指抽样时不根据概率原则，而是按照调查者的主观意愿，从总体中有意识地选择一些单位或个人作为样本进行调查的方法。因此，每一个对象在调查总体中被抽中的机会并不均等，非随机抽样方法主要有以下几种。

（1）任意非随机抽样。任意非随机抽样是纯粹以便利为基础的一种抽样方法，如街头询问便是这种抽样方法最普遍的应用，其完全依据调研人员自己是否方便来选取调查样本。被调查总体中任何一个个体都是同质的，是采用任意非随机抽样的基本假定，因此选择任何一个个体做样本都是一样的。任意非随机抽样的优点是简便易行，能及时获取信息，费用低。缺点是缺乏对调查对象的了解，样本的偏差大，代表性弱，调查结果不一定可靠。所以，一般用于非正式调查。

（2）判断非随机抽样。判断非随机抽样是由调研人员根据自己的主观判断选择调查样本的抽样方法。这种方法建立在调研人员对总体的有关特征有着相当程度了解的基础上。在运用判断非随机抽样的方式选取样本时，应避免抽取“极端型”的样本，应选择“普通型”和“平均型”的个体作为样本，以增强样本的代表性。

（3）配额非随机抽样。配额非随机抽样就是分配给调研人员具有一定“控制特征”的样本数量，由调研人员按照规定的“控制特征”自由选择调查样本。配额抽样与分层抽样有某些共通之处，都是按照一定的特征对样本总体特征进行分层和预设。两者的不同之处在于，分层抽样在确定各层样本数量以后，采取随机抽取的方式来获得样本；而配额抽样在确定“控制特征”和样本数量以后，由调研人员根据“控制特征”的要求任意选取样本。配额抽样可以分为两类：一类是独立控制；另一类是交叉控制。所谓独立控制，是指事先规定具有某种控制特征的样本数量。所谓交叉控制，是指不仅规定各种控制特征的样本数量，而且还具体规定各种控制特征之间的相互交叉关系。

（四）问卷设计

抽样调查需要准备收集资料的工具，问卷往往承担这样的角色，它是根据调查目的而设计的有具体问题的材料。问卷上大多数问题都是按照某些标准规定了选择答案的项目，被访者在固定答案中选择，所以标准化、指标化、系统化是问卷调查的特点，具有便于集中收集、整理和分析样本某方面情况的优点，适用于大面积调查。因此，调查结果的好坏取决于问卷设计得完善与否。一个详细和完善的问卷设计程序如下。

1. 确定调查目标

政府公共关系调查人员要依据政府领导人的意图，确定具体、可行并对改进政府工作有现实意义的调查目标。

2. 确定调查范围

依据调查目标，确定调查公众的类型和范围。比如，确定了以了解政府形象为目标，则可以以社会公众为调查范围。

3. 确定问卷的结构

一份问卷的设计首先应该确定的是其逻辑顺序。一般来说，在提问顺序上，设计问卷的排列顺序要考虑到问题的逻辑关系，也要注意按照时间顺序由近及远排列问题，还要注意按照先易后难、先熟悉后生疏的顺序排列问题。在结构安排上，可对被调查者的静态资料和他对某一问题所了解的情况进行优先提问，然后提问被调查者的态度、意见和建议。

4. 确定题目的形式

题目的形式一般有三种：第一种是“封闭式”的题目，它是指被访问者只能从事先列出的若干个可能的答案中，根据自己的情况选择其中他认为恰当的一个答案，不能选择或者填写别的答案。例如：“您认为现今房价对居民生活有影响吗?”备选答案为“A. 完全没有影响；B. 有一些影响；C. 有很大影响”。第二种是“开放式”的题目，它是指被访问者可根据自己的情况自由填写答案，而问卷设计者不对答案进行预设。例如：“您认为当前素质教育的主要问题是什么?”第三种是“半开放式”的题目，它是指被访问者可以从事先列出的若干个可能的答案中，根据自己的情况选择其中认为恰当的一个答案，但是如果被调查者在备选答案中不能找到合适的答案或者认为备选答案不完整，也可以根据自己的情况自由填写。例如：“您购买汽车的参考因素有：A. 品牌；B. 车型；C. 驾驶舒适度；D. 售后；E. ________。”这三种题目形式各有不同，可根据具体情况和题目内容选用或者综合运用。

5. 根据调查内容编写题目

编写题目时应该注意以下几个问题：第一，问卷的第一部分要能够引起调查对象的关心、兴趣和支持，写明调查的目的、对象、范围、意义、保密性、填写方法和注意事项。第二，问卷中一般包括以下几种类型的问题，一是客观事实类问题，即有关调查对象的社会背景等方面的问题，如年龄、性别、家庭、文化程度、职业、经济状况、政治面貌等问题。二是行为类问题，即有关人们想干什么或者在干什么的问题。三是主观态度类问题，即有关人们主观意见，包括态度、想法、观念等问题。四是趋向性问题。五是解释性问题，即有关人们存在某种意见的理由或者行为动机的问题。第三，要注意围绕调查目的设计问卷问题，纳入问卷的每一个问题都是调查所必需的，避免与调查无关的问题出现。第四，问卷问题的语句应简单明了，提问准确，内容具体，从实际出发，避免使用多义词和含糊不清的词语，避免提出超越被访者知识、经验和能力的问题，避免提出社会上禁忌和敏感的问题，避免提出引导性的问题等。

6. 试查

试查也称预测。它是在问卷拟出后，正式投入调查前，选择少量具有代表性的调查对象进行试答，以便发现问卷中存在的问题，对问卷进行补充修订。试查时最好能同访谈法结合，以直接了解被调查者的意见和建议。

（五）问卷访问

问卷访问是指调查员按照事先设计好调查内容顺序的调查表，向调查对象提问，然后根据调查对象的回答填写。问卷访问可以分为通信访问、电话访问和人员访问三种形式。

1. 通信访问

通信访问是指调查者通过信函等形式对调查对象进行调查。调查者将问卷寄给调查对象，让他们填好后寄回。这种调查方式适用于居住分散或偏远以及数量众多的调查对象，使其有充分的考虑时间，调查成本较低，但问卷回收率低，选择的调查对象不一定具有代表性。

2. 电话访问

电话访问是指调查者对调查对象进行调查时使用电话的形式，调查者使用这种方法调查时，要注意问题不能太多，以免引起调查对象的反感和不耐烦。这种方式问卷回收率高，但费用也较高。

3. 人员访问

人员访问是指采取走访的形式对调查对象进行调查，调查者将问卷交给他们填写。这种方法时效性比较强，问卷回收率比较高，有些问题可当面解释。但访问成本高，访问面小，不适合于调查对象多的调查项目。

（六）数据整理

调查付诸实施后，政府公共关系调查人员要对获得的大量资料、数据进行归类、整理、登录和统计，以获得有实用价值的数据资料作为政府公共关系决策的依据。

二、文献研究法

文献是指按照一定的逻辑关系组织存储在物质载体上的有关知识内容的信息记录。随着信息技术发展的日新月异，文献记录的物质载体多种多样，可以是报刊、书籍、卡片、微缩胶卷，也可以是录音带、录像带、磁盘和光盘等。政府的文献资料主要包括图书、期刊、研究报告、会议文献、政府出版物、档案、文集等。文献研究法是从现有的文献中收集所需的资料并分析问题的方法。

(一)文献资料的收集

文献资料的收集可以分为内部资料的收集和外部资料的收集。内部资料的收集是指收集有关资料的范围限定在政府机构内部或者社会公众所在地区。外部资料的收集是指收集有关资料的范围分布在政府机构和公众外部,包括与组织或者社会公众有关的各种书籍、报刊、档案等。

(二)文献资料的整理和利用

文献资料整理的好坏将在很大程度上影响后面的研究工作质量,所以科学地加工收集到的资料显得格外重要。文献资料整理是指政府部门的有关工作人员对收集到的文献资料进行审核、简录、分类、分析和保存等工作。具体包括以下几个方面。

1. 资料审查

资料审查是指审查调查中收集到的原始资料,检查资料是否有错误或者遗漏,保证资料的准确性。

2. 资料简录

资料简录是指简录收集到的有关资料,根据资料的重要性和相关需要,采取逐字记录、摘要记录和拟写大纲等方法把文献资料记录下来,做成资料卡片,以便分类使用。

3. 资料分类

资料分类是指通过建立检索系统对收集到的有关资料进行分类,即按照一定的规则把各种资料归类。

4. 资料分析

资料分析是指全面分析检索后的资料。在资料分析时,可以纵向分析问题产生的原因、发展的过程、影响因素与问题本身的关系、未来的发展趋势,也可以横向分析就同一问题的不同观点、不同意见,其根据的可信度、可靠性等。

对于某些重要的问题,尤其是关系国计民生的大事,政府公共关系调查人员可在资料分析基础上,综合有关专家意见,形成有实际效用的报告,向政府部门提出有参考价值的意见,制订切实可行的政府公共关系活动方案。

5. 资料保存

资料保存是一项细致的工作,具体包括剪贴、登记、编目、装订、归档等工序。按照政府办公现代化的要求,资料保存一般采用电脑管理,以便扩大检索范围,提高检索速度。

三、访谈调查法

访谈调查法是调查者通过与被调查者进行交谈以收集资料的一种调查方法。一般是调查者先接触调查对象，就所要调查的问题向调查对象提问，让调查对象对提出的问题作出回答，并由调查人员将调查对象回答的内容和交谈时的动作、行为及印象详细记录下来。这种调查方法具有直接性、适应性、灵活性、准确性的特点。

（一）访谈调查法的类型

1. 按访谈提纲的方式，可分为结构性访谈和非结构性访谈

结构性访谈是由调查人员携带访问调查表对调查对象进行访谈，通常这种调查表都是事先精心设计好的。

非结构性访谈是调查人员在向调查对象提问之前，只需根据调查任务的需求拟定简要的访谈要点或访谈提纲即可。在调查过程中，调查人员的提问和调查对象都有较大的自主性。这种访谈适用于调查态度、价值判断等方面的问题。

2. 按访谈的人数，可分为个别访谈和集体访谈

个别访谈是由调查者同调查对象逐一进行当面的谈话。这种调查对调查对象有着较高要求，需要调查对象思维清晰、语言表达能力强。调查人员要善于交际，把握好合适的提问时机，该问的问题不能遗漏，要逐一问清楚。

集体访谈是由调查者召集一些人对要调查的问题进行座谈。这种调查为清除人们的疑虑，事先让被调查者有所准备并在调查过程中能畅所欲言，要求调查人员调查前必须向调查对象说明座谈的目的和要求。

3. 按访谈的次数，可分为一次性访谈和跟踪访谈

一次性访谈是就某一时间内人们的态度、行为等方面的情况进行调查。这种访谈通常是为了获得人们对某个问题或者某一事件的态度、行为等情况而进行的调查。跟踪访谈是通过多次访谈，调查人们在不同生活时期的态度及行为的动态的、深度的变化。

（二）访谈调查的实施

访谈调查的实施是调查者和调查对象面对面进行的一种人际互动的交谈过程。在访谈实施过程中，要求调查人员对调查所涉及的业务知识有一定的了解，并且具有较好的语言表达能力、较强的人际交往能力和准确的判断分析能力。一般来说，访谈实施的过程可分为访谈准备、访谈过程、记录整理等

阶段。

1. 访谈准备

访谈成功与否与访谈准备是否认真充分密切相关，调查人员必须认真对待访谈准备。首先，要做到访谈的目的明确；其次，要事先拟订好调查提纲；再次，要安排好调查地区，协调好调查人员；最后，访谈所需的一些工具要提前准备好，如签字笔、纸张、录音笔等。

2. 访谈过程

始善则功成一半。在访谈的开始阶段，最好先向调查对象说明来意，通过谈论一些交往性的话题，取得他们的理解和配合，再逐步深入待调查的核心问题，而不要一开始就切入核心问题；当调查进入实质性阶段后，调查内容应力求详尽、具体，设法引导调查对象说出深层次的思想和看法，形成访谈的高潮；访谈要有一个比较自然的终止点，恰到好处地结束访谈。

3. 记录整理

访谈结束后要立即进行记录整理，如果存在不清楚之处，可以靠记忆来补充，如果有些核心问题和数字未清楚记录，最好能找调查对象核实。

为了保证记录整理的准确性，记录时要努力做到以下几点：① 记录要客观真实；② 字迹清楚，不随意涂改；③ 不要遗漏，如被调查者不能回答，应标明“不能回答”“不明”“不详”等；④ 调查中出现数字的应精确记录。

（三）访谈调查的技巧

访谈调查实际上是一种人际互动的过程，主要是调查者与被调查者面对面地进行交谈，调查的效果有赖于双方配合的程度。因此，调查人员要具备多方面的素质和能力：① 对调查所涉及的业务知识即使不是内行也要做到了解；② 有较好的语言表达能力；③ 有较强的人际交往能力；④ 有迅速准确地作出分析判断的能力。

为了圆满地完成访谈调查任务，在访谈过程中要注意以下问题：① 与被调查者接触时，要在衣着、服饰、相貌、举止、风度、语言、态度等方面给被调查者留下良好的第一印象。② 要把握好认同技巧，努力寻找双方共同点，如相同的经历、观点、职业、兴趣和爱好等。共同点找得越多，双方的情感越接近，就越有利于消除戒心，促进双方广泛而深入地交谈。③ 调查人员对被调查者必须保持真诚、亲切、礼貌、尊重的态度。调查人员在调查过程中处处表现出真诚之意，往往能激发被调查者内在的责任心，从而主动积极地支持和配合调查。因此，在访谈过程中，调查人员需要处处表现出诚意、信心和耐心，对发言者洗耳恭听，不轻易打断对方发言，不武断地下结论。

第四节 政府公共关系调查报告的写作

调查报告是基于对某一事件或某个问题进行调查研究后所写出来的报告，是政府公共关系活动中常用的一种文体。撰写调查报告是政府公共关系调查的最后一环，其任务是交代调查和分析的结果，对前一阶段调查工作进行总结。政府公共关系调查报告是为政府决策提供参考依据的直接书面材料。调查报告的撰写一般由主题的确立、材料的取舍、提纲的拟订、报告的写作等程序组成。

一、主题的确立

调查报告的主题是调查报告所表达的中心思想。主题的确立直接关系到调查报告的价值和意义。主题的确立应注意以下两种情况。

其一，调查报告的主题与调查主题一致的情况。一般来说，调查的主题就是调查报告的主题。写调查报告时确立的主题与调查主题取得一致就可以了。

其二，调查报告的主题与调查主题不完全一致的情况。在这种情况下，需要根据调查和分析结果重新确立主题。当调查的问题多、面较宽，需要缩小原主题的范围时，或者调查只是对一部分情况和问题分析得比较透彻，有相当的把握，而对其他问题没有多大把握，有待进一步分析时，或者调查中发现某一问题或者某几个问题非常突出，实际价值大，而其他问题价值不大时，可以从报告的使用价值着眼，根据实际调查和分析结果重新确立调查报告的主题。

二、材料的取舍

调查报告中使用的所有调查材料，要注意选取与主题相关的、深刻地说明问题本质的材料，舍弃与主题无关的和非必需的材料。一份民意测验报告需要以下材料：调查的目的是什么，谁要求进行这次调查，这次调查的主持人是谁，调查中提出了哪些问题，备选答案是什么，回答结果如何，调查总体是什么，调查的方式是什么，是否采用了随机抽样，样本总数是多少，各部分样本（子样本）是多少，等等。如采用随机抽样，需注明全部样本及部分样本的抽样误差是多少，问卷回收率是多少，对各项问题的回答比率是多少，以及在现有统计资料中，是否存在可以供样本参考的数据，对同一问题所做的其他民意测验结果如何等。

三、提纲的拟订

写作提纲是调查报告的“骨架”，它体现了报告内容各部分之间的关系。拟订提纲时，一般来说，先拟订大致的提纲，把调查报告的几大部分定下来，然后再加以充实，形成详细的提纲。提纲分为条目提纲和观点提纲两类。条目提纲就是从层次上列出调查报告的章、节、目，观点提纲就是在此基础上列出各章、节、目所要叙述的观点。

四、调查报告的写作

(一) 调查报告的基本结构

调查报告的基本结构应注意合理安排，一般由标题、正文、署名、日期四部分组成。调查报告的标题是由内容决定的，好的标题既可以概括全文内容，又可以使读者耳目一新。正文是调查报告的重点，一般由导语、主体和结语组成。导语有两种：一是用于机关内部的导语，一般写明调查目的、时间、地点、范围、方法和调查效果等；二是用于公开发表的导语，一般是概括介绍情况，或提出中心议题，或阐明性质意义等，这部分应该简明扼要。主体是调查报告的中心内容，主要写调查得出的重要材料、基本观点和结论意见。结语是结论和建议，既可以总结调查报告，也可以提出希望、展望未来，还可以把不宜写入正文的重大问题写入其中。署名一般在正文右下方，有的在标题下面正中间的位置。在署名的下方写年月日。

(二) 调查报告的材料使用

为了准确详实地报告调查结果，在报告中对资料的使用应注意点面结合，既有典型事例，又有分类材料，还有反映总体情况的综合文字材料、数字、图表，做到观点和资料的统一，注意用观点统率材料，用材料说明观点。为了突出调查的主要结果，可以把主要结果写成一篇报告，而把调查过程以及详细数据作为报告的附加文件。

(三) 调查报告的修改

调查报告需要经过反复审查和修改。如检查所用概念、观点的明确性；检查引用材料的合理性和正确性；检查报告的思想基调的时代性，保证报告的质量。当出现某项材料缺失时，需要做补充调查，收集少量典型材料或个别材料。

【案例思考】

案例1　百姓心中的政府形象：海淀区政府公共关系群众满意度调查报告

“请问您如何评价本区政府部门的办事效率？政府部门的工作服务态度怎么样……”近期海淀区社情民意调查中心开展了政府公共关系群众满意度调查，通过计算机辅助调查系统随机抽取了海淀区29个街道（镇）的1 160名常住居民进行电话访问，以科学、客观地评价北京市海淀区政府在人民群众心中的具体形象。调查结果显示，从政府部门的服务态度、办事效率和联系群众三大方面看，被访者对政府部门的服务态度、办事效率两方面评价较高，均有七成以上被访者表示满意、比较满意或一般满意；在联系群众方面有待加强，评价为满意、比较满意或一般满意的被访者不足七成。

一、调查样本基本情况

本次调查为电话调查，通过计算机辅助调查系统在全区29个街道（镇）中随机产生调查样本，调查对象为18—70周岁且在海淀区居住或工作半年以上的居民或村民。此次调查累计拨打电话12 570个，成功调查1 160个样本，样本范围覆盖不同性别、年龄、职业、地段、受教育程度的市民，样本年龄分布均衡，性别比例合理，文化程度及职业身份分布较为全面。每个街道（镇）完成40个样本，电话调查成功率为9.2%。

二、居民政府公共关系满意度评价

（一）总体满意度较高，“一般满意”占比大

调查结果表明，多数被访者对海淀区政府在工作态度、办事效率和联系群众等方面给予了正面评价，分别有80%、73.88%和68.44%的被访者表示满意、比较满意或一般满意。值得注意的是，在对政府公共关系评价的各项指标中，选择“一般满意”的被访者占有相当大的比重，占比均超过30%。此现象表明相当大部分被访者对海淀区政府公共关系表示满意，同时认为区政府在加强政府公共关系方面依然有较大的提高空间，尤其是在联系群众方面的工作力度及方法需要进一步增强和改善。

（二）职业影响满意度评价——学生及党政机关人员满意度最高，农民及离退休人员满意度最低

从职业分组来看，党政机关人员、企业单位人员、自由职业者、在校学生以及个体服务和个体商业人员对海淀区政府在联系群众、办事效率和服务态度

三个方面工作的满意度较高，均超过平均水平。在校学生满意度最高，对区政府公共关系三个相关指标评价满意、比较满意、一般满意的被访者均超过90%。企业单位人员位列第二，对区政府公共关系各项指标满意度均超过70%。在本次调查中，农民及离退休人员的满意度最低，对区政府以上三个方面表现的满意度均低于平均水平。其中，农民对区政府办事效率、联系群众两项的满意度与平均水平差距最大，分别低于平均水平13.87和20.44个百分点。

（三）年龄影响对政府行为的了解，选择"不清楚"的被访者比重随年龄增长而增加

对政府在联系群众、办事效率和服务态度三方面工作表示出不满的被访者依次占19.84%、16.03%和12.24%，表示"不清楚"的被访者分别为11.72%、10.09%和7.76%。从年龄分组来看，选择"不清楚"的被访者比例随年龄增加而增加，尤其是51—60岁及61—70岁两个年龄段选择"不清楚"的被访者最多，均超过平均水平。

三、居民对提高政府公共关系满意度的建议

（一）政府行为的传播渠道还需进一步拓宽

调查结果显示，电视和网络是海淀区居民了解政府行为的主要渠道，分别有61.47%和51.38%的被访者选择"通过网络及电视了解政府行为"。从年龄分组来看，选择"通过网络了解政府行为"的被访者随年龄增加而减少。网络已经成为18—40岁之间的被访者了解政府行为的主要渠道，而40岁以上的被访者则更倾向于通过电视了解政府行为。此外，还有较多被访者选择"通过报纸了解政府行为"，各年龄段选择这一渠道的被访者均超过20%。随着政府服务意识的进一步增强，加强信息传播力度、保护公民知情权、加强公众的监督力度成为沟通政府与公众之间关系、传播政府声音、表达公众需求的有效途径。区政府仍需进一步拓宽政府行为知晓渠道，使政府工作透明化，加深政府与来自各个年龄段、社会阶层的人民群众相互间有效沟通，更有针对性地改善各方面工作。

（二）政府公共服务的职能还需进一步加强

调查结果显示，相较其他方面工作，多数受访者认为海淀区政府在医疗、教育、犯罪预防与社会治安三个领域的表现最为突出，分别有35.78%、27.84%和25.26%的被访者选择此三项为他们较为认可的区政府工作，而认可安全生产的被访者则较少，仅有4.74%的被访者认为该项工作落实较好。

尽管被访者对区政府在医疗、教育、犯罪预防与社会治安三方面工作的认可程度位居前列，但是选择该三项的被访者比重并不高，均未超过50%，选择其他方面的比重则更低。政府公共服务职能对政府的公共关系建设尤为重要，只有服务于民才能取信于民。政府不但要继续加快建立惠及全体人民的基本公共服务体系，为人民群众提供更多更好的义务教育、基本医疗、社会保障等基本公共产品和服务，更要不断地提高公共服务的质量，推进公共服务均等化对塑造政府良好的形象发挥其关键性作用。（案例来源：王振蓉，《统计与管理》，2015年第1期，有删改）

思考与讨论：

1. 该调查报告的主体内容涉及哪些方面？
2. 该公共关系的调查运用了哪些方法？

案例2　平度征地血案

2014年3月21日凌晨2时许，山东平度市凤台街道杜家疃村农田里一处帐篷起火，致4名守地农民1死3伤。死者是63岁的村民耿福林。对此，平度市官方微博“平度发布”称，21日1时50分，该市凤台街道朝阳路杜家疃村路段上该村村民临时搭建的一处简易帐篷起火，2时30分左右火被扑灭，着火面积约20平方米，住在帐篷内的1人死亡、3人烧伤。其中，死者62岁，曾患中风，行动迟缓。伤者已被送往医院救治。伤亡村民系杜家疃村不同意该村委土地收益分配办法的个别村民。

一波未平，一波又起，3月22日，事发地又传出“抢尸风波”。有村民称，大批警察手持盾牌和木棍进入村民守护遗体的事发现场。值守村民与警察发生冲突，但很快被警察隔离起来。随后，安放遗体的冰棺被抬走。

对此，“平度发布”迅速发微博否认“抢尸”，并对此做了另一番描述：“3月22日晨，死者家属自行将尸体从现场运走，现场执勤民警维持秩序，按照法定程序，公安机关对尸体检验后由亲属火化，网传的‘抢尸’消息属不实报道。”这条微博招来更多质疑：既然是死者家属自行运尸火化，为何要出动大批手持警械的警察？

据现场群众反映，杜家疃村自去年以来就存在因征地引起的矛盾。杜家疃村与邻村东关村的村民共有130多亩（注：亩为我国旧制单位，一亩≈666.67平方米）地。据村民介绍，从2013年9月开始，这块地就开始围上围挡，对方说是政府行为，但是拿不出任何手续。村民阻挠施工，双方多次发生冲突，不少村民家玻璃被砸，轿车被砍、被砸，家中被扔爆炸物，报警无果。村民们多次找到村委会、街道办、市政府反映情况，但同样无果。从2014年3月5日，村民们自发轮换守在工地入口，阻止施工车辆进入施工，维护自身权利。3月8日，村民在工地入口附近搭了个20平方米的帐篷，每晚有人住在这里。按照乡亲们的约定，帐篷算是一个“据点”。

中纪委介入后，平度征地血案的真相正渐次浮出水面。征地干什么？用途变来变去，最终成房地产。2006年7月，一份《征收土地预公告》中显示，根据土地利用年度计划和土地利用总体规划，平度市人民政府拟征收香店街道办事处杜家疃村农用地125 055平方米等四块地，土地征收后拟作为工业和教育用地。2006年12月31日，山东省人民政府批复了香店街道办事处等农用地转为建设用地。上述农用地转用后同意征收，用于该市城市建设。2014年3月初，有开发商在耕地里圈地建办公室，一些村民认为地可能被卖了，于是在农田里支帐篷值守土地。这块地于2013年10月被青岛成元天业房地产开发有限公司竞得。

村民知情吗？土地先转后征，矛盾七年未结。相关法律法规规定，在征地依法报批前，要将拟征地的用途、位置、补偿标准、安置途径告知被征地农民。征地补偿不落实的，不得强行使用被征土地。平度有关部门介绍，按规定，政府征收土地程序合法。记者得到的相关文件显示，2006年，平度市政府就要求土地征收后村委要做好村民工作，对上述土地进行勘测定界，进行现场调查。但一些百姓不愿失地，在政府部门组织土地征收过程中一直“不配合”。2007年开始，凤台街道和村委会数次去清点地块，一些农户不到场。按法律要求在村委会张贴的《征收土地预公告》《征收土地公告》和《征收土地补偿公告》，一些村民也反映没看到。

补偿谁说了算？政府称到位了；村民说不知情。平度市有关方面表示，当地财政2013年4月8日拨付了杜家疃村青苗和附属物等补偿费340.627 4万元，每亩标准2.5万元。2013年5月16日，又拨付土地安置补偿费604.665万元，并按规定，预备将其中的80%即483.7万元分配给村民。截至2014年3月23日，有42户村民领取，剩余27户以补偿标准过低为由尚未支取。用于支付土地延包(1999年)以来新增无地人口139人的口粮补助，标准也是人均6 800元(共17年)，共计90多万元。其中，112人已经签字支取，还有27人也以补偿过低为由尚未支取。

4月25日，山东省平度市公安局发布消息称，案件发生后，各级领导高度重视，迅速调集精干力量展开侦查工作。在当地公安机关的共同努力下，经过四昼夜的连续奋战，于2014年3月25日成功侦破此案。查明，3月21日凌晨，李某、李显某、柴某、刘某4人受王某指使（均为平度人），窜至现场实施纵火后逃跑。王某是受崔某（贵和置业有限公司法人代表，系开元城御景二期工地承建商）和杜某（杜家疃村主任）的指使实施犯罪。2015年3月19日，山东平度“3·21”征地纵火案在青岛市中院普东第八审判庭公开宣判。王某被判死刑，杜某、李某被判无期，其余四人均被判有期徒刑。“三农”问题研究专家、中央党校研究员曾业松认为，一些地方打着“公共利益”的旗号随意征地，动辄废除农民的30年承包经营合同，把农民从土地上赶出去。征地的公共利益不明，信息不透明，随意圈占耕地的现象就很难遏止。2014年8月27日，青岛市纪委对平度市委、市政府分管领导、凤台街道办事处主要负责人等12名相关责任人追究党纪政纪责任，其中包括两名副市长。

《人民日报》评论称，从农民手里征收一亩地不足8万元，转手卖给开发商123万。这笔“生意”真“划算”！土地是农民的命根子，农民失去土地，如何安放生活？征地拒绝暴力，也应拒绝暴利！尊重农民话语权、议价权，按市场定价原则补偿，别让吃亏的总是农民！“征你一头牛，补你一只鸡”该变变了！

平度市政府对征地火灾案件的反应是在第一时间站出来说地块土地手续合法，征地补偿均已到位，不存在非法征地、非法拆迁问题，对于征地中出现的火灾将进行调查。事实上，在平度事件发生后，平度官方微博“平度发布”一直在发布辟谣与公示微博，例如事件发生后，“平度发布”22日发布的一篇辟谣微博《网传的“抢尸”消息属不实报道》，这篇微博从本质上来说确实是一种正规的辟谣微博，但是许多网民却并不领情，因为有其他微博同时发布信息称，当时现场突然来了约200名身穿警服、戴着头盔、拿着木棍和盾牌的防暴警察，要将尸体强行运走。两条对同一时间不同说明的微博造成大部分网民对真相不明，使其加深了对官方微博的不信任。事实上，平度在及时回应与措辞上都做得很好，但是在这次的处理上犯了一个错，就是没有借助第三方公信力平台发布信息，而是自己发声辟谣。自己家发生的负面舆情，再由自己的官方微博出来辟谣，公信力自然达不到预想的效果。（案例来源：人民网，2014年3月24日，有删改）

思考与讨论：

1. 对于平度市政府在此次事件发生后的公关方式与效果，你如何看？

2. 如果需要你对此次事件展开政府公关调查，应如何实施？可采用哪些方法？

案例3　农民对政府扶农服务的期待与要求：来自福建沿海农村的调查报告

一个是否为民的政府，关键是看其职能架构是否根据广大人民群众的需求来设计以及是否有效执行这些职能以满足广大人民群众的现实需求。当前，农民的现实需求是什么？农民对政府扶农服务的具体期待和要求是什么？对于这些问题，福建省政府展开了建设社会主义新农村百村调研活动，并形成了相应的调查报告，调查报告试图从农民需求的视角入手，力求直接、全面、客观地描述福建沿海农民对政府扶农服务的具体期待和要求，从而为各级政府在新农村建设中加快政府职能转变提供现实依据。

2006年夏季，福建省委宣传部和福建省社科联联合举办的"建设社会主义新农村百村调研活动"集合了近百位来自不同学科的社会科学工作者，利用实地访谈和村级问卷调查的形式，对福建沿海和山区的100余个行政村进行了深入系统的调研。另外，为了让农民在调查中能够更直接和具体地用自己的声音反映他们的现实需求和对政府职能转变的建议，还组织开展农户问卷调查。本调查报告正是在利用上述调研中的沿海地区资料基础上完成的。

一、实地访谈

5个调研团深入39个样本村进行实地访谈。其中，漳州团先后与漳州市、龙海市、平和县有关部门进行座谈，并相继走访了龙海市、平和县8个行政村。福州团先后调研了福州市9个行政村。莆田团调研了城厢区、荔城区、涵江区和仙游县7个行政村。泉州团先后走访了晋江市、惠安市、石狮市、泉港区以及南安市9个行政村。厦门团也走访了6个行政村。

二、问卷调查

村级调查问卷主要由福建农林大学课题组负责设计和进行实际的问答，笔者根据调查的需要对沿海地区的村级原始问卷资料进行了整理，然后把村级问卷获得的资料与实际访谈以及户级问卷获得的资料进行比较和对照。被访农户和实施问卷的填答，共回收201份问卷，该问卷主要采用SPSS进行录入和统计，并根据农户问卷中"农户对政府扶农服务的具体要求与期待"部分的数据进行分析。

三、调查结果

（一）实际访谈中农民的期待与要求

座谈会及访谈资料显示，沿海农民对政府扶农服务的具体期待和要求多涉及生产发展和生活宽裕层面。

1. 对资金扶持的要求

沿海农民普遍期待政府加大对农村资金的扶持力度，体现在期待政府加大对农村的转移支付力度，增加对农村基础设施建设的投入和拨给一定的管理经费。在访谈中，绝大多数村主要干部和村民都期待各级政府能加大对农村道路建设的投入。例如，平和县村干部普遍认为，由于村财政困难，对于村村通公路工程，村里资金难以配套，尤其是台风过后许多道路、桥梁和水利设施被毁，但无钱修复，政府资金也没有及时到位。还有部分村主要干部则期待政府加大对农村道路、村渠、路灯的维修费以及保持村内环境卫生整洁的保洁费。例如，龙海市颜厝镇巧山村旧村改造很有成效，古县新街、巧山新村、农民公寓、农民公园成为新亮点，同时村容村貌较为整洁。但是，日常的道路、村渠、路灯、公共体育设施的维修资金难以维系，因此村主任期望镇政府能加大资金投入维护这些公共设施。此外，村民期待农村金融机构，如信用社能增加对农民的贷款额度，简化贷款手续，以解生产和生活资金不足的燃眉之急。例如，龙海市木棉村村支书认为发展生产关键缺资金，最需要帮助农民解决贷款难问题，信用社贷款月息较高，村民贷款难，村委会经常要帮助村民找信用社协调贷款。又如平和县三格镇铜中村旧村改造，部分村民缺钱，村支书只好帮助村民向信用社担保，最后贷款利息村支书自己掏，村里修路也是如此。

资金问题是制约农村发展的主要瓶颈，要搞新农村建设，创新农村合作金融制度势在必行，探索有效的农村信用担保制度至关重要。

2. 对技术培训与信息供给的要求

除资金外，技术和信息是制约农村发展的重要瓶颈，沿海农民普遍期待政府定期组织科技下乡活动和举办实用农业技术培训班，及时提供有关农业生产、农产品销售以及自然灾害、农业病虫害预防等信息，帮助农民增强抵御农业自然灾害和市场竞争风险的能力。在漳州市调研中，感受尤其深刻。龙海市木棉村村支书认为，帮助农民培训种植、养殖技术和提供销售信息很重要，木棉村村民主要以到村里及周边的企业打工、开小饭店和从事养殖业为生，其中养殖户占全村总户数的20%。平和县铜中村一被访村民说，“多年来村里没有任何部门组织科技和信息下乡，最希望政府能送技术和信息下乡”。铜中村村民多以种植蜜柚和石榴等水果及粮食作物为生。客观地说，近几年来，各部门组织“三下乡”活动时见报端，但是对于广大的农村而言，毕竟是杯水车薪，应该探索一个可行的长效机制，扩大农民的受益面。

3. 对政策扶持的要求

沿海农民普遍期望出台各项优惠政策，鼓励工业项目进村。要加大对农村招商引资的力度来发展乡村工业，增加农民收入，各级政府应当出台各项优惠政策，比如税收优惠政策、贷款优惠政策、土地优惠政策等，同时各级政府应当尽可能简化批地规划、注册企业等各种手续环节。在调研中，龙海市木棉村村支书说，“最希望政府帮助多引进一些企业进村，这样不仅可以增加村财政收入，还可以带动村里第三产业发展，解决农民就业问题，增加农民收入”。港尾镇卓歧村党员代表王老伯最大的愿望也是多一些企业到村里投资，帮助村民就业，增加村民收入。卓歧村目前有家规模工业企业总投资近 1.2 亿元，解决了本村劳动力就业 400 多人。可见，发展乡村工业是当前农业农村发展的应时之举，是有效破解“三农”问题，加快新农村建设的长远之策。

沿海各村回收的百村调查问卷共 36 份，其中，福州 10 份，厦门 5 份，泉州 7 份，漳州 7 份，莆田 7 份。需要说明的是，百村问卷多为基层村民填写，基本反映了他们的看法和要求。结果显示，“医疗养老保障”为第一位，有 23 人选择，占有效问卷的 65.71%；“子女教育”为第二位，有 19 人选择，占有效问卷的 54.29%；“就业”为第三位，有 13 人选择，占有效问卷的 37.14%；“提供农业生产技术”为第四位，有 11 人选择，占有效问卷的 31.43%；“环境卫生”为第五位，有 9 人选择，占有效问卷的25.71%。可见，农民最需要政府扶持的是医疗养老保障、子女教育、就业、提供农业生产技术和环境卫生。

农户调查问卷结果显示，在农业生产方面，农民期待和要求主要涉及资金、技术和信息问题，希望政府帮助改善农村基础设施，加强技术推广和建立健全农村信息网络；希望降低农业生产资料价格和适度保护农产品价格；希望建立农村信用担保机构等。在提高农民家庭收入方面，农民普遍希望政府帮助发展乡镇企业，建立农村信息服务体系；希望参加种植、养殖技术，农产品加工技术等其他实用技术培训；希望政府加大对农村剩余劳动力培训转移、对资金和项目的扶持以及对农村基础设施的投入力度，以帮助农民脱贫致富。在医疗和养老保障方面，农民最希望政府设立特困户医疗补贴和推广社会养老保险。在帮助解决农村青少年继续学习问题方面，农民希望政府建立奖学金制度。在农村公共基础设施方面，农民希望政府在路灯亮化、道路建设和电网改造等方面给予帮助。（案例来源：程丽香，《中共福建省委党校学报》，2006年第12期，有删改）

思考与讨论：

1. 该案例运用了公共关系调查的哪些方法？请分析不同方法的优缺点。
2. 该调查报告存在哪些问题，从哪些方面可以进一步完善？

第六章　政府公共关系策划

由于政府工作性质本身具有公共性，因而它每时每刻都置身于各种公众关系之中。政府除了借助政治、经济、行政和法律等手段来管理社会之外，还必须借助公共关系活动来协调各种社会关系，达到既定的行政目标，而任何成功的政府公共关系活动都必须是经公共关系人员周密策划的。所谓政府公共关系的活动策划，就是在调查研究的基础上，选择活动时机、制定活动目标、设计并确定最佳活动方案的过程，这是政府公共关系工作中的一个重要环节。

第一节　政府公共关系策划概述

一、政府公共关系策划的含义

对政府公共关系策划的研究，首先从对策划的界定开始。

策划，又可称为“策画”，可作策略、谋划来解。策略是宏观的、静态的把握，而谋划则是微观的、动态的过程，两者融合在一起，构成“策划”的较为完整的含义。

策划来自于实践，是对实践成就的创造性总结，策划又是下一个实践前的准备。凡是创造性的事业都离不开事前的策划，这在长期的社会历史过程中，早有过诸多论述。《新书·过秦论上》说：“深谋远虑，行军用兵之道，非及曩时之士也。”《晋书·文帝纪》说：“玄谋庙算，遵养时晦。”《论语·述而》说：“必也临事而惧，好谋而成者也。”《孙子兵法·始计篇》说：“多算胜，少算不胜，而况于无算乎！”《史记·高祖本纪》说：“运筹帷幄之中，决胜于千里之外。”《议练民兵守淮疏》说：“事不前定不可以应猝，兵不预谋不可以制胜。”

美国哈佛企业管理丛书编纂委员会则认为，策划是一种程序。它在本质上是一种运用脑力的理性行为。基本上所有的策划都是关于未来的事物，也就是说，策划是针对未来要发生的事情做当前的决策。换言之，策划是找出事物的因果关系，衡度未来可采取的途径作为目前决策的依据。策划亦是预先决定做什么、何时做、如何做、由谁做。策划如同一座桥，它连接着目前与未来我们要经过的地方。策划的步骤是以假定目标为起点，然后制定策略、政策以及详细内部计划，以求目标达成，最后还包括成效的评估及回馈，进而又返回起点，开始了策划的第二次循环。策划是一种连续不断的循环，要策划再策划，以求计划的确实可行。

学术界对公共关系策划的名词用得不少，甚至很多、很泛，大致有以下三种角度的理解。一是广义的理解，即把公共关系策划理解为公共关系活动“四步工作法”中的第二步。按照公认的观点，公共关系活动“四步工作法”包括调查、策划、实施、评估四步，而公共关系策划就包含了第二步的全部内容，包含宏观静态的策略和微观动态的谋划，以及由此而产生的结晶——计划，即在公共关系调查完成的基础上、在公共关系实施之前的一切准备工作。策划的完成也就是实施前准备工作的完成。二是中义的理解，即把公共关系策划理解为一种思维阶段的活动，它只是“四步工作法”中第二步的某一方面，并不包括将思维内容物质化，即产生具体、细致并进行了一定可行性试验的计划。三是狭义的理解，即把公共关系策划理解为具体某一个活动的思维过程，如策划一个公共关系广告或策划一个企业标识等，这种理解比中义的理解更为简单化、经验化，而且它只是某种具体可操作的一种设计，根本无策略可言。

由于公共关系学界对公共关系策划有各种角度的理解，导致对其运用的混乱和矛盾，并由此产生概念的模糊，使公共关系活动的灵魂无法得到应有的重视和研究。

本书认为，从广义上来理解，公共关系策划是科学地、完整地、系统地把握公共关系策划规律的唯一方法，试图把策划与计划割裂开来，或者片面单纯地把公共关系策划限定在操作设计水平，无法真正揭示公共关系活动的灵魂的内在含义。

那么，什么是政府公共关系策划呢？鉴于以上对公共关系策划内涵的探讨，笔者认为，政府公共关系策划的完整含义可表述如下：所谓政府公共关系策划，就是公共关系活动“四步工作法”中的第二步，是政府公共关系活动的灵魂。具体来讲，就是政府机构和政府公共关系人员根据政府工作需要，为了政府某一目标，在充分进行了公共关系调查的基础上，运用创造性思维，遵循科学的原则和方法，对总体公共关系战略、专门公共关系活动和具体公共关系操作进行策略的谋划、计划的工作过程，它是现实情况与人的主观能动性的完美结合。

因此,政府公共关系策划亦是指政府为了更好地管理社会公共事务,增进社会公众对政府工作的了解、支持和监督,协调内部各种关系,而进行的一系列塑造政府良好形象的社会活动的策划。政府公共关系策划又被分为政府内部公共关系策划和政府外部公共关系策划。①

(一)政府内部公共关系策划

政府内部公共关系策划主要是指为了在政府内部机构和人员之间建立相互了解、信任、协调的和谐关系,运用各种传播和沟通手段,通过一系列有效途径进行的公共关系活动策划。它主要包括两种类型:一是政府内部的纵向策划,即指有隶属关系和上下级领导关系的政府或部门间的公共关系活动策划,以及某一级政府内部的上下级员工之间的公共关系活动策划。二是政府内部的横向策划,即发生在不相隶属的不同政府部门之间的公共关系活动策划,如各地方政府之间的公共关系活动策划,以及政府部门之间的公共关系活动策划。

(二)政府外部公共关系策划

政府外部公共关系策划主要是指政府针对自身以外的其他公众和社会组织进行的公共关系策划。政府对整个社会事务的综合管理过程主要是与不同的社会组织和公众个人发生关系的过程,因此,外部公共关系策划是政府公共关系策划的重点。具体可分为以下几种:一是针对政治类组织的策划,即政府对其他社会组织的公共关系策划,主要包括政府与执政党、人民代表大会、法院、检察院、政协、民主党派以及群众团体组织之间的公共关系策划。二是针对非政治类组织的策划,即政府对经济、文化组织的公共关系策划,重点是政府要尊重、保护、引导经济、文化组织的发展。三是个体性的策划,也就是针对个体公众的公共关系策划,重点为个体公众创造良好的生存、发展、参政条件,使他们能更好地发挥个人的潜能。四是国际性的策划,具体而言就是本国政府对外国政府及国际性组织的公共关系策划,主要目的是为了提高本国政府的国际美誉度,增进与各国之间的友谊。

二、政府公共关系策划的意义

(一)政府公共关系策划是政府公共关系工作取得成功的基石

《论语·述而》说:“好谋而成者也。”回顾古今中外、各行各业,凡是事业成

① 余明阳,等.公共关系策划学[M].北京:首都经济贸易大学出版社,2006:390-391.

功的人无不深谙策划之道,成功的实现离不开良好的策划。针对政府公共关系活动来说,如果没有认真策划而盲目进行,不仅会因为无计划性而招致失败,甚至会给政府其他方面工作带来负面影响。因此,政府在开展一项工作之前都必须根据主观和客观条件认真进行策划,直至制订出切实可行的方案。

(二)政府公共关系策划有利于为政府工作提供新观念、新思路、新方法

在策划时,政府领导者和公关人员要对已掌握的有关信息进行加工、整理、思考、识别、分析、判断,为了寻找解决问题的方案就必须充分发挥创造性思维,可以说,许多新观念、新思路、新方法就是在策划过程中产生的。只有通过策划产生新观念、新思路、新方法,不断追求既符合客观实际又有创新的最佳策划,才能充分调动相关人员的积极性,从而开创政府工作的新局面,推动政府事业的发展。

(三)政府公共关系策划有利于加强政府公共关系工作的整体性

公共关系工作是一项系统的工作,既涉及社会组织的总体工作计划,又涉及公众的方方面面。通过政府公共关系策划,政府公共关系目标与组织的性质、目标、任务得以密切结合,使实现政府公共关系目标的活动成为组织管理系统的一个有机组成部分,从而使组织的政策和各部门的活动统一到树立良好组织形象、提高到组织整体效益和社会效益上来,使组织的每项政府公共关系活动都与一定的目标相联系,并发挥政府公共关系工作的整体效果。

(四)政府公共关系策划有利于提高政府公共关系工作的可控性

通过政府公共关系策划可以形成一种长期与短期相结合、创新与维持组织形象相结合的政府公共关系目标体系,以此为基础,政府及其公关人员能够妥善安排好日常工作、定期活动和专门活动的内容与项目,编制恰当的费用预算和时间预算,形成一张既积极主动又稳妥有序的政府公共关系活动进程表,以此作为控制政府公共关系工作、检查评价政府公共关系效果的依据,从而使政府公共关系工作在有目标和计划的控制下稳步开展,取得预期的效果。

(五)政府公共关系策划有利于提高对政府工作进行评估的效率

在政府公共关系策划中必然要制定工作的总目标和各项分目标,因此必须对各方面的工作提出具体的要求,这样政府工作成果的各项评估标准就同时被制定出来,为检查、考核各项工作的进展和效果提供依据,从而提高了政府对自身工作评估的效率。

三、政府公共关系策划的特征

作为一种与政府相关的专业性活动，政府公共关系策划有固有的特征，对其特征的掌握，是开展政府公共关系策划的基础。

(一) 目的性

无论是哪一层次的政府公共关系策划，都倚仗某一目的并服务某一目的。战略性的政府公共关系策划是为了使公共关系活动能更好地满足组织的要求和实现组织的目标，从而使公共关系活动能与政府运作相衔接。而专门性的政府公共关系策划则完全为了特定的政府要求。具体性的政府公共关系策划本身就是政府的一种符号策划，其本身完全服从于某一特定目标。我们可以把政府公共关系策划过程看成是一个负熵过程。所谓负熵，即意味着减少无序和不确定性。策划的目标越明确，熵就越小；策划越无目的性，熵就越大。因此，政府公共关系策划的目的性特征要求我们在政府公共关系活动中要努力把无序化为有序，把模糊变成清晰，从而使公共关系活动顺利、圆满地完成，也使政府公共关系活动更具有针对性和效能性。

(二) 系统性

在所有的策划活动中，有意识地保持系统的最优化是人类智慧的特征。策划的系统性具体表现在策划程序和内容的完整上，以及相关策划的整体联系上。从调查研究开始到确定目标、制定方案，再到实施、评估、反馈；从战略到对策，再到作用对象、步骤、方法；从局部对策到整体方针、政策等，都使政府公共关系策划显示出系统筹划的特点。

(三) 创造性

政府公共关系策划需要倚仗公共关系工作人员的个人素质。其中，最根本的原因便是需要倚仗创造性思维。从实质上讲，创造性思维是一种辩证的思维，它以积极求异、敏锐洞察、丰富想象和活跃的灵感作为表征，通过定向、逼迫、成型、引申四个互相联系、互相制约的基本阶段层层深入、步步出新，将理论思维、直观思维、倾向思维、联想思维、形象思维与逻辑思维等方式融于一体，从而产生全新的优化的思维产品——公共关系策划。可以说，创造性思维理论是公共关系策划的理论支柱，它贯穿于政府公共关系策划的全过程和各个方面，没有创造性思维，便谈不上任何公共关系策划，更遑论政府公共关系策划。

（四）灵活性

政府公共关系策划工作必须有严格的计划性，但又需要拥有一定的灵活性。社会环境瞬息万变，这就需要政府公共关系策划应针对变化了的情况调整计划安排。同时，在某项具体策划中，可根据情况对战略、策略、途径、方式、方法等做灵活的安排和选择，这同样是政府公共关系策划工作的必然特征。

（五）科学性

政府公共关系策划必须以科学的理论为指导。现代思维科学的发展、策划科学的兴起、公共行政管理实践经验的积累和新的理论概括都为政府公共关系策划奠定了理论基础，使策划的科学成分增多；许多具有较高水平的专家、学者投身策划领域，为策划的科学性充实了力量。同时，政府各级领导者和工作人员的政治、思想、业务素质的不断提高，也为实现政府公共关系策划的科学性提供了坚实的基础。

四、政府公共关系策划的要素

政府公共关系工作能够正常开展，涉及诸多因素，其中最基本的要素是策划主体、策划目标、策划对象、策划手段、策划成果。只有将这五个要素系统地、有机地结合起来，才能构成一个完整的策划。

（一）策划主体

策划主体即策划活动的主体，是指具体从事策划的人。对政府公共关系策划来说，策划主体是指进行策划活动的政府领导者和政府公共关系人员。特别要注意的是，这里的主体往往是指具体的个人和策划团队，尚未泛指某一部门。

（二）策划目标

策划目标是指政府公共关系策划活动拟要解决的问题和达到的目的。处理政府与公众的关系问题、树立政府正面形象是政府公共关系策划的总目标，在这个总目标下还有许多具体的目标，它们共同形成策划的目标体系。

（三）策划对象

策划对象是指政府公共关系策划中被采取和利用的各要素，这里更多的是指各种相关的知识和信息。

（四）策划手段

政府公共关系策划者进行策划时所采用的方式、方法和各种技术条件、组织措施等被称为策划手段。而相关的思维方法、各种创意的手段、设计的程序、电脑运用的技术、策划所采取的组织形式等要素，也均属于策划手段的范畴。

（五）策划成果

策划成果是指策划活动所形成的最终结果，这一结果往往是指已经物化成策划报告书的策划方案的具体实现。

第二节　政府公共关系策划的具体分析

一、政府公共关系策划的目的分析

政府对国家各方面事务行使管理职能，要有效地实施各种管理，进行公共关系策划是重要的一环。通过公共关系策划工作能够更好地协调政府与社会公众之间的关系，塑造良好的政府形象，争取社会公众的信任和支持，从而形成和谐稳定的社会政治局面。

（一）提升政府形象

政府公共关系策划的首要目的是努力提升政府形象。加强政府自身的建设，提高政府干部队伍的素质，切实履行全心全意为人民服务的宗旨，为广大社会公众提供优质服务，固然是在社会公众中树立创新、务实、廉洁、高效的政府形象的根本途径，但是政府的公共关系工作在这一过程中也发挥着重要的作用。

（二）加强政府管理民主化

政府是一个特殊的社会组织，它独一无二，具有唯一性，同时它拥有权力，具有权威性。正因如此，政府的一些领导者也容易滋生官僚主义、家长作风、主观主义等，而与群众实际相脱离。这就需要实施民主化管理，开展政府公共关系工作，加强与社会公众的沟通，增加工作的透明度，实行政务公开，进行民主决策。同时，这些可以让社会公众更多地了解政府工作，参与政府的管理，发挥人民群众的监督作用，提高人民群众对政府的认同感，使人民群众拥护、支持政府的工作。

（三）维护社会稳定

发展是硬道理，但发展必须依赖稳定且良性的社会政治环境。政府负有维护社会稳定的重任。总体来说，就是要坚持改革开放，发展社会主义市场经济，加强社会主义物质文明和精神文明建设，提高综合国力，满足人民的需要，改善人民的生活，使人民安居乐业。政府应运用公共关系沟通、了解不同群体的需求和意见，权衡各种各样的利弊关系，最终制定出能被全社会理解、接受的政策措施。只有这样，才能调节、兼顾各方面的利益，化解矛盾，理顺各种社会关系，最终有利于维护社会稳定。

（四）促进社会繁荣

政府是为社会公众服务的，开展公共关系活动，一方面是调动全社会的积极性，促进社会经济效益的提高；另一方面是提高社会的精神文明水平，追求良好的社会效益，促进社会的全面繁荣。

二、政府公共关系策划的内容分析

（一）以政府形象为内容的政府公共关系策划

塑造政府的良好形象，提高政府在社会公众中的美誉度，是政府公共关系策划的核心内容，贯穿于所有的政府公共关系策划活动中。政府只有在社会公众中树立起良好形象，才能得到社会公众的信任和拥护，把社会公众凝聚在自己周围，顺利开展政府工作。政府全体公务人员要增强社会责任感和公仆意识，通过调查研究及时发现政府现实形象和理想形象之间的差距，制定优化政府形象的方案并努力实施，尤其要树立忧患意识，及时消除形象危机和声誉风险的问题，使社会公众由衷地信赖、理解、支持和服从政府对社会公共事业的管理。

（二）以改变公众态度和行为为内容的政府公共关系策划

通过信息传播的主要手段达到使公众态度和行为向有利于政府的方面转变，是政府公共关系策划的重要内容和目标。政府面临的公众是有主观意识、能依据自己的观察力和理性作出取舍判断的个体和群体，况且公众都具有自己的社会经验和思维惯性。政府公关要争取公众配合度，使他们从接受政府传播的信息到作出有利于政府的行为，就要特别注意无论是策划什么样的活动，都应建立在公众自觉认同的基础上，切忌以领导身份、自以为是的态度出现在公众面前。在活动进行中要注意调查公众的意见，观察公众的心理反应，并把握这一系列反馈产生的深层次原因，以便及时调整自己的行为，顺应公众的需求，改变公众态度和行为。

（三）以特定政府目标为内容的政府公共关系策划

任何一个政府要实现一定的社会职能，必须制定一系列工作目标。可以说，政府职能的作用总是与实现这些目标联系在一起的，没有明确的工作目标，就失去了前进的方向。制定政府的工作目标是政府公共关系策划的重要内容之一。在策划政府工作目标时，应注意以下几点：① 以上级政府的目标为依据，同上级政府的目标保持一致，使之成为完成上级政府目标的有机组成部分。② 从实际出发。目标既要适应时代的发展、满足社会公众的需要，又要考虑到现有条件和主观可能，使其主客观统一，合情、合理、合法，并保证其可实现性。③ 目标须明确、具体，不能存在歧义，即任何人的理解只能有一种含义。力求做到"五定"，即定性、定量、定向、定时、定声。④ 要有实现目标的约束条件和监督机制。⑤ 目标具有一定层次性。这一目标体系能够围绕总目标向下层层分解，并保证总目标的实现。

(四) 以特定政府行为为内容的政府公共关系策划

政府行为是指政府为社会公共事务提供服务而开展的活动，而这些政府行为也少不了公共关系策划工作的帮助。它主要包括以下内容。

1. 政府领导行为策划

政府领导行为策划主要指加强政府和职能部门领导班子政治思想和业务水平建设，提高各级领导者的素质和能力，在干部、职工和公众中树立良好的领导形象。

2. 政府群体行为策划

政府群体行为策划包括加强政府思想政治工作，建立和发展行政文化，树立群体精神和共同的价值观念，规范干部、职工的行为，强化群体意识，增强政府的凝聚力。

3. 政府管理行为策划

管理行为的公关策划是要保证政府管理正常有序地运行，同时注意纠正有损社会公众利益和不利于社会公益的行为。如改进政府机关的管理，建立一整套完善的管理制度，加强社会公共服务的措施，改善干部、职工的工作条件和生活条件，等等。

4. 政府接待交际行为策划

政府的接待交际是大量的日常公关活动。政府接待交际的目的是同有关社会公众建立互相信任、互相理解、互相协作的关系，以解决政府工作中面临的实际问题。参与接待交际活动的人员要有好的精神状态，热情、坦诚、大方，遵守接待交际的行为规范，讲究交际的行为举止艺术，以展示政府工作人员的良好风貌。

（五）以某些特定政府工作为内容的策划

某些特定政府工作有必要单独分类。在当今社会，这些政府工作是政府公共关系工作的重要构成，有关策划工作更显得举足轻重。

1. 危机公关

政府在管理社会公共事务的过程中，遇到需要紧急处理的突发事件是难免的。除了增强忧患意识，在日常工作中采取积极的防范措施，尽力做到防患于未然外，还要对已经产生的突发事件，及时进行危机公关策划，认真处理，以免危机事件对政府形象带来的负面效应进一步恶化。

2. 谈判公关

谈判也是政府公关的重要活动之一，是政府领导和公关部门的基本功之一。策划好谈判组成人员、谈判目标、谈判计划、谈判原则、谈判程序、谈判的方法和技巧等，是政府领导在谈判中应付自如、取得谈判成功的保障。

3. 新闻公关

政府公关新闻策划是在服务于政府工作目标的原则下，以事实为依据，通过原有代表性和典型性的信息选择、加工、编辑、传播、反馈等一系列活动，围绕与新闻媒体的关系展开决策与谋划。

政府公关新闻策划主要有以下四种类型：① 新闻媒体的策划，即对新闻传播媒介的决策与谋划。② 新闻稿件的策划，即从政府的大量信息中进行挖掘、筛选、润色、加工、编辑的组织与策划。③ 政府与新闻关系的策划，即政府的领导者和公关部门对新闻机构、新闻记者关系的策划。④ 新闻活动（或事件）的策划，即具有新闻价值的活动与事件的策划。

政府新闻公关的策划和实施，可以成为政府推行政令的有效途径；促使政府加强与社会公众之间的相互沟通、理解；纠正政府在社会公众心目中的不利、虚假及片面印象；扩大政府的影响，维护和完善政府的社会形象。

（六）以调查为内容的策划

政府公共关系调查策划是政府所有公共关系策划工作的前提、起点和基础，是政府其他任何公共关系策划的首要环节。从实质而言，公共关系调查本身不是目的，它实际上是为政府整体公共关系策划服务的。它是遵循科学的调查原则和程序，运用科学的调查方法，全面准确地搜集政府所需要的有关信息，为政府其他公共关系策划提供依据。因此，政府的任何公共关系策划都必须首先做好公共关系调查本身的策划，其策划与实施的水平和质量直接关系到为其服务的某项公共关系策划战略。

三、政府公共关系策划的重点分析

(一) 广泛搜集信息，了解民意，为民办事

政府形象的好坏，往往不在于其“说”了什么，而在于其“做”了什么，即取决于它能否为人民群众切实解决一些困难和问题。开展政府公共关系策划的着眼点首先应从了解实情，为人民群众办实事、办好事入手，加快经济建设步伐，发展社会公益事业和群众福利事业，切实提高人民群众的物质生活与文化生活水准，真正做到造福于民。只有这样，政府才可能得到广大人民群众真心实意地拥护和支持，良好的政府形象才能更快地树立起来。近几年来，在国内兴起的民意调查、市长信箱、市长接待日、市长专线电话以及长期坚持的信访工作，在寻求信息和了解民意方面起到了积极的作用。例如，上海市政府的“菜篮子工程”集纳了市民对“买菜难”的强烈反映，把它作为一项实事重点研究，最后作为一项政策提出来，深受上海市民的欢迎。上海市市长要求监察人员“盯住”506 个局长，并把意见登在报纸上，请 1 000 多万市民监督，这都是集纳了群众的意见后采取的深得人心的公共关系策略。

(二) 建立政府与群众之间的双向沟通渠道

经常展开对话，吸收群众智慧，并通过专业的政府公共关系人员乃至政府首脑向群众解释政策，可以有效地加强政府和人民群众之间的联系。据悉，美国纽约借鉴了工业界“欢迎参观”的做法，每年组织一次公民到州政府参观，收到了良好的效果。美国有些州对公共关系工作的要求是准确的信息、及时的沟通、广泛的参与、合理的选择。在我国，政府公共关系工作也已经起步。20 世纪 90 年代末，广州市政府开展“住房改革千家谈”活动，并提出了响亮的口号，“让政府了解您，让您了解政府，住房是您的生存条件，参与是您的神圣权利”。这个活动表现出很强的公共关系意识，实际收效也很大，这是我国地方政府较早的一种逐步趋向自觉策划公共关系活动的例子。

(三) 加强对政府内部各部门及其工作人员的监督

加强对政府部门及其工作人员的监督，切实做到清廉自洁，勤政为民。勤政廉洁是构成政府形象的一个重要方面，群众往往通过对政府部门以及国家公务员的形象来评价政府。因此，政府职能部门以及国家公务员的一言一行都关系到政府的声誉，尤其是政府领导干部是否廉洁守法，他们的思想品德、工作作风、办事能力如何直接影响政府工作的效果和政府声誉的好坏。加强廉政建设，清除腐败现象，提高办事效率，是政府公共关系策划的一项具体任

务。李瑞环任天津市长时，群众对煤气公司诸如气压不足等许多做法存在意见。在一次市领导与人民代表的对话会上，李瑞环就对有关领导模糊不清的解释进行了批评，并当场表态：近期内不解决问题就换人。只有各级政府职能部门及国家公务员持之以恒地保持高度的责任感与强烈的事业心，踏踏实实地为群众做好事、办实事，才能取信于民，而这需要各方面的监督，政府公共关系策划就担负着这方面的任务。

（四）广泛宣传政府的各项方针政策

政府的工作是为人民服务的工作，但是具体的政府条例等可能对不同的公众群体产生不同的影响。政府机关可以利用现有的或新开发的传播渠道和媒介，将政府的各项方针、政策、法规、决定和其他活动安排告知社会各界，向广大人民群众进行说服、解释、宣传和教育，以取得他们的信任、理解、支持与配合。

（五）建立一种动态系统的政府公共关系模式

我们应当以权宜应变的思维方式去构建政府公共关系的模式，把政府公共关系提高到科学的高度。这就是说，无论是协调内部关系还是处理外部关系，一方面需要建立稳定一致的公共关系方针，对公共关系对象和任务作出明确的规定；另一方面还要随着内外因素的不断变化来调整自己的公共关系方针和对策。

政府公共关系策划除了以上几个方面的具体任务之外，还有其他许多方面，但目的都是为了树立良好的政府形象，谋求社会各界的信任与支持。政府公共关系策划比其他公共关系策划活动更强调公众利益、国家利益，对国家的发展有着很大的推动作用，同时它又强调公众意识、团结意识、协作意识，要求政府工作的透明度。

第三节　政府公共关系策划的一般程序

政府公共关系策划的一般程序是指根据对信息的分析展开时机地选择、对目标的确定，从而拟订具体方案，这是一个具有规律性的动态过程，而策划程序则充分地体现了这个过程的规律性。根据实际操作的需要，我们将政府公共关系活动策划具体分为分析信息和选择公共关系活动时机、确定公共关系活动目标对象、明确公共关系活动目标和主题、拟订公共关系活动方案和可行性论证、编制预算、审定方案等五个大步骤和其中的一系列小步骤依次进行。

一、分析信息、选择公共关系活动时机

在进行策划之前,策划者有两点内容必须把握:一是对公共关系活动相关信息的分析,二是对公共关系活动时机的把握。

(一) 对公共关系活动相关信息的分析

面对一个要作出具体策划的安排,其具体策划者首先必将面临大量无序的信息,倘若仅仅是进行模糊的、经验性的策划,这时虽然可以根据对信息的大致印象进行策划,但结果必将导致科学性信息搜集成为无用的劳动,而策划也势必难以做到科学正确。因此,这就要求策划者必须借助科学的分析方法,对多如瀚海的信息进行条分缕析,做到去伪存真、去芜存菁,达成由此及彼、由表及里的认识,这样才能有效地利用信息。

总之,要想进行科学的策划,对任何对象的分析都必须将其予以切分,如此分析才可能进行。对策划者而言,他所面临的大量信息都是为了处理组织与公众的良好关系。而在公共关系策划中起作用的,具体而言有两大类:

一是社会组织信息。从时态上分,社会组织信息可以分为历史状况信息、基本现状信息、战略目标信息。从对象上分,可以分为财务信息、人事信息、形象信息。从分析目的上分,可以分为优势信息与劣势信息。

二是社会背景信息。分析社会背景信息,具体而言就是分析公众信息,明确其需求;分析竞争对手信息,做到知己知彼;分析公约法规信息,以使策划依法而行;分析政府决策信息,时时把握政治、经济动向;分析传播媒介的信息,传播便可托付“良媒”。

(二) 选择公共关系活动时机

所谓时机,是指时间变化所带来的机会,而在传播学中,时间是影响传播效果的重要因素之一。因此,能否及时捕捉并抓住有利时机便成为衡量公共关系策划水平最为重要的标志之一。

时机又分为两种:一是内部时机,是指组织自身活动诱发的机会。二是外部时机,是指外部事件对即将进行的公共活动可能造成的利好和利坏机会。而时机具有不可逆转性。因此,无论遇到内部还是外部时机,政府公共关系活动策划都必须抓住难得的机会,迅速果断地采取有效对策。选择时机时,应当注意以下几点:

第一,时机并非只是指具有利好价值的机遇,策划者还应当学会利用危机

或负面事件,达到转危为机的效果。

第二,尽可能选择那些具有潜在的新闻价值,从而能够引起目标群体关注的时机。

第三,重大的公关活动,同一时间内最好“专一性”地展开,两项以上的重大活动可能相互抵消各自的效果,分散公众注意力。

二、确定公共关系活动目标群体

作为政府公共关系对象的公众具有广泛性,但每一次的公关活动不可能面向所有的公众,而往往特指与政府当前任务有特定关系的公众。如果不能明确界定目标公众,就无法分析特定公众的特点与需求,从而无法有针对性地确定策划目标,设计策划主题,采取相应的公共关系策略和方法,并展开策划的各个步骤。因此,政府公共关系活动策划必须高度重视对目标公众的确定。

政府公共关系工作从某种意义上讲,可以认为是做公众态度的“诱导”工作。公众的积极态度包括同情、支持、兴趣、理解等;消极态度包括敌意、偏见、冷淡、无知等。政府公共关系人员的重要任务就是要把可能占主流的消极态度转变为积极态度。在公共关系活动策划阶段,一定要确定目标公众,了解影响其态度转变的主要因素。

在目标公众中,尤其要关注那些关键公众。关键公众是指与政府行为利益最为相关,对政府公共关系活动的成败起着最主要影响的那部分公众对象,如传播事件中的舆论领袖、因住房强拆而受到损失和伤害的当地居民等。政府能否找准关键公众是公共关系活动成败得失的关键。

三、明确公共关系活动目标和主题

所谓政府公共关系活动目标,是指通过公共关系策划和实施所希望达到的形象状态和标准。政府公共关系活动目标的确定同公共关系调查中所确认的问题是紧密联系的,一般而言,需要确认解决的问题也就是公共关系活动策划预计达到的目标。当然,政府公共关系活动目标的确定,还要注意以下问题。

一是目标必须要有政治合理性。对于政府的公共关系活动来说,最重要的是它在符合政府需求和公共利益的同时,还应符合社会道德规范和行为准则。

二是目标要明确具体。目标含义必须十分明晰,才能使人不产生误解;政府的公共关系活动更要有明确的内容和任务要求,切记泛泛而谈。

三是目标应有可行性。任何目标都应当具有可行性,应当是经过努力可以达到的,既不能太高也不能太低。

四是目标要有一定的弹性。要事前考虑到突发因素对计划的影响,要留有一定余地。

公共关系活动目标最终要通过一系列的活动来实现,这些活动都围绕一个主导线索,这就是政府公共关系活动的主题。主题是对活动内容的高度概括,必须中心突出、方向明确、提纲挈领,同时尽量言简意赅。作为策划方案的灵魂,目标和主题的联系表现在:目标是主题的核心内容,而主题则是这个核心内容的表现形式;主题由目标所决定,主题必须明确地反映目标。二者的区别在于:目标立足的是政府,是政府内部所期望的效果;主题立足的是公众,是从公众角度来表现政府公共关系活动的中心思想。

在实践过程中,主题的表现形式多种多样,可以是一句口号,也可以是一句陈述或表白。要设计一个理想的公共关系活动主题并非易事,应当注意以下几点:一是主题必须与目标相一致,充分反映目标;二是主题要适应公众的心理需求,形象生动,贴切朴实;三是简明扼要,便于记忆和理解;四是新颖独特,具有创新性和创造力,富有鲜明的个性特点和时代烙印。

四、拟订公共关系活动方案和可行性论证

(一)确定活动类型

当明确了公共关系活动的对象、目标、主题,那么下一步就是要拟订公共关系活动方案。而其中首先要确定的是公共关系活动的类型。一般而言,公共关系活动的类型从属于不同的公共关系活动模式。政府公共关系活动模式是指由一定的政府公共关系目标和任务,以及实现这些目标和任务所必需的多种具体方法所构成的一个有机系统,从而具备某种特定的政府公共关系功能。

按照工作方式的特点,可以将政府公共关系活动划分为六种基本模式,每种模式都包含着各自相应的活动类型。必须根据自身特点和发展阶段、社会环境所提供的具体条件以及面对的不同公众,选择合适的政府公共关系活动模式与类型。①

---

① 詹文都.政府公共关系[M].广州:华南理工大学出版社,2004:133.

第一，宣传型政府公共关系。这种模式以利用合作传播媒介向外传播为主，目的是直接向社会公众表达自己，以求最迅速地将政府组织的内部信息传递出去，形成有利的社会舆论。为达成此目的，可综合运用各种传播方式，如发新闻稿、制作广告和宣传片、召开新闻发布会、展览会、交流会等等；也可根据需要选用若干新闻媒介，如报纸、杂志、电视、广播、网络等。其主要特点是主导性强、时效快，能够利用新闻媒介获得比较广泛的沟通面。

第二，交际型政府公共关系。这种模式以人际交往为主，目的是通过人与人的接触，为组织“广结良缘”，建立广泛的社会关系网络。其方式包括个人交际和社团交际，如各式各样的接待会、座谈会、宴会、联欢等等。电话、电报、个人署名的信件来往，亦属于人际交往的范畴。其主要特点是直接、灵活和有人情味，且信息扭曲的可能性被最大化避免，能使人际间的沟通快速进入信任等情感层次。

第三，服务型政府公共关系。这种模式以提供各种优质服务为主要手段，目的是以实际行动来获取社会公众的好评，建立自身的良好形象，如“市长接待日”“市长电话”“热线服务电话”等。对于政府而言，宣传固然可以扩大自身影响，交际也可以密切与公众的关系，但政府良好声誉的获得和形象的建立归根结底还是取决于政府自身的工作，取决于向公众提供的服务质量和水平，否则不过是“政治走秀”而已。

第四，社会型政府公共关系。这种模式以各种有组织的社会性、公益性、赞助性活动为主。一是以政府本身的重要节日为中心，邀请各界嘉宾，渲染喜庆气氛，借庆典活动与各界人士建立关系，加深友谊。二是牵头组织各种有影响力的赞助活动、慈善事业、文体活动，树立良好的政府形象。举办此类活动应当注意，成功的先决条件在于举办的活动要有实际意义，能够引起社会重视和公众回应；成功的关键则在于选择适当的时机，强化公关活动的效果。

第五，征询型政府公共关系。这种模式以采集信息、舆论调查、民意测验为主，目的是通过掌握社会信息和舆论情况，为政府决策提供参考。具体形式包括开办各种咨询业务，建立来信来访制度和相应的接待机构，开展有偿的测验活动，制作调查问卷，收集用户意见，接受和处理投诉等。反映民意是政府公共关系的重要职责。政府公关人员作为政府与公众的中介，应当成为政府的耳目，及时广泛地收集一切与政府形象相关的信息和建议，为政府决策出谋划策。

第六，矫正型政府公共关系。这种模式是在政府形象受到损害时，及时采取有效措施，重塑形象，挽回声誉。政府形象受损一般分为两种情况；一是“自损”，即由于政府自身工作的失误；二是“他损”，即某些外部因素，如误解、谣言甚至人为破坏，致使政府形象受到损害。不论何种情况，政府公共关系部门都应及时、准确地查明原因，迅速制定对策，采取行动，纠正损害政府形象的不良行为，消除可能带来负面影响的潜在因素。

（二）确定时间

确定时间是指政府公共关系活动在什么时间开展最合适，持续多久最适宜。

第一，公共关系计划中时间表的确定，应以既定目标为依据，按照目标管理的办法，从总体的预期目标、各类子目标到具体操作目标，以及达成各级目标将需要多长时间、起止时间、时间总量等，都应作出最为适当的考虑和安排，从而形成一个系统的时间表。

第二，要在确定时间表时考虑涉及的横向关系问题。公共关系工作是否与其他工作同时进行，互不冲突，能否通过时间调配使不同工作的效果相得益彰，怎样安排才能取得最佳效果，这些问题都必须在时间策划中加以解决。

第三，要特别注意避开“时间陷阱”，即表面上看完成某项目标用时不多，但由于预测不准或是计划不周，导致时间越拖越久，以致超出预期。在时间策划中，应当综合考虑各种因素，对公关活动所需的时间进行评估。同时，留有一定的时间余地和弹性，一般为总体的10%—25%，使之能够从容应对意外因素和突发事件。

（三）确定空间

确定空间即确定并安排政府公共关系活动的地点和场所。

第一，要考虑各种意外因素和潜在可能，在空间安排上留出一定余地。如为应对各种恶劣天气、人为导致的突发事件等，在原定的户外活动时要预定一个室内场所，同时要准备一个备用场所等，未雨绸缪方能防患于未然。

第二，根据经济条件来决定开展活动的范围和租用场地的档次。公共关系活动是以智取胜的工作，并非完全靠排场。有时候朴实无华而新颖别致的布置和安排往往会收到意想不到的效果。

第三，根据具体的公共关系活动内容和目标群体的活动需要来确定空间的类型和大小，如有些活动只适合在室内进行，有些则更宜在户外开展。

（四）可行性论证

为了确保方案的可操作性和可行性，在公共关系活动基本方案初步拟定后，需要对方案的可行性，即方案的操作性、风险性、经济性、社会性、科学性和合法性进行综合的分析和论证，一般由有关专家、领导及实际工作者提出问题，由策划人员就方案进行答辩论证，具体内容如下：

第一，对目标进行分析。分析目标是否明确以及可实现程度如何。

第二，对主题进行分析。分析主题的合理性与可行性。

第三，对限制因素进行分析。即对公共关系活动赖以进行所需的资金、时间、人力、场地、传播渠道等有关限制条件进行分析。

第四，对潜在问题进行分析。即预测公共关系活动方案实施时可能发生的问题和障碍，分析预防和补救的可能性。

第五，对预期结果进行综合效益评价。通过短期效益与长期效益、直接效益与间接效益、经济效益与社会效益的综合评价，判断公共关系活动方案是否应该付诸实施。

五、编制预算、审定方案

（一）编制预算

公共关系的产生是伴随着市场经济的长足发展而产生的。从一定意义上讲，公共关系活动的开展是一种市场行为，只不过它是一项长期的投资，并且是通过树立组织的社会形象而实现其效益价值的。既然如此，在公共关系策划时，就应考虑投入与收益的关系。具体地说，就应对公共关系活动的经费加以精密的预算。

通过预算可以预先清楚地知道自己的计划、项目、活动需要投入多少经费，需要多少人力、物力、财力的投入作为保障，做到心中有数，使计划具有可行性和现实性。通过预算可以根据人力、物力、财力的可能，并结合每一个公共关系项目、活动的轻重缓急，事先统筹兼顾、全面安排，使资金的投入产生最佳的效益。通过预算可以为公共关系费用的分配提供一个坐标系，可以知道哪些是必须花费的，哪些是多余的、应严格控制的，把资金花在关键的地方。它是政府公共关系活动策划的落脚点，能够帮助政府公关人员弥补漏洞，剔除不必要的开支，并以预算作为手段来检验整个公共关系活动的效益（这里主要指经济效益）。

总之，编制预算是公共关系活动尤其是动用财政的政府公共关系活动不可缺少的物质保证。

从具体操作层面上说，政府公共关系活动预算可以分为两大类：日常预算和特定预算。日常预算是针对落实日常的政府公共关系活动所需要的经费，这类开支相对稳定，主要包括：① 人工薪酬，即专业和普通工作人员的日常薪酬、外聘专家顾问的工时报酬等；② 设施费用，如各种印刷品、纪念品、美工设备、摄影设备、视听器材、展览设施等；③ 日常行政费用，如房租、水电、通信以及接待费、差旅费等。特定预算则特指用于具体活动和项目的开支，如联谊会、座谈会、新闻发布会、节日庆典等专项的公关活动。这些活动往往开支较大，同时弹性也很大，因此做预算时要留有余地。此外，还要为某些突发的意外情况做好准备，务必在资金上保证政府公共关系的应变能力。

在编制预算时还应特别注意以下问题：一是必须罗列出一份实施计划与活动项目的费用清单，了解各项活动的支出；二是必须要以能够实现的目标或计划方案为标准；三是预算必须维持一定的弹性，以备意外事件发生时之需；四是制定并完善正常开支和超支的有关规定，尤其是后者，以保证经费的效益原则和工作作风清廉；五是要周期性地检查预算的执行情况并进行及时反馈，以考察政府公共关系活动的绩效。

（二）审定方案

预算经费与拟订计划相辅相成，这两个步骤完成也就预示着公共关系活动方案的初步形成。公共关系活动方案的形成只是公共关系策划完整成果的一个初步成型，其间有不少内容环节还需予以完善、升华，如此也就有了审定方案这一必不可少的策划步骤。

拟订的政府公共关系活动策划经可行性论证后，在条件允许的情况下，最好拟订多个公共关系活动策划，以备后期优化和另选。所谓策划的择优，本质上是对各种备选方案比较、鉴别。通过权衡利弊和总体考量，从中选择或综合出一个最佳方案，这也是策划科学化的重要标志。因此，应当坚持客观公正的选择标准，将最适合公共关系工作主体、对象和环境的方案遴选出来，使公共关系的工作效果实现最大化。

在这之后就要形成书面报告。报告要注明方案名称、时间、活动种类以及预算支出；正文部分的导语要写清根据什么条件制订什么计划，目标是什么；主体部分要阐明操作步骤和具体措施；文尾部分要标明制定者、日期、附件、上报的领导或部门、下发的单位等。通过见诸文字的书面报告，不仅便于向本组织的决策层报告，也有利于事后对工作进行检验和回顾。

最后，公共关系活动方案还必须经过政府决策领导层的审核和批准，这不仅能够保证和促进公共关系活动方案与政府总体目标相一致，与政府其他工作相协调，而且也赋予了活动方案的合法性。经过审批和最终确定，该方案便在法理上具有合法性了。

政府公关策划经典案例："逼官外出谋生"

安义县距离江西省南昌市区60公里，似乎是南昌市所辖的4个县中最不显眼的一个。虽有"千年古村落"之称，却名不见经传，"养在深闺人未识"。人口最少，只有25万；位置最偏，安义人形象地称其为"南昌的盲肠"。奇怪的是，虽然安义商人将塑钢、铝材和瓦罐汤生意做遍了大江南北，且都小有所成，但安义经济却未见大的起色，开放和发展尚处在孕育之中。

2001年11月，军人出身、此前在江西几个县任职过多年县长，更早些时候还在江西省委农工部、省委政策研究室工作过的连樟寿出任中共安义县县委书记。他在安义遇到了实现他理论思索的契机。

1. 调查研究

上任伊始，连樟寿对当地经济发展做了很多调研与思考，得出的结论是：安义经济发展不快，根本原因还是干部队伍素质不高，无法快速引导群众；目前干部培训的模式还有些单一，干部培训班、党校学习、挂职锻炼，这都是多年来形成的好方法，可是还不够，不能满足市场经济条件下对干部培训的要求。新时期的干部培训，应该多学会如何适应市场经济。干部到沿海谋职锻炼，是落后地区干部培训很重要、很有效的一个途径。穷则思变，安义需要变革。变革首先要从干部开始，于是连樟寿决定把自己早就萌发的一个创意——把干部"赶出去"自谋职业，变成现实。这一思路，在县委常委会上取得了共识。

2. 策划方案

这项公关策划方案的主题拟订为"逼官外出谋生"，在目前的干部体制下用最充分的市场竞争压力来培训干部。方案主要由以下四项内容组成。

(1) 打掉干部的惰性。不可否认，我们的机关干部，特别像安义这么一个落后地区的机关干部，有些的确是比较懒，比较闲的。干部没有压力，怎么会去动脑筋、想事情？把干部"赶出去"自谋职业，这就是在加压，打掉身体上和思想上的惰性。

(2) 树立为群众服务的观念。过去我们的干部是管理者，对群众是高高在上的，有一种俯视的目光与心态。现在不同了，要让他们走到第一线，饱尝世情冷暖，带动观念更新，体会群众的不易，这样才会虚心，才会实心实意地为群众服务。

(3) 为精简机构做准备。这次外派干部自谋职业是个很好的考试。如果说一个干部,打工也不行,经商也不行,机关工作还是不行,甚至都不敢出去,将来精简机构,首选的就是这种人!

(4) 发现并培养企业家。安义的干部中有人才,但未必得到了发挥,找到了自己正确的位置。有很多同志,在公务员岗位上显得平常,可能是难得的经商人才,只是在现有体制下不能发挥出来,出去自谋职业,可能创造条件,把一些过剩的干部资源转变成企业家资源,让不适合或不愿意做党政干部却适合经商的人变成企业家。这是对人力资源的优化配置。

通过一段时间的酝酿,这一思路变成了安义县委的正式文件。这份长达8页的文件中提到,"从2002年开始,每年选派一批年轻干部到经济发达地区,进行为期一年的谋职锻炼"。

"今后全县行政、事业机关新录用人员原则上都必须外派锻炼后再上岗,"文件还规定,"选派的干部必须自谋职业"。选派干部的范围,主要是各乡镇和县直属机关、事业单位35岁以下的在职干部。

第四节　政府公共关系策划的原则

公共关系策划原则是指社会组织在政府公共关系策划过程中必须遵循的指导思想和行为准则。它是对政府公共关系策划活动客观规律的理性及概括性的认识,也是政府公共关系策划得以成功的基础。

政府公共关系策划原则包括基础性原则和一般性原则。基本性原则是政府公共关系策划区别于其他公共关系策划的总原则,它决定和支配着公共关系策划的一般性原则,并制约着所有政府公共关系策划活动。一般性原则是公共关系策划中以基本原则为依据而总结的分原则,具体表现在所有公共关系策划过程中起作用的一系列通用性原则,但其也对政府公共关系策划的成败具有重要影响。因此,公共关系策划原则可以分为公众导向原则和一般原则两大类,而一般原则又包括经济性和社会性相协调的原则、可行性和创新性相结合的原则以及知名度和美誉度相统一的原则。下面重点论述这些原则的基本内容和要求。

一、公众导向原则

公众导向原则是指公共关系策划要以公众利益为出发点和归宿，这是政府公共关系策划区别于其他组织公共关系策划的重要体现。在处理组织与公众利益关系时，要以充分考虑公众的利益为依据，在平等互利的基础上谋求与公众的合作，在维护公众利益的前提下，再考虑兼顾政府的自身利益。

首先，公众导向原则是公共关系的一项职业道德准则，它体现着公共关系策划的道德性。在公共关系道德中，公众利益的位置一直被置于最高。所谓的公众导向原则，正是公众利益至上的集中体现。坚持这一原则，就是坚持公共关系的职业道德准则，就是维护公共关系的高尚性和政治合法性。

其次，公众导向原则更是正确处理组织与公众利益关系的基石。由于组织与公众的利益关系是政府公共关系策划的基点，建立良好的公共关系才是政府公共关系策划的根本目的，因此要为组织的生存和发展营造良好的内、外部环境，必须协调组织与公众的关系，而组织与公众关系的协调，说到底是一种利益关系的协调。民主政治发展至今，公众的权利意识逐渐提高，尽管尚不成熟，但也足以让政府认识到，政府组织只有充分考虑乃至满足公众合理的利益诉求，才能有效地协调好双方的利益关系，才能真正赢得公众的信任和支持，促进自身的发展。

总之，一切公共关系策划，都离不开组织与公众利益关系这一起点，都必须坚持公众利益优先的原则，因此公众导向原则决定和支配着其他的策划原则，是公共关系策划的基本原则。

坚持公众导向原则要做到：

(1) 牢记公众利益至上的观念。要牢固树立一切从公众利益出发，优先满足公众利益诉求的理念。组织在处理与公众利益关系时，应始终强调政府组织利益服从公众利益，把公众利益放在首位。这里的公众利益包括公众自身的合法权利和利益以及与公众利益密切相关的社会利益。因此，组织必须自觉维护公众和社会的整体利益，并把这种思想观念体现于具体政策和举措上。

(2) 严格遵循互惠互利原则。在处理组织与公众利益关系的过程中，必须严格遵循在公众利益优先的前提下的互惠互利原则。坚持公众导向原则，并不是要组织完全牺牲自身的利益，而是要求优先考虑公众的利益，再兼顾组织自身的利益。这就要求组织应努力寻找与公众间的共同利益，在平等互利的基础上谋求与公众的合作。

(3) 努力寻求利益关系的关键。在处理组织和公众利益关系的过程中，追求对公众利益进行无微不至的关怀是不现实的，而是应当把重点放在解决那些为公众和整个社会共同关注和急需解决的热点问题上。这不仅能给公众、社会带来利益，更能迅速有效地强化公众对组织的信任感，树立组织的美好形象。努力寻求和有效解决公众和社会最关心的问题，设计和实施受各界公众欢迎，并为社会提供良好服务的公共关系策划方案，使公众和社会的利益需求优先得到满足，这一过程不仅让公众感受到公众导向原则的精神，也使组织实现了自身的目的。

二、经济性和社会性相协调的原则

所谓经济性和社会性相协调的原则，是指政府公共关系策划在尽量减少物质投入、追求经济效益的同时，要争取最佳的公共关系活动成效，尤其是形象效益和社会效益的成效。

公共关系活动效益是指公共关系活动取得的成效与人力、物力、财力和时间等投入的比率，但它不是单纯的效益。公共关系追求的效益有三个值得注意的地方：一是作为中心的形象效益。形象效益体现了公共关系树立良好组织形象的宗旨，它是公共关系活动取得的最直接效益，能间接带来其他效益。二是在经济效益与社会效益关系中，处于优先的社会效益；在近期效益与长期效益关系中，处于优势的长期效益。三是要做到各种效益相互兼顾。各种效益虽有侧重，但它们同时相互依存、相互作用，形成一个有机的整体，不能割裂，而应统筹兼顾，整体把握。

公共关系学是一门新兴的“软管理”学科，同样需要遵循管理学的效益优先原则，以低成本、高成效作为管理目标，追求最佳的公共关系活动效益。由于政府公共关系具有多种职能，尤其是往往包含了重要的政治、社会职能，因而其效益必须具有多元的综合性。公共关系策划是公共关系的核心，是最重要的组成部分，因此必须坚持经济性和社会性相协调的原则。

坚持经济性和社会性相协调的原则要做到：

(1) 争取政治成效。政府开展公共关系策划，必须以社会性公共关系活动策划为重点，通过大力支持社会公益事业和公益活动，造福于社会。通过及时有效地开展危机公关策划，消除突发事件对于政府形象和名誉的损害，坚持社会效益高于经济效益，同时争取最佳的政治效果。

(2) 尽量减少投入。要进行科学的公共关系策划，确保公共关系目标和公众对象的准确性、活动内容和方式方法的可行性，防止单凭个人经验和主观随意性而造成的失误。要进行效益策划，通过精心创意，巧妙地设计出投入少、收效好的策划方案。要加强对公共关系费用的管理，认真做好费用预算，合理安排人力、物力和财力，深挖内部潜力，尽量少花钱，多办事、办好事，提高公共关系活动的长期效益。

(3) 兼顾各种效益。在坚持以形象效益为中心，重点保证社会效益和长期效益的前提下，把形象效益与其他各种效益结合起来、经济效益与社会效益结合起来、近期效益与长期效益结合起来，形成一个综合的效益整体。要防止和纠正只片面追求经济效益而不顾社会效益，只强调近期效益而忽视长期效益的不良倾向，否则将有悖于公共关系的基本原理，损害公共关系职业的声誉。

三、可行性和创新性相结合的原则

政府公共关系策划和其他组织的公共关系策划一样，都必须坚持可行性和创新性相结合的原则。具体而言，就是指政府的公共关系策划必须在保证其可行性的同时，追求符合时代要求的创新性。因此，它包含可行性原则和创新性原则两个方面，两者缺一不可、相辅相成，而当可行性和创新性由于思维定式产生冲突时，更要坚持可行性和创新性相结合的原则。

(一) 可行性原则

可行性原则是指公共关系策划要切合实际，根据组织内部条件和外部环境的实际情况来开展公共关系策划。

可行性是公共关系策划的显著特征。公共关系策划是在公共关系原理的正确指导下，对未来公共关系实践活动的策略的谋划。公共关系策划的目标、方案必须具有可行性，才能在实践中顺利进行并实现。公共关系活动具有明显的功利性，任何公共关系策划都是为了发现问题、分析问题、解决问题，没有切实可行的公共关系策划，不管再美好、再有意义，都是纸上谈兵。因此，切实可行原则是政府公共关系策划有效性的前提。

坚持可行性原则要做到：

(1) 符合客观实际。从静态策划来看，政府公共关系策划要与目标公众、社会环境和组织自身状况相一致。一方面，要根据客观情况进行策划；另一方面，所策划的公共关系方案要切合客观实际情况。从动态策划来看，在政府公共关系策划方案的实施过程中，要不断进行循环反馈和调节，根据出现的问题，及时调整、优化，使之适应客观形势的变化并得到顺利实施。

（2）具有可操作性。即能将公共关系策划方案转化为实施活动的现实性。可操作性可从两个方面来衡量：一是策划方案的目标、方法、步骤等要具体、明确、实在；对人力、物力、财力和时间的安排要尽可能量化；对工作的布置要明确、清楚。二是要具备实施策划方案的物质和技术手段。策划方案的实施，既要求公共关系人员掌握必要的技术手段，又要求具备起码的物质条件。

（3）留有一定的余地。政府公共关系策划涉及的因素非常广泛，其中有许多属于不可控因素，常常出现不确定性的变动。因此，在人力、物力、财力和时间的安排上要留有较充分的余地，以便对实施方案进行修正、调整，及时采取补救措施，使策划方案能适应形势的变化。

（二）创新性原则

创新性原则是指策划者要敢于放开思维束缚，大胆创新，以独特的公共关系活动来吸引公众，争取他们的参与和合作，以推动公共关系事业的发展。

创新性是公共关系策划的另一大特征。公共关系策划是一项影响公众，争取他们理解和合作的工作。要影响公众，就应该使策划的公共关系活动符合公众的心理需求。喜新求异是公众的基本心理特点，因此公共关系策划必须有别出心裁的创意，以新颖奇特的主题、内容和活动方式，唤起公众的注意，引起他们的兴趣，调动他们参与的热情。公共关系策划还是一项创造性的思维活动，只有充分发挥策划者的主观能动性，通过不断创新，才能提出紧跟时代潮流的有创见性的思想、观点、理论和方法，促进公共关系理论水平的提高，推动我国公共关系事业的进一步发展。

坚持创新性原则要做到：

（1）新颖。公共关系策划要追求思路新、题材新、内容新、形式新，公关人员应当善于策划出有别于以往公共关系活动的新方案。

（2）独特。公共关系策划要善于策划出与众不同的公共关系活动。这就要求策划者匠心独运，设计出有明显个性特征，同时又具有合法性的组织理念、行为规范和视觉标识的活动，塑造出积极进取的政府组织形象。

（3）奇异。公共关系策划要善于策划出新奇的公共关系活动。这就要求策划者要敢于打破常规，大胆植入各种新奇理念与想法。策划时要准确把握时机，巧妙选择角度，对形势运用自如，方式方法出人意料又合情合理，如此才能使公共关系活动效果更加突出。

四、知名度和美誉度相统一的原则

政府公关形象策划的目标是提高政府的知名度和美誉度，而其中首要的当属美誉度。知名度是指社会公众对政府的知晓程度，美誉度则是指社会公众对政府的支持程度。知名度与美誉度二者并不存在必然的统一性，高知名度、低美誉度，高美誉度、低知名度，知名度和美誉度都低，知名度和美誉度都高，这四种形象状态在政府形象中都可能存在。政府的性质决定了其提高知名度是容易办到的，而要提高美誉度则是不易办到的。因为对一个政府来说，要提高自身在公众心目中的美誉度，一方面要靠自身卓有成效的工作，另一方面还要通过客观、真实的宣传，才能被公众认识和接受。据此可以看出，知名度和美誉度作为政府形象的共同内容，是缺一不可的，它们之间既有联系又有区别，是相辅相成的。美誉度是政府形象的核心内容，是政府形象工程的根本目的，知名度则是其重要目的。只有高美誉度和高知名度完美统一，才能对公众产生积极影响，二者不可偏废。

【案例思考】

案例 1　“创意英国”活动风靡中国

“创意英国”(Think UK)活动是英国 2003 年在中国举行的关于文化、科技、时装等一系列活动的总称，旨在为当代英国文化的创造与革新思想提供一个更为广阔的发展空间，并以此推动中英两国年轻人之间的交流。“创意英国”活动的主题口号是“中英共创未来”，这个活动充满创新意味，力求表现英国的最新创意、现代精神和合作精神。这是英国政府针对中国的一个公关活动，其最终目的是加强两国间良好的合作关系，使中国对当今英国的诸多领域有一个更为清晰的了解，从而为中国市场带来良好的效益。

此次活动在广州、北京、上海、重庆四个城市举行，主要形式是在新兴文化和商业领域开展丰富多彩的活动，包括音乐会、展览、竞赛和论坛等，由英国驻华使馆和使馆文化教育处携手举办。同时，还得到了来自商业团体的支持与参与，包括英国贸易伙伴、中英商会以及中英贸易协会。由于活动得到了英国政府以及一些英国赞助商(包括鼎鼎大名的 BP 石油、壳牌、百安居、泰晤士等企业)的投资与赞助，投资额高达 500 万英镑，所以在中国展开声势浩大的宣传，再加上国内媒体的报道与宣传，“创意英国”更是广为人知。

一、丰富的活动形式和内容

（一）艺术类活动

1. 设计盛宴

2003年10月10日到19日，由英国设计委员会主办的国际巡展“设计盛宴”在北京东方广场展出，该展览展出了100多个体现英国先锋技术和设计的产品。该项展览在北京由英国大使馆文化教育处、中国对外艺术展览中心和北京工业设计促进会共同组织。展览期间还为学生和行业专业人士组织研讨会和座谈会。

“设计盛宴”展出了2001年米尔电影公司（Mill Film）对《角斗士》影片的后期制作过程和英国广播公司国际频道节目《与恐龙同行》的制作过程。参观者有幸看到福特Ford-Cosworth的XFV－8引擎、Richard James的男装以及Marc Newson公司的Biomega自行车，这些产品说明了英国最成功企业的竞争力恰恰来自于永不停息的创新。

2. 新居家时代——英国当代居家设计展

由英国驻华使馆文化教育处、中华世纪坛艺术馆和北京工业设计促进会共同主办的“新居家时代——英国当代居家设计展”于2003年10月27日在北京开幕。该展览将巡回展出当代英国的新颖室内设计成果——富有现代居家特色的八间样板房，本次活动赞助商为百安居（中国）公司。“新居家时代”是今年“创意英国”的一项活动。英国驻华使馆文化教育处邀请了八位英国著名设计家，分别设计八个房间。他们的设计灵感有的来自于虚构小说中的人物类型，有的则来自于历史或当代文化中的人物。

3. 英伦顶尖流行乐队Morcheeba首次中国巡演

应英国文化协会之邀，英国最热门的乐队之一Morcheeba于2003年3月在重庆、北京、上海、广州和深圳进行巡演。观看Morcheeba演出的观众还有机会得到由维珍航空公司提供的往返英国的免费机票。维珍航空公司是这次巡演的主赞助商。

4. “激情英伦时尚”点燃北京

2003年4月，英国政府启动一项时尚设计赛事——“激情英伦时尚”。该赛事面向全中国服装及设计专业的应届毕业生，由China Textiles Education Association及北京英国大使馆共同举办。这样大型的竞赛在中国举行还是第一次。

（二）科技类活动

1. DNA50——纪念 DNA 双螺旋结构发现 50 周年

“DNA50——纪念 DNA 双螺旋结构发现 50 周年”展是由英国文化协会和中国科学院举办的中文互动式展览，以纪念 50 年前英国发现 DNA 结构这一生命的密码语言。展览突出介绍英国科学家所作出的重大贡献，参观者可以了解“生命语言”是如何被发现的，基因密码是如何被破译的，还可以了解 DNA 指纹图、基因排序，以及 1997 年首只由母体细胞克隆的哺乳动物多莉羊诞生前前后后的故事。

2. 太空天文系列活动

“创意英国”中的太空天文系列活动包括：英国科学魔术表演、寻找火星生命、英国的太空探索、参加太空知识竞赛、免费去英国太空学校等。

（三）教育类活动

1. 英语出租车

“英语出租车”是由英国使馆文化教育处开发的一套电脑游戏。能否在游戏中取胜，将取决于游戏者对英语的成功使用。

2. 学于源头：跟英国人学英语

“学于源头”是一个创新性的多媒体展览。该展览将为参观者提供参与英语学习的机会，帮助其掌握英国在英语教学方面的最新发展动态机遇。参与者可在这一展览中选择进入数个“学习区”中的任何一个，每一个区都将为不同的学习者，以及处于不同水平的人，提供一套不同的英语语言学习经验。

3. 挑战英国国际金融业

“挑战英国国际金融业”是一项情趣盎然、充满创意的互动式在线竞赛活动，旨在重点宣传英国国际金融业的实力。愿意参加这次竞赛活动的人士只需登录指定网站，回答涉及英国金融业的选择题即可。

二、高明的营销宣传活动

（一）举办专场新闻发布会

英国政府在决定举办“创意英国”活动前夕，由英国驻华大使馆及使馆文化教育处在中国召开了新闻发布会。英国驻华大使馆的官员向到会媒体介绍了“创意英国”活动的思路、时机以及主要的活动内容。

（二）主办国领导人出席活动

2003 年 7 月 21 日，由中英两国携手创作的“土地”雕塑展于正式对外展览前迎来了一位特殊的客人——英国首相托尼·布莱尔。布莱尔首相在紧张而短暂的访华期间，于7月21日下午参观了即将在中国国家博物馆开展的“土地”雕塑展的安装现场，并与现场参与安装的艺术家及学生进行了攀谈。

布莱尔首相到达展览工作现场后即受到了在场参加布置工作的中央美院雕塑系学生们以及艺术家本人的欢迎，布莱尔首相仔细观看了出自中国民众之手的近20万个手掌大小的泥塑人像雕塑，并与正在布满小雕塑的展厅中忙碌的同学们交流了关于参加活动的感受。

（三）制作专门网站

为了让更多的中国民众了解“创意英国”的活动，组委会专门制作了“创意英国”的网站，介绍活动的一系列情况。同时，针对不同的活动，也有相应的网络支持，诸如“中英活动在线”“中英作家列车在线”“亚洲土地”等，让民众可以随时了解到活动的方向，拓宽交流和沟通的渠道。

（四）大范围的媒体报道

“创意英国”活动举行的时候，主办方邀请了大量的媒体对活动进行报道。同时，为让活动的推广效果更佳，除了邀请普通媒体对活动进行广泛的报道，主办方还邀请了在中国国内具有广泛影响力的新浪网等媒体作为活动的协办方，开辟活动专栏，对活动进行大规模、全方位的跟踪式报道，利用新浪网的高点击率，在中国民众中掀起了一股“创意英国”的浪潮，起到了很好的宣传推广效果。（案例来源：钟新，《公共外交季刊》，2013年秋季号，有删改）

思考与讨论：

1. “创意英国”活动的特点与优势体现在哪里？
2. 该活动的开展是否实现了公共关系策划的主要目标？

案例2　小商品经济的海洋

——义乌的宣传策划

CCTV-4的一则“小商品海洋 购物者天堂”的城市宣传片让不少国内外受众了解并熟悉了浙江义乌这座城市，而这也成为以后义乌的代名词。这一切得益于义乌市政府的一次关于城市品牌形象传播的大胆尝试，这也是义乌市政府一次成功的政府公关。

义乌市位于浙江省中部，素以商贸闻名，从1982年形成第一代小商品市场开始，三十年来，从“兴商建县”到“兴商建市”，义乌逐步走上了城市化的道路。但是，此前义乌并未做过有影响的城市形象传播活动。2001年，义乌市委宣传部和中视金桥国际广告公司合作，达成合作案《全球采购赢天下，义乌中国小商品城》，义乌市政府投资500万人民币，中视金桥策划为期一年的系列广告投放方案，在CCTV-4进行广告投放，虽然是很少的一笔资金，却形成了义乌市自我形象传播的开端。其后，义乌开展了以政府牵头的城市品牌形象的打造和传播。

一、明确目标

在充分了解义乌市现状的基础上，义乌市委与中视金桥共同制定了义乌未来十年的城市品牌战略规划，从提高义乌的知名度、提升义乌的美誉度到义乌品牌的认同度等，做了翔实的规划。明确了此次以塑造城市品牌形象为主题的公关活动的最主要目标，是为义乌打造和传播一个"国际商贸城"的大品牌形象。

一是塑造义乌城市品牌形象，提升其知名度和美誉度，使义乌成为"中国商贸城市领袖"，巩固和提升义乌市在中国商贸城市中的地位。

二是提升自我形象的同时，维持与客户的良好合作关系，同时连续并规范地逐步将义乌推向海外，推动自身国际化进程和开拓国际市场。

三是增强与同类市场的竞争力，拓展市场，同时加强核心竞争力，提升竞争水平，提升义乌品牌价值。

二、确立主题

义乌此次的公关主题主要是以义乌这座城市的定位为中心，结合义乌市的发展目标和战略而言，由于义乌城市的定位，其最大的特色在于义乌的商业文化传统和国际化的交易平台，因此义乌的城市定位也是以商业为中心的。此次公关系列活动的主题即"打造和传播义乌的'国际商贸名城'的品牌形象"。

第一阶段是1999—2001年，这一阶段的主题是借助"中国义乌国际小商品博览会"的机会，提高义乌市在全国的知名度。

第二阶段是2002—2005年，这一阶段的主题是提升义乌城市形象与小商品之间的关系，强化小商品在义乌城市品牌中的作用，让义乌与小商品紧紧联系在一起，提升城市品牌的美誉度，同时提升义乌在海外的知名度。

第三阶段是2006—2008年，这一阶段的主题将重点转移到"国际商贸城市"的城市品牌高度，从义乌的文化融合、产业特点、居住环境等方面，立体传播这一理念。

三、选准策划时机

目前，我国已经进入品牌竞争的时代，在市场经济条件下品牌向各个领域渗透，创建城市品牌，塑造和宣传城市形象也成为城市提升自己、参与竞争的客观要求。从20世纪90年代起，国内城市的宣传意识已经比以往大大增强。许多城市都纷纷将城市的经济开放、市政建设、招商引资、旅游发展、环境改造与建立城市品牌联系在一起。不少城市作出了较为成功的探索，在树立形象、招商引资和振兴旅游业方面都收到了良好的效果，如深圳、杭州、大连等。树立自己的城市品牌和城市形象已经成为国内城市发展的一种潮流，或者说是中国城市化的一种方式。而义乌作为一个靠小商品经济发展起来的城市，购物与旅游是它的经济支柱，而这二者是需要一个传播平台和主动的传播行为来展现自身的。

总之，这次以义乌政府为主导，打造义乌“国际商贸名城”为主题的政府公关活动，是在城市品牌建设的大环境以及义乌自身进一步发展的要求下进行的。

四、界定目标公众

主要受众：作为商贸市场的最直接受众——国内外的批发商和采购商，他们是城市的中高档收入阶层，其中以25—45岁的男性公民为主，他们大都以商品贸易、批发为经营主业，他们经营的领域涉及国内外。这些批发商很关心产品的品质承诺，另外其中的一些国际采购商很重视产品品牌的可信度和价值。

次要受众：作为主体面对的目标受众——国内外大众。主要分为几类：义乌市商家，他们既是此次公关活动的参与者，也是目标受众之一；义乌市内普通市民，提升他们自己的自豪感和自信心；国内大众，这是义乌发展的一个大的舆论环境，是此次公关需要提升知名度的目标之一，他们比较看重义乌作为一个适合购物和旅游的城市的吸引力；国内官方，与外商有直接接触的机会，同时也能给义乌以后的发展提供政策机遇的目标；国外华人，关心祖国，可能直接接触外商，是很好的信息发布者。

五、制订方案

（一）城市公关广告片的传播

围绕此次公关活动的主题，如何将义乌这一个国际化、现代化的优质小商品交易市场形象展现在目标受众面前是公关活动开展的第一步，即首先要让受众认识这个城市。

广告表现策略是适时转变品牌传播诉求。到第二阶段，继第一阶段的广告片之后，义乌的城市个性已经展现出来，“小商品海洋 购物者天堂”已成为义乌的标签之一，接下来就要丰富义乌的城市品牌内涵，将义乌作为一座国际化商业城市的人文魅力展现出来，丰富义乌的品牌内涵，强化其作为国际商贸市场的竞争优势，同时建立一种城市品牌的信心，也是增强客户对义乌的信心。而这些都在义乌的第二波广告片《新感受》篇中体现出来，这则广告片使得义乌形象更加人性化和亲近化。

在传播的第一阶段，“小商品海洋 购物者天堂”这一概念已经深入人心，现阶段，首要的任务就是强调义乌更人性化的一面，也就是来到义乌不单单只做生意，同时可以享受到更人性化的关怀，这里也是可以居留、享受、实现梦想的地方，以全力提升义乌在国际领域的知名度。

（二）媒体投放策略：央视主打，全媒体覆盖

此次的公关广告片在媒体选择上，以央视的电视投放为主，主要是CCTV－1、CCTV－4，辅之以平面、户外和网络广告，这主要是由义乌的目标受众特点决定的。

电视广告：央视广告投放，又以CCTV－4投放最多。这主要是因为CCTV－4是以海外华人华侨、港澳台地区为主要服务对象的专业频道，全天24小时播出。同时该频道还有落地优势，它的落地点遍布亚、非、拉美、北美、欧洲和大洋洲的许多国家和地区，这样做既能尽可能多地覆盖海外目标受众，同时也避免了投放海外频道可操作性弱和费用高的问题。

平面广告：以对义乌的详细诉求表现为主。重点选择财经类报纸进行软性宣传。

户外广告：直观地向受众展示义乌城市形象，提升城市亲和力。主要选择义乌与上海、杭州、广州的户外接触点进行投放。

网络广告：与义乌小商品博览会、小商品城相关信息结合起来，更翔实地展现平面媒体不能表现的内容，同时兼顾城市招商引资。

（三）公关软性宣传

安排了一系列对义乌市政府领导的专访。2005年，《今日关注》对义乌市委书记、市人大常委会主任楼国华进行了采访，楼书记成为第一个也是唯一被采访的政府官员。2005年，《中国财经报道》对义乌市委书记、市人大常委会主任楼国华进行了两次专访。2005年4月7日晚，市委副书记、市长吴蔚荣作客上海东方卫视王牌栏目《东方夜新闻》。2005年4月9日，在凤凰卫视中

文台重要栏目《财智人生》中播出义乌市委书记、市人大常委会主任楼国华就义乌市场品牌化之路、国际化发展方向等内容接受香港凤凰卫视的专题采访。

（四）公关专题活动

特色节庆活动是近年来城市品牌塑造和传播的一种重要的公关专题活动。义乌则紧扣自己的特点，举办了许多节庆活动，其中又以会展最多，其中规模和影响较大的有义博会、森博会、五金博览会等。（案例来源：齐小华、殷娟娟、李兴国，《政府公共关系案例精析》，中国人事出版社，2012，有删改）

思考与讨论：

1. 政府公共关系策划需要遵循的原则是什么？
2. 本案例中，义乌市政府的公关策划成功之处在哪些环节中体现出来？

案例 3　深圳大运会新闻发布的策划与深圳形象传播策略

随着中国城市化进程的发展和全球化对文化交流的影响，大型国际活动成为一个城市或者国家对外宣传自己形象的重要载体，尤其是将大型体育赛事的举办上升到城市规划的战略层面，可以提升城市的硬实力或者国家的软实力。大型国际活动或者大型体育赛事期间，利用媒体平台进行城市形象传播，可以收到促进经济发展或产业结构调整，改善文化形象和发展文化产业，推动环境建设等效果。显然，重大事件及其传播过程中的辐射度和影响力，对城市品牌形象的塑造具有先天的无可比拟性。重大事件的举办权成为全球各大城市竞争的焦点。深圳大运会是 21 世纪我国继举办北京奥运会、广州亚运会之后的又一国际体育盛事，具有为促进世界青年朋友的交流与友谊，推动社会和谐、进步与文明的重大使命。深圳是充满活力的城市，创造了世界工业化、现代化和城市化发展史上的奇迹。

在这样的文化背景下，本届大运会本着“改革开放、青春时尚、创意无限、充满激情”的理念来举办节俭高效大运，原则是“政府主办、市场运作、全民参与、节约办会”。深圳作为年轻的移民城市，举办年轻人的赛事要展示的是这个城市所具备的能力和国际视野以及参与国际化进程和承担国际义务。根据以上城市形象的定位，深圳大运会的新闻发布策划在文化的、经济的、政治的三个层面上传播深圳形象。大运会组委会(简称大组委)发布会策划主要集中在赛事信息、城市形象、区域定位三个维度。在赛事发布维度上，大组委在大运会期间共策划和召开了约 200 场各类赛事发布和专项发布，介绍了大运会旅游咨询、赛事安排、门票购买、大运村、火炬传递、交通管制信息以及开闭幕式等活动。在城市形象维度上，大组委将传播的重点提升到文化和经济层面上进行策划，以“赛事城市发布”为焦点，围绕城市形象和文化特色策划主题，推出“印象深圳”系列活动，介绍深圳的环境、人口特点、文化、旅游、产业发展以及创新能力等信息。在区域定位维度上，策划案融合了政治层面，策划了广东省新闻系列发布活动，把深圳的城市宣传提升到了广东省的区域性层面，介绍广东省的经济、政治、文化，让民众和媒体更多的了解深圳的区域定位。

大组委新闻发言人、办公室相关负责人告诉记者，密集的新闻发布“喂料”，效果显著，既服务了媒体，也锻炼了队伍，而且还树立了深圳开放和谐、公开透明的形象。他表示，大运会期间，中外记者可以通过新闻发布会方便地获取大运会及深圳的各类信息，各主流媒体有关深圳大运会的报道基调正面客观，官方新闻发布对报道议程的引导作用明显。与此同时，先后有700余人次发布人走上发布台，实现了对新闻发言人队伍“大练兵”的预期目标。此外，为增强外宣效果，大组委新闻办还策划了“外宾评深圳、说大运”专场新闻发布会，邀请英国、美国、加拿大、澳大利亚等多国代表团团长讲述他们眼中的深圳大运会。外宣“客体”现身说法，更具说服力，其中英国代表团团长 Graeme 表示，“深圳大运会是非常高标准的，在我看来是北京奥运会后最高标准的国际体育赛事”。（案例来源：潘晓慧，《新闻前哨》，2013 年 5 月，有删改）

思考与讨论：

1. 请阐述政府公共关系策划的一般流程？
2. 此案例中的策划对提升深圳的政府形象起到了怎样的作用？

第七章　政府公共关系传播

传播作为公共关系三要素之一，在实现政府公共关系目标、促进政府与公众之间的双向沟通交流、树立政府形象与权威、实现既定行政目标等方面功能显著。政府在一定的传播环境下，需要根据具体实际选择合适的传播方式，克服一定的传播障碍，实现良好的传播效果。

第一节　政府公共关系传播概述

一、传播的内涵及其主要模式

（一）传播的概念

什么是传播？中文解释是广为散布，其英文是 communication，一般译为通信、交流、传达。虽然两者词义有相通之处，但由于中国人传统上对传播一词的理解存在偏向性，仅仅理解为单向、大量、大范围的散布和扩散某种信息的行为（即广为散布，缺乏英文意义里互动的理念），在这里与我们现代所说的传播亦在概念上存在较大差距。现代意义上的"传播"概念至少应包括：① 信息传递，即某一信息源将信息传递给某一目的地的活动。② 信息共享，即在传播中，双方通过分享信息，在某种程度上取得一致的了解、认识、理解或意向，达到相互间的沟通。③ 双向交流，即在传播中的双方都是信息传递的参与者，二者之间相互影响，构成信息上的相互交流关系。

在现代，作为专门研究人类一切传播过程发生、发展的规律及其人和社会关系的传播学，将传播分为自身传播、人际传播、组织传播和大众传播等四种形式。

所谓自身传播，又称个人的内向传播，是指个体的自我沟通，表现为自我反省、独立思考、自言自语等形式，它是个人与外界交流的前提，是一种内心预演，是人类传播的基本单位。

所谓人际传播，是指个体间无中介的信息交流。人要生存发展就要相互间进行直接性的信息交流，互相交换对客观世界的感受、观念和经验，通过交流，协同活动。这种信息交换就是人际传播。人际传播是以自身为媒介进行交流传播的，如以语言、态度、意见、体态表情达意等。此外，面谈、写信、打电话也属于这种传播。人际传播的特点是信息的传递、接收基本在个体之间进行，传播对象确定，有利于解决个别问题，因为传播过程中并无中介对象，信息避免了太多层级的传递，故不容易失真；无特别的程序和规范；信息传播受到限制也较少。需要说明的是，人际传播亦是组织传播和大众传播的基础，是政府公共关系活动的一种基本传播方式。

所谓组织传播，是指系统内部按一定程序的网络进行的信息扩散活动。其特点是有固定的制度和方法，有事先确定的层次和顺序，传播局限在一定的组织系统内。组织传播的形式有各组织、部门之间的横向沟通；有上下级之间按层级展开的纵向扩散；有按行政体制建立的金字塔型的正式传播网络；有自然形成的非正式传播网络；有明确核心的向外发散传播的网络等。这种传播除了利用官方指定的载体外，组织内的文件材料、职工会议、广播以及组织刊物也是常用的信息载体。组织传播对加强组织内的信息交流，沟通上下、左右的意见和情感，以及形成组织的向心力和凝聚力有着很大的作用。

所谓大众传播，是指通过专业新闻媒介对信息进行大量复制和大规模的扩散活动。主要的载体有印刷媒介和电子媒介。其特点是：① 覆盖面大，传播速度快，传播范围广；② 传播信息普遍受过过滤（除了因为局限于传播媒介容量和传播媒介自身的责任、倾向性的限制外，传播主体尤其是政府对于传播的信息亦要检查和筛选），由此在传播信息的权威性和重要性大大提高的同时，其失真性亦会被放大；③ 信息受众广而散，且受众不易控制和确定，故信息的反馈缓慢且零散，对于传播效果的评价亦较难采集。需要指出的是，大众传播量大而面广、影响力强，对迅速建立组织形象、取得多数公众认同、扩大组织影响显得十分重要，尤其是近年来随着互联网媒体的迅速发展，网络民主、网络议政冲击着传统的政府行政活动。因此，大众传播成为政府公共关系活动的主要手段、重中之重。普遍意义上说，政府公共关系传播大多采用的是对外大众传播和对内组织传播两种形式。

（二）传播的主要模式

模式是指对事件的内在机制以及事件之间关系的直观、简化的表达，但我们论述或总结出一种模式却并非是为了对其自身达成一种解释性的阐述，而是为了使其有助于直接地构筑某一理论。我们在这里探讨传播的主要模式，主要是为了显示传媒过程中的各个部分在传播过程中所起的作用。但不同的学者对传播过程有着不同的分解，有的将其分解成三部分，有的将其分解成四部分甚至更多，从而提出了不同的传播过程模式。归纳起来，传播过程模式主要有两大类。

第一类是传统的线性传播模式，由美国政治学者哈罗德·拉斯韦尔于1932年提出，又称为“5W传播模式”。他认为，传播是以传播者为出发点，经过媒介，以受众为重点的单向、直线运动，尽管他提出了“5W传播模式”，即传播行为是由“谁”(who)对“谁”(whom)通过什么“渠道”(in which channel)说“什么”(say what)产生了什么“效果”(with which effects)，在传播学历史上意义非凡，但我们依旧不能忽视他在信息反馈和传播环境对信息传播过程制约上的研究缺失。

第二类是新型的控制论传播模式，由美国学者施拉姆提出，所以又称为“施拉姆传播模式”，这种模式是一种双向的循环式运动过程。它与传统的线性传播模式的根本不同在于：① 它引进了信息反馈机制，将反馈过程与传受双方的互动过程联系起来，把传播理解为一种互动的、循环往复的过程；② 在这一循环系统中，反馈还对传播系统及其过程构成了一种自我调节和控制，传受双方要使传播维持、发展下去，达到一定的目的，就必须根据反馈信息，调节自身的行为，从而使整个传播系统基本上始终处于良性循环的状态。

因此，在前人的研究基础上，我们可以得出以下结论：就一次简单的信息传播过程而言，的确存在着五个要素的问题。但就公共关系而言，我们又倾向于新型的控制论传播模式。在现代社会，公共关系离不开信息反馈，如果离开了对来自不同类型公众的信息反馈的掌握，就失去了公共关系传播存在的意义和价值，从而使得公共关系变得盲目、混乱。

同时应该指出，在信息或观点的沟通和传播过程中，无论是哪一种模式，原有的信息与观点都会受到来自不同方面、不同程度的干扰，都会有损失、有失真、有噪音——既有“本底噪音”，又有“伴生吸音”。例如，公关人员对信息本身的个人理解及对公众的了解可能存在偏见，那么对媒介的选择能力以及公关人员的表达能力等都会影响原始信息的真实含义。而受众又往往根据自己的立场、观点和思维定式，以其自身的理解能力和水平来接受信息。这种信息和原始信息相比，甚至可能达到大相径庭的地步，这些都是本底噪音。此外，在一定环境中进行的信息传播，免不了受到来自环境中其他机构、组织、部门的公众发出的类似的信息干扰,这些就是伴生噪音。

通过对传播的主要模式的探讨,我们不难看出,政府公共关系传播的模式便是由“5W 传播模式”作为枝干,“施拉姆传播模式”作为血肉,相互结合而成。更为具体地,政府公共关系的传播模式是由信息源、信息、传播媒介、反馈、信息转换、传播环境、信息干扰、效果以及目标等要素组成。

因此,政府公共关系的传播过程亦可以描述为:政府组织为了实现某一特定目标将公共关系信息通过适当的传播媒介传递给相关公众,并通过公众的信息反馈来检测其取得的传播效果,再调整其传播方式,以此往复。这一信息传播过程是在双方所处的交合的共同社会环境下进行的,而传播效果又受到传播环境和传播过程中各个环节干扰因素的影响和制约。

二、政府公共关系传播的特征

(一) 公共关系传播的特征

得出了政府公共关系的定义,我们便需要认清政府公共关系传播的特征。但在此之前,我们首先要厘清公共关系传播与一般传播活动相比的特殊所在。

1. 侧重信息沟通中的非宣传性传播

公共关系可以说是一门塑造形象的科学和艺术。它确定的公共关系目标需要提高社会组织的知名度和美誉度,同时还需要充分尊重公众的知情权,保障社会组织的公众透明度。公共关系传播影响公众的基本原则是“劝服”,而不是借助政治权威强加于公众,它强调组织和公众之间平等相待、双向沟通和交流。就一个政府来说,既要向公众有效地传递自己的信息,又要从公众那里获取信息,以便及时调整自己的行为,适应公众的变化,满足公众的需求。

2. 讲究互利互惠

公共关系是一种公众关系,其实质是一种给公众与社会组织或企业双方带来经济利益或社会利益的活动,政府和公众之间的信息交流是以维护和满足双方的利益为目的的。但要注意的是,这里所强调的互利互惠内容不应当被狭隘地局限于物质财富,而是更注重精神层面上无形的、长期的“利”和“惠”,这是一种对公众和社会的责任感,同时它也比单纯的物质方面的互利互惠更能保证公共关系的和谐长久。

3. 双向沟通原则

公共关系传播必须克服线性传播模式带给我们的影响,线性传播模式尽管揭示了一般传播过程的几大要素,但毕竟不适合现代社会的公共传播需要。

公共关系传播侧重于新型控制论模式，强调信息反馈，强调主体与对象之间的双向沟通。为此，公共关系部门要研究、了解和掌握公众的心理和需求，从而使传播可以为公众喜闻乐见，对公众产生强烈的吸引力、号召力和推动力。因此，在信息沟通中需要适当增加信息刺激的强度，适当扩大信息刺激的对比度，适当增加信息刺激的重复率。

4. 突出"情感投资"

感情传播不同于一般传播，它是现代社会公共关系活动中一项极其重要的内容，不仅因为公共关系传播的对象——受众，是活生生的人，而且还因为他们在这一传播过程（反馈）中有着举足轻重的能动作用。面对传播的信息，人们总是愿意接受那些与自己想法、观念一致，或者是自己十分关心和需要的信息，回避那些与自己观念格格不入，不想知道又不愿相信的信息，尽管这些信息或许是新奇的、诱人的，对一般人而言有吸引力和说服力的。科学研究表明，感情在管理和人际交往中发挥着两种职能：一是调节职能。不同的情感可以驱使人们采取不同的态度，真诚、友好、热情的感情形态，自然会使人获得愉悦感，可以使人以积极的态度进行合作。二是信息职能。情感的真假、冷热、浓淡本身就是在显示组织对公众的态度，就是在勾勒组织的形象。因此，公关在传播信息时有无"人情味"，常常会对信息的"保支"或"失真"产生影响。

感情传播既适合外部公众，又适合内部公众。与外部公众的感情传播将通过社会责任感显示出来；对内部公众的感情传播则将会增强组织内部的凝聚力。"感情投资"的方式有很多，应根据公众的文化水平、工作性质、经历、志趣和个人需求等进行不同的选取。"感情投资"的侧重点也不同，既需要必要的物质激励，也少不了精神鼓励等"投资"活动。

（二）政府公共关系传播的特征

从字面意义上我们可以看出，政府公共关系传播是公共关系传播的重要组成部分。因此，政府公共关系传播既具有公共关系传播的普遍特征，又具有自己独有的特征，具体表现在以下几个方面。

1. 传播的主体是政府机构及其公共关系部门

政府公共关系传播是指政府机构及其公共关系部门对其内部成员，即与国家工作人员及其所属部门进行的沟通和交流。同时也包括与外部公众，即与社区、企业、新闻界、社会名流以及国际社会的组织、公众进行的沟通和交流。

2. 强制性

政府公共关系传播当然也要强调“情感投资”，即注意主体与对象之间利益的相关性，但是相比之下其“强制”的色彩更为突出。这是因为政府是按照宪法和有关法律法规组织起来的，根据我国最高权力机关的决定和委托，依法对国家行政事务进行组织和管理的执行机关，肩负着组织和管理社会的职责。因此，它与内外部公众进行信息、思想等的交流与沟通，与其说是义务，不如说是权利，是开展正常行政管理的需要，是维护安定团结的政治局面的需要。但这种强制性的弊端会随着社会的发展越来越凸显，因为伴随着责任、服务型政府的改革等新公共管理模式的推进，政府公共关系传播也越来越强调强制性背后的互动、反馈与“情感投资”。

3. 程序主义

政府机构是一个严密的组织体系，内部有一定的管理跨度和层级划分。因此，与公众的思想、情感、信息的沟通和交流一般不采取面对面的方式，而需要通过规定的传播渠道进行，即党的信息传送系统、政府信息传送系统、人民代表大会信息传送系统、社团信息传送系统、官方新闻信息传送系统和学术信息传送系统等沟通系统发挥作用，采取请示、汇报、指令、批示、例会、简报、文件等方式，按一定的程序实行层级传播。

4. 传播手段的综合性与最广泛的大众传播

政府公关在传播过程中面临着一个具有权利能力和行为能力的十分广阔的公众环境，它涉及千百万人的工作、学习、生产经营以及服务活动，因此政府公关传播面临的外部环境非常复杂，它的对象实际上是一个具有不同需求和利益关系的公众群体。所以，它必须借助各种公众传播方式和现代大众传播媒介来进行沟通与交流，同时它又无法将同一个具体信息发送给所有的受众，以免产生不必要的信息失真、误解和由此导致的负面反馈。

三、政府公共关系的传播环境

传播环境是传播活动得以进行的各种状态和条件的总和，这里将选择媒体与公众为切入点，来探讨我国政府公关传播环境所呈现的新特征。

(一) 媒体制度的新变化

我国的媒体制度为完全国有的有限商业化运作模式，媒介内容的制作和播出只能部分而不能全部按市场需求来执行，传媒首先需要完成党和政府所赋予的宣传任务。在这种传统的传播理念当中，媒体通常被认为是党和政府的“喉舌”。从这个角度出发，政府公共关系传播有着天然的优势。然而值得一提的是，在现实当中，政府是不可能实现对媒体的完全掌控的。伴随网络等自媒体的兴盛以及媒体领域的逐渐开放，越来越多的公众个体与境外媒体机构参与到新闻传播中，因而靠传统的行政命令来封锁消息几乎是不可能的。若对负面新闻进行一味地封锁，既可能会导致网络上谣言四起，也会导致某些原本就对中国带有偏见的西方媒体偏听偏信，发布不实报道，置政府的公关传播于被动、艰难的境地。

媒体制度的转变让传统、简单的硬性调控方式变得难以奏效，于是，如何对传媒进行软性调控便显得十分重要。① 关于此，美国对私有媒介的主要管理方式是控制消息来源，让媒介按照政府的意图报道那些政府想让人们知道的消息。为此，美国建立了完善的信息披露制度，媒介为了获得重要信息，不得不在这一制度下倾听和报道政府的声音。当新闻发布的重大事件及观点成为媒介获悉、报道消息的唯一权威来源时，媒体舆论便紧紧固定在政府意志的天平上。在新闻发布会现场，若记者的提问有刁难的嫌疑，往往态度会被视为不友好，可能下次不会再受到邀请。

美国的网络审查

从2011年6月起，美国国土安全部分布在各地的指挥中心开始执行社交网络/媒体能力项目，对网上公共论坛、博客、留言板等进行常规监控，脸谱(Facebook)、聚友网(My Space)等知名社交媒体及众多热门博客均在监控名单中，而推特(Twitter)同意将用户发布的全部微博(目前约为每天2.5亿条)交给美国国会图书馆收作电子档案。2011年9月，在“占领华尔街”运动中，示威者主要通过推特发送微博来组织游行，在警方清场活动的当天，“占领华尔街”这一热门标签被屏蔽了，使示威者无法“通气”，而脸谱也以系统设置和用户投诉为由，删除了“占领华尔街”运动参与者发布的评论文章，关闭了数名激进分子的脸谱账户。

(二) 网络环境中政府公众关系的新转变

一是公众问政意识的提高。在我国，公众的自我权利意识不强，缺乏参政议政的积极性，这一直影响着民主政治的进程；而传统的制度化利益表达渠道

① 李兴国.政府公共关系[M].北京：中国人事出版社，2014：95.

不够畅通，也成为制约公众问政的一个重要因素。如今，随着教育的普及，公众素质已有了长足提升，公众的主人翁意识也不断增强，而网络信息的自由流通更是为公众参政议政提供了必要的技术支持，因此，网络问政成为时下的热门话题。二是公众对负面消息的偏好。现代媒介技术的发展，一方面补充了传统利益表达渠道的缺失，实现了民间对政府的监督；另一方面也是社会负面信息的放大器。公众对于负面消息的偏好集中体现在网络上。荷兰尼尔森公司于2010年9月发布了一份亚太各国网民的用户习惯报告，该报告称，在整个亚太地区，中国网民最喜欢发表负面评论，也只有中国网民发表负面评论的意愿超过发表正面评论，约有62%的中国网民表示，他们更愿意分享负面评论。而全球网民的这一比例则为41%。导致公众偏好负面消息的原因主要有两个方面：其一，公众在现实生活中的诉求无法通过正规渠道得到回应，于是更具开放性和自由性的网络就成了人们发表意见的场所，而网络的匿名性又使得部分网民的情绪表达十分极端，从而又将这种负面偏好传染到现实当中；其二，受残酷的市场竞争及外部利益诱惑等因素影响，媒体在信息的选择和传播上更偏好负面新闻，甚至出现了许多热衷于渲染、炒作，断章取义、制作噱头，罔顾社会责任，专注于庸俗新闻的现象，给公众带来了普遍的道德焦虑。这种充斥于网络的负面公众舆论让政府公关人员不得不重视，这也是公关传播环境中一个极大的挑战因素。

第二节　政府公共关系的传播媒介

一、传播媒介的类型

所谓公共关系的传播媒介，是指信息借以传播的物质载体，在传播学上可以分为两大类。

（一）语言符号媒介

语言符号媒介包括自然语言在内的所有可能的符号系统。其中，人类的各种自然语言是最重要的、使用最多的符号系统。用自然语言编制成的各类文字资料也属于语言符号系统。语言符号媒介是现代社会运用最广泛的传播媒介，也是公共关系传播最主要的媒介。以语言符号为载体的信息，很大一部分是通过大众媒介来传播的。

（二）非语言符号媒介

非语言符号媒介分为人体媒介和实物媒介两种。

1. 人体媒介

人体媒介是借助人的行为、素质和社会影响乃至服饰来作为传递信息的载体。它包括政府领导和员工的形象、社会名流、新闻人物，以及能够影响社会舆论的其他公众等。人体媒介的最大特点，除了可信度较高外，还容易建立传播关系中的“感情投资”。

2. 实物媒介

实物媒介指的是在实物上包含着某种信息，即实物充当了信息传递的载体，包括产品、象征物和公共关系礼品等。如，产品就是一种典型的实物媒介，它运载信息的要素有品牌、商标、包装、外表形态、内在质量、售后服务、广告设计等。实物媒介的最大特点是持久性，易于追溯和保存。

二、新闻传播媒介

众所周知，近现代以来，新闻传播媒介已然成为世界各国最有影响力的信息传播手段，也是开展政府公共关系工作必不可少的工具。这里所说的新闻传播媒介，又称大众媒介，是以传播信息为主要特征的信息传播工具。具体而言，主要是指以报道新闻为主要特征的报纸、广播、电视三大媒介。

（一）新闻传播媒介的共性

新闻传播媒介对于政府公共关系工作来说之所以重要，主要是因为它具有以下共性。

1. 权威性

新闻媒介是公开发布信息和发表意见的专业机构。在我国，新闻媒介既是党和政府的“喉舌”“耳目”，又是人民的“喉舌”“耳目”，在发布信息、发表意见等方面具有相当的权威性和可信性。

2. 及时性

新闻媒介特别是广播、电视等电子新闻媒介，瞬间便可将消息传播至天涯海角，如直播就凸显出这一特点。可见，新闻媒介对于政府公共关系传播时效性的实现也是必不可少的。

3. 广泛性

新闻传播可以大规模地复制信息，使信息亦可以在最短的时间内实现家喻户晓、人尽皆知。广播、电视传播可以突破地域乃至文化的限制，实现雅俗共欣赏、天涯共此时。新闻传播媒介将信息传播推进到了前所未有的广泛程度，成为现代社会中政府公共关系传播的基石。

4. 客观性

新闻媒介往往是以观察者的身份来发布信息，并以评判者的身份来发表意见，因此具有较强的客观性，比当事者自己发布自己的信息、陌生人探听的只言片语，更显理性。当然，在新闻媒介上发布的广告属于商业公关，不是本书讨论的范畴。

5. 真实性

新闻的生命在于真实。新闻媒介是靠说真话来保证信誉从而得以生存的。因此，在新闻媒介上发布的信息一般必须经过登记、调查、核实、编辑审查把关，以保证其真实性。这对于政府公共关系传播的成功来说，也是必不可少的条件。当然不可否认，也存在着地方的个别组织和个人利用手中权力对信息进行扭曲从而达到欺上瞒下的目的的情况。因此，对新闻媒介的监督仅仅依靠上级和内部监督是不够的，还需要大众和独立组织参与的监督。

新闻媒介的上述特征使得它们成为政府公共关系工作中最常见，也是最重要的一大类信息传播手段。

(二) 新闻传播媒介的个性

新闻传播媒介除了具有以上共性以外，还具有各自的特性。了解和掌握新闻媒介的这些特性，对于在政府公共关系工作中做到扬长避短，充分发挥各种媒介的作用，取得最佳传播效果，具有实际意义。下面将阐释三大新闻媒介各自的特性。

1. 报纸(主要指纸质报纸)

尽管互联网的普及使纸质报纸失去了往日的辉煌，然而这不能说明报纸已然退出历史舞台，在更为广泛的地区和领域，报纸依旧在新闻传播领域中扮演着极为重要的角色。

报纸的优势在于：① 传播面广。报纸发行量大、触及面广，遍及城市、乡镇、机关、企业、家庭甚至海外。同时，由于报纸可以互相传阅，因此看报的实际人数往往大大超过报纸发行数。② 内容深入。报纸是以文字表达形式为主的媒介。文字表达形式可以不受时间、空间的限制，深入论述，宜于表达一些逻辑性强的抽象思维内容，还可以留给读者想象、自由思考的余地，也便于表现新闻的背景、事件的来龙去脉等演变状况。因此，报纸适于用来深入报道某个新闻事件或详细阐述某个问题，这是广播、电视所不能及的。③ 可选择性大，便于携带。这是报纸的另一优势，不同于广播、电视，读者在使用报纸时，有着较大的选择余地和主动权，可以根据自己的爱好、兴趣和需要从许多不同地域和领域的报纸中选择阅读，且便于携带，可以在任何地方、任何时候进行阅读。④ 传播费用较低。

当然，报纸传播信息也具有明显的弱点：① 时效短。报纸的时效性极强，因而隔日的报纸容易被人弃置一旁，传播效果会大打折扣。② 传播信息易被读者忽略。报纸的幅面大、版面多、内容杂，读者经常随意跳读自己感兴趣的内容，部分重要内容反而会忽略。③ 理解能力受限。由于读者的文化水平参差不齐，报纸无法对部分文化水平低的读者产生传播效果。报纸不如广播电视那么形象、生动、直观和口语化，特别是在文化水平低、理解能力差的读者群中，传播的效果会受到影响。

2. 广播

广播是以声音作为传播的符号。声音有语言、音乐、声响三种形式，而这三种形式的不同组合可以构成多种多样、多姿多彩的内容，产生综合性效果。

广播的优势在于：① 及时、广泛、机动性强。广播是由电波传播的信息，因此传播非常迅速，且覆盖面广，一般不受时间、空间的限制。② 拥有听觉优势，更容易让受众产生共鸣。广播以语言和音响作为传播的主要手段。广播除了传达需要的内容外，还能利用音调的喜怒哀乐和声音的抑扬顿挫来传达言外之意，具有巨大的说服力、感染力，能产生亲近感，引起共鸣。③ 兼具新闻和娱乐功能。广播的传播方式灵活多样、丰富多彩，有新闻联播、录音新闻、实况转播、讲演、对话、讨论、讲座、座谈等，可使相同的传播内容取得丰富的传播效果，也可以修改、插播、重播。

广播也有许多弱点：① 广播传递信息稍纵即逝。听众稍不注意，便会错过，除非录音，否则内容无法保存，缺少记录性。② 能有效利用的电波频道总是有限的，不能像使用印刷体那样可以最大限度地增加。③ 声音广播通过音响传播，不能展现图像，在这方面不如报纸、电视的效果好。且广播自由选择节目的范围十分有限，不能任意改变收听时间、顺序或收听速度，听众完全受制于既定的内容，选择性差。

3. 电视

电视亦称“电视广播”，是使用电子技术传送活动图像的通信方式。它使用电子技术对静止或活动景物的影像进行光电转换，然后将电信号传送出去。改革开放以来，电视在中国得到了最快、最普及的发展，已然成为中国公共关系传播中最重要的现代手段。

电视的最大特点是:① 视听结合,传达效果好。它用图像和声音表达思想,比报纸只靠文字符号、广播只靠声音来表达要直观得多。电视这种图像和声音相结合的表达手段,最符合人类感受客观事件的习惯,因而最容易为人们所理解和接受。② 有现场感,纪实性强。它可以对事件做直接目击的报道,电视能让观众直接看到事件的情境,这种纪实性使电视报道特别逼真、可信,能使观众产生身临其境的现场感和参与感,而且时间上的同时性和空间上的同位性对增强事件的纪实性最有效。③ 传播迅速,影响面大。它与广播一样,用电波传送信号,向四面八方发射,把信号直接送到观众家中,传播速度快,收视观众多,影响面大。④ 多种功能,娱乐性强。由于直接用图像和声音来传播信息,因此观众完全不受文化程度的限制,适应面十分广泛。而且电视集各种艺术手段和传播媒介之长,是当今娱乐性极强的一种传播手段。

但电视也有显著的弱点:① 和广播一样,传播效果稍纵即逝,信息的储存性差、记录不便,也难以查询,不过随着数字电视的普及,这一缺点逐渐得到弥补。② 尽管电视已经在中国得到最大程度的普及,然而不能否认,电视节目还是会受时间的限制,此外受场地、设备条件的限制,信息的传送和接收都不如报刊、广播电台那样具有灵活性。③ 电视节目的制作、传送、接收和保存的成本较高。④ 内容混杂,容易形成"信息爆炸"。正是由于电视节目内容繁多,电视在传播广泛信息的同时,不可避免地出现"信息过剩",受众容易在过于庞大的信息量面前,失去对主次信息的分辨力和接受能力,从而使主要信息被忽略。此外,电视内容为了吸引受众眼球,往往缺乏深度,因此导致电视时间沦为所谓的"垃圾时间"。

三、互联网的崛起

在 21 世纪,新闻媒介领域最大的变革之一可算是互联网的崛起。如今互联网已不再作为大众媒介而存在,而是作为更为原子化的个人和社会的联络渠道而存在。它集现代通信技术、现代计算机技术于一体,是一种在计算机之间实现国际信息交流和共享的手段。从信息资源的角度讲,互联网是全球范围内最大的信息资源,该信息资源之大远远超出人们的想象。计算机网络只是信息传播的载体,而巨大的信息资源才是互联网的生命力所在,它代表了现代传播科技的最高水平,是人类传播史上的"第四个里程碑"。它的出现从根本上改变了人类的传播意识、传播行为和传播方式,并影响人类社会生活的方方面面。

互联网具有与传统的大众媒介和其他电子媒体不同的传播特征，主要表现在以下几个方面。

（一）传播速度更快，时效性更强

互联网能够直接刊发信息，无须加工制作，具有即时传播的特点，而且互联网的传播沟通是在电子空间进行的，能够突破现实时空的许多客观限制和障碍，真正全天候地开放和运转，实现超越时空的异步通信。

（二）信息容量更大

信息网络是一个没有边界的世界，在这个无边界的数字化空间中，可以十分详尽地介绍政府的各种信息，满足公众深入了解的需要。

（三）有效覆盖面更大

网络上刊发的信息，几乎是没有国界和地域之分的，可以直接发送至全球160多个国家和地区的网络用户。任何国家的公众只要点击相关网页，就能浏览其所刊载的信息内容。

（四）形式更加生动，视觉效果更好

互联网借助各种以电脑为中心的硬件设备和软件技术，运用各种艺术字、美术字、图片、三维动画技术等多媒体开发工具，将文字、图像、表格、声音、动画融为一体，显得更加形象生动，吸引力更强。

（五）持续时间长

从技术上讲，互联网的传递模式是数字化信息的复制，信息复制传递之后，原信息还存在，没有时间、地点的限制，只要网上内容没有被删除，公众可以随时随地查寻相关内容。

（六）费用更低廉

相对其强大的功能来说，使用互联网的费用是比较便宜的，因为目前全世界的互联网充分利用了现成的全球通信网络，一般无须重新投资建设新的通信线路设施，而且在互联网上创作宣传作品，是无纸化办公，创意设计和制作几乎不用花费材料费用，一切工作都可以借助计算机工作平台完成，而且网上发布信息相对也比较经济。所以说，运用互联网创作、发布信息，具有显著的集约化效应，是实现“最小化投入、最大化收益”目的的最佳途径。

（七）互动性极强

多媒体技术的运用，使网络不仅能够有效地处理文字和数据，而且能够处理图像、文本、音频等多种信息，将电脑、电视、录像、录音、电话、传真等融为一体，形成智能化的多媒体终端与人之间相互交流的信息操作环境。在这个内容特别丰富的信息网络中，公众通过点击相关网站，可以自由地检索自己感兴趣的内容。根据自己的需要深入寻找有关信息，各取所需，既可简单也可详尽，公众的阅读自主性得到了技术上的保障，具有公众参与性强的特征。此外，公众还能够主动用电子邮件等方法迅速与信息发布者联系，传播者与受众之间的互动机制十分明显。

（八）灵活性和个人化

传统的媒介信息不能随意更换，但是互联网上的信息内容可以随时、轻易地更换，有利于及时传递政府的最新信息，强化信息的时效性。此外，传统媒体由于成本巨大，一般只有大的组织系统和政府才能作为信息发布者，而互联网的低成本特性促使社会上的个人也可以作为公共信息的发布者，尽管由此导致的“网络谣言”使信息失真的情况一再出现，政府的社会治理也更为复杂，但同时其导致的社会监督效应也使传统媒体的信息失真得到纠正，可谓是一把“双刃剑”。

（九）逼真性

信息网络借助多媒体技术能够提供集协同工作、娱乐、消费等于一体的综合性虚拟空间。多媒体具有多重感官的刺激功能，能够使公众的多种感官同时感知信息，其宣传效果明显优于单一感官接受信息的宣传效果，特别是其虚拟现实技术，通过计算机创造出真实的环境，当公众戴上带有微电视屏幕的头盔和数字手套时，三维图像和虚拟的声音、感触可以使公众产生身临其境的感觉，逼真地接近实物。

（十）易统计性

对传统的媒介宣传进行效果测试具有一定的难度，不能准确地判断报刊的阅读率、电视的收视率和广播的收听率。而在互联网上发布信息，借助软件技术则可以迅速统计出看信息公告的人数以及时间分布、地理分布等情况，这样就可以相当准确地评估宣传效果，并针对性地提出相应的网上信息传播策略、创意策略和发布策略，强化宣传效果。值得注意的是，虽然互联网具有多种传播优势，且我国早在数年前便将公共关系传播工作涉及互联网领域，但是我国政府公共关系的网络化开展情况依旧不尽如人意。21 世纪的公共关系，应该积极开发互联网这种全球性媒介，利用其跨国公关宣传机制和最大程度的受众广度，塑造我国政府的社会和国际形象。

四、传播媒介的选择

面对如此繁多的传播媒介，政府公共关系部门及其工作人员在运用传播媒介时应首先把握各种媒介的特点，做到正确的选择使用，只有这样才能收到好的效果。合理地选择公共关系媒介，一般应考虑传播对象、传播信息内容和社会效益三个因素。

（一）根据传播对象的特点选择传播媒介

在不同的环境或不同的时间段中，政府公共关系工作的对象不尽相同。公共关系部门及其工作人员必须在明确传播对象的教育程度、经济状况、职业特点、生活习惯等诸因素的前提下再选择适宜的传播媒介。如果传播的对象是从事某项专业的人，就应采用专业性报刊做媒介；如果传播的对象是少年儿童，为了引起少年儿童的注意和兴趣，制作电视节目，效果可能最好。

（二）根据传播信息的内容选择传播媒介

所传播的内容是否复杂；是否需要反复思考才能明白；单凭文字能否达成效果，要不要图解；是否牵涉一个进展的过程；等等，公共关系部门及其工作人员都应认真考虑清楚这些问题。如果传播的内容要求形象、具体、直观，就应选择电视媒介；如果传播的内容较复杂，需要受众的反复思考才能接受，则应选择传统印刷媒介。

（三）根据讲求社会效益的原则选择传播媒介

如今，我国政府部门的财力大大增强，动用大量资金去开展公共关系工作已成为可能。但由于受到传统行政文化的影响，尽管财力允许，政府的公共关系工作却常常受到忽视，尤其与受众的互动传播环节，因为需要处理大量的反馈信息工作，所以时常被有意无视。传统政府过于依赖报纸、广播和电视的单向线性传播渠道，使传播效果大打折扣。政府选择传播媒介时应当更加注重社会效益，以切实满足公众需求为第一要务，而不是以强制的姿态发布命令或公告，要让公众体会到当家做主的主人翁地位和对政府的归属感，更需要灵活运用互联网时代带来的强大的互动性，以最大化提升政府信息的传播效果，提升政府在公共领域的形象和地位。

第三节 政府公共关系传播的障碍及其效果

一、政府公共关系传播障碍

(一) 客观障碍

1. 语言障碍

语言障碍是指由于语言方面的原因引起的信息传播障碍。语言是公共关系传播最重要的工具,但是语言本身却很复杂。首先,世界上不同的国家、一个国家不同的民族,甚至一个民族所在的不同地域,都存在语言差别,尽管有翻译,但依旧不能很好地解决翻译所带来的对语言理解的歧义,因而严重地阻碍了人们之间信息的传播。此外,不同阶层和不同领域的人们掌握语言能力的程度存在差异,彼此之间往往不能准确地表达自己的思想,而且不同的人对同一语言信息可能在根本上也有着截然不同的理解,这些都给传播带来困难。

2. 机械障碍

机械障碍是指那些不能维持传播信息的通行无阻,从而影响传播效果,往往属于无意识导致的障碍。如最常见的,印刷制品的印刷质量不好,字体模糊,缺页少行,错字漏字,画面不清。对于电子媒介而言,电台之间所使用的频率意外接近,互相产生干扰;或受恶劣天气的干扰,引起传播静电,发出爆炸似的杂声等,都属于机械障碍。像麦克风出现故障,电视媒体出现不清楚的频道,这往往都是无意识的意外情况,皆属于机械障碍。

3. 角色障碍

在传播过程中,不论是传播者还是受众,都是社会上真实的人,不可避免地因为角色不同,引发种种可能对传播产生干扰的因素,我们称为角色障碍,其中主要包括观念差异、习惯差异两种。社会上不同地域、不同层级、不同行业、不同年龄段的人之间尽管拥有着一定的共同语言,但是由于风俗习惯、社会经验导致的生活观念以及年龄之间的代沟,因而难免会产生传播障碍。如由于礼节习俗、审美习俗、流行价值观的不同,倘若公共关系人员在传播活动中不能掌握民俗知识和时代潮流动向,不注意因地制宜、与时俱进,就可能在交往、沟通中形成误会甚至冲突。

4. “噪音干扰”

这里所说的“噪音干扰”,并非上文所说的机械的、物质层面的噪音,而是在社会环境当中不可避免地受到外在舆论信息的干扰，主要指传言、“小道消息”甚至谣言所造成的传播障碍。

无论是传言还是“小道消息”，都是通过非正式传播渠道传播的，传播者多为非正式组织或个人。我们不能说传言和“小道消息”绝无真实性，它也是一把“双刃剑”。有益的传言和“小道消息”对于政府部门的信息采集、决断和认清事情全貌都是有帮助的，甚至可以化解矛盾，增强人们之间的团结合作。但那些造成泄密、危害工作安全、影响组织团结的传言和“小道消息”是绝对要杜绝的。

而谣言和传言、“小道消息”有着根本不同，尽管都是通过非正式渠道流传，“小道消息”可以说是非正式组织之间的内部交流，属于无针对性的行为，但谣言属于毫无事实根据的信息，是恶意针对某个组织或个人的有意识行为信息，谣言的散布者往往带有极强的功利心理，不惜给组织和社会带来混乱。近年来，伴随着互联网的崛起，尤其如微博等个人信息发布平台的普及，谣言(网络谣言)呈发散蔓延之势，为了提升点击率、攫取财富和名气，就恶意中伤政府，充当西方某些别有用心的势力的鹰犬，这种行为给政府和社会带来了极大的不良影响，遏制网络谣言已然成为政府公共关系工作当中的重要一环。

5. 组织制度障碍

衡量一个政府功能的优劣，很重要的一个标准是看其能否合理有效地进行内外信息沟通。组织机构设置不合理会造成内外信息传播的障碍，管理系统的条块分割会造成信息沟通“断路”；机构层次过多会造成信息失真；机构重叠会造成信息沟通缓慢；等等。此外，像过于落后、迂腐且容易被部分人或群体把持、操控的审查制度，都易造成真实有益的信息被闭塞，从而成为部分人欺上瞒下的手段和工具。

(二) 主观障碍

1. 心理障碍

在现实的传播和沟通过程中，除了因为角色不同导致的一般障碍外，对于同一种传播在不同的情境下，还会受到来自人的情感、态度等心理因素所导致的障碍。一个人若是在接受信息时，正处于消极的心理状态之下，则容易造成认知不当，情感失控时更易使信息本身的内容变得毫无意义，这些都是政府公共关系工作者应该注意的问题。

2. 知识障碍

传播障碍不仅会出现在受众身上，还会出现在传播者身上，如果传播者不了解他们所运用语言的含义及其言外之意，那么就很容易冒犯他们意欲影响的传播对象。如一位美国客人与一位日本商人共进早餐时，不断表明自己对美国社会的竞争精神是如何崇拜，然而在这位日本商人听来，却只认为这是一个不善合作的人。这就意味着，作为政府公共关系工作人员，应当掌握扎实的语义学知识，甚至包括世界各地的文化、习俗等诸多知识，传播者的知识障碍对传播效果也有十分重要的影响。

3. 非理性障碍

非理性障碍是指传播者的一系列非理性行为导致的传播障碍。它们包括缺乏明确的传播目的、缺乏明确的传播对象、传播言行不一致的信息、选择的传播渠道不当、选择的信息主题缺乏吸引力、时间选择不当等。这些都是传播者在传播过程中的非理性行为，而这些行为又会构成信息传播过程中不必要的障碍。

二、政府公共关系传播的效果

（一）从传播者的角度看影响传播效果的要素

要获得良好的传播效果，正如上文所述，首先需要传播者，即从事政府公共关系传播工作的人员，最大化地发挥自身能动性，克服自身的主观因素所带来的要害。因此，要想得到有利的政府公关传播效果，需要提升传播者的自身条件，优化传播的制作方式、内容和背景，尊重受众的态度和端正传播者自身的动机等。

1. 提升传播者的自身条件

改善传播的一个先决条件便是改善传播者自身的条件，只有传播者自身条件过硬，能使受众信服，才能取得良好的传播效果。而传播者的自身条件具体又包括传播者的权威性、传播者的公众形象、传播者的自身素养三个方面。

（1）传播者的权威性。权威性包括两个方面：一方面，传播者对所谈问题具备专业的知识，也称作专业权威性。区别于传统社会中以年龄、资历和社会地位决定权威的习俗，在现代社会中，某领域的权威主要取决于拥有专业知识和实际才能的程度。由于单纯的“唯上”权威论，往往会导致外行管内行的滑稽局面，造成难以想象的人为祸端。当代的政府公共关系工作者要吸取教训，切莫以权压人。另一方面，权威性也包括社会上的威望，因此不能说社会地位的要素在树立、优化权威性方面毫无用处，但这要求传播者灵活地运用自身权威，不要自以为是，要将自身权威发挥到要处。

（2）传播者的公众形象。单单是传播者具有权威性还不够，由于社会大众多是感性地对待传播内容，因此传播者在传播过程中的仪表、行为、举止、风度，即传播者的形象如何，也会对传播效果起到作用。美会给人以愉悦之感，人们也容易在这种感受下接受传播者的某些观点。“共情”手段主要是通过“诉诸情感”的作用对听众产生影响，但这种影响是近期的、表面的。只是由于传播者的外部特征具有情境性、显明性、感染性，因而传播信息时诉诸感情易激发起人们的积极情绪，反应较强烈，其近期效果显著。但随着时间的推移，公众的情感作用终究会减弱（审美疲劳），而理智作用则相对增强，这种作用是长期的、深远的。因此，为了提高传播效果，传播者一方面要尽力做到理性和感情相结合，另一方面要根据不同的传播任务和目的使两者各有侧重。

（3）传播者的自身素养。一个品德高尚的政府领导者，对干部、职工必然产生巨大的影响力。如果传播者不注意自己的品行，便无法得到干部、职工的信任，更遑论使干部、职工接受自己的思想、观念和行为。一些心理学家的研究结果表明：接受者最喜欢的是传播者具有真诚、热情、善良的个人品格，具有这种品格的政府领导者，具有较强的亲和力，会使干部、职工更加容易接受其所传播的信息。此外，在现代社会，传播者还应当具有民主素养，民主素养高的政府领导者，能深入实际，联系群众，听取各方意见。这就不仅能通过集体智慧搞好工作，还能让下属感到自身受到重视，人格受到尊重，在集体力量的推动下会大大地提高工作和生产效率。

2. 优化传播的制作方式、内容和背景

传播者要想取得良好的传播效果，还要注意传播的方式和内容。这意味着传播者应调节好信息的组织形式和表达形式，使其对公众来说易于获取、易于阅读、易于记忆、易于把握。此外，还需要注意扩大与公众的共同语范围，用能够引起公众共鸣和公众喜闻乐见的方式来传播，提高传播的感染力。另外，针对大众的文化水平适当选取传播内容和表达形式，只有让公众准确地理解传播的信息，才能有效提升传播的效果。

同时，传播活动总是在一定的场合、情境气氛中进行的，具有一定的传播背景，忽视具体场合、情境气氛的影响作用的传播只会事倍功半。情境不同、场合不同，传播的形式就不同，即使是相同的传播内容也会在不同背景下产生不同的传播效果。传播的环境也有不同方面，其中物质环境主要指传播的空间和物理场景；社会环境主要指传播过程中人与人之间的社会关系，以及与个人社会关系密切的团体背景、社会规范、文化习俗等，他们对传播的影响不可忽视;时间环境主要指传播的具体时机,如适时的信息作用就较显著;心理环境主要指交往沟通时双方的心理状态和气氛等,这都需要传播者去考虑和选择。

3. 尊重受众的态度和端正传播者自身的动机

有效的传播离不开传播者对受众友善、真挚的态度。表达对受众友好态度的方式很多,其中最重要的是尊重受众的选择权。公众在接受信息的时候不是任人摆布的,而是根据各自的需要、兴趣、知识、经验、观念、价值观、习惯等,对大量信息进行选择性注意、选择性理解、选择性记忆、选择性接受,特别是大众传播所面对的公众是广泛的、分散的。要让公众接受传播的内容,就需要顺从公众的选择趋势而不是强制公众改变固有的立场,因为尊重受众的选择权,往往比任何物质引诱方式更能使受众感受到传播者的诚意。

最后要强调的是传播者的动机,在当今社会,这一点显得尤为重要。越来越多的公共关系工作者将传播定性为自我的包装、炒作,本质上是为了欺骗大众来谋取私利。作为政府公共关系的工作人员要与他们区别开来,传播者要取信于公众,按照预期的目的去影响和改变人们的态度,最根本的一点就是动机要纯正,即公正、客观、无偏见、无欺骗、不假公济私、不损人益己,诚心诚意为公众服务。只要让公众了解到这一点,他们就会对传播的内容信任不疑,传播效果就会提升。反之,不仅会使政府的权威性大打折扣,还会使真实的消息也遭人怀疑,贻害无穷。

(二) 从受众的角度看影响传播效果的要素

影响传播效果的除了有来自传播者的因素,也有来自受众的因素。所谓从受众的角度看影响传播效果的要素,就是分析受众的行为和心理状态对传播效果的影响。

1. 受众需要和受众心理

由于受众年龄、性别、职业的不同,所处的岗位和背景不同,其选择、需求也不尽相同,但受众的基本需求是相同的,即:

(1) 获得与自己生存、生活相关信息的需求。

(2) 获取社会服务信息的需求。

(3) 获取文化娱乐信息的需求。

(4) 求知的需求。

掌握受众不同的基本需求是考察受众兴趣的基础。而受众的心理状况又决定了其兴趣。所谓受众的心理状况,从传播学角度来说,是传播的信息作用所引起的人的高级神经活动。由于受众的心理活动是积极主动的、有选择性的，而且表现为多种内涵、多种色调和多种层次，所以我们只能从总的方面谈受众的心理特点。要提升传播效果，具体来说，传播者要注意满足受众的求新心理、求真心理、求美心理和求奇心理等四种心理需求。如果传播者传播的信息不能满足受众的种种心理需要，就有可能引起受众的逆反心理，使传播信息受阻。

2. 受众因素

影响传播效果的受众因素主要有亲身经历、个人特性、预存立场、团体规范等。

(1) 亲身经历。在信息传播过程中，大众传播媒介的内容时常是通过人与人之间的交谈来传播的。但一般来说，亲身经历对个人心理和态度的影响要远远大于传播媒介的影响，更容易引起人们态度的改变，这也是传播者要注意的。

(2) 个人特性。在信息传播过程中，传播者常常遇到这种情况：同样的传播媒介和传播内容，对有些人影响大，对有些人影响却小，对有的人甚至没影响。除了亲身经历的原因影响外，个人先天的特性也是一个重要影响原因。比如，有的人天生比较怯弱，觉得处处比别人差，更容易受别人左右和接受别人的影响；有的人个性怪异，对人和事消极冷淡，不太愿意接受别人的劝服和影响；有的人反应迟钝，想象力差，听从别人劝服的能力弱；有的人自尊心强，遇事容易固执己见，更不愿意接受别人的强制性劝服。

(3) 预存立场。先天的性格加上后天的经历，促使受众都有预存的立场，这些就像我们脑海里的画面，是每个人对外在事物的印象和思维定式。每个人对外在事物的印象各不相同，当接受传播信息时，他们就会沿着自己固有的印象和思维定式进行解释，当然得出的结论和感受也就大相径庭。

(4) 团体规范。正如亚里士多德所言，“离开城邦者，非神即兽”，没有人能离开团体而生活，也没有人能够脱离团体而决定自己的行为，包括传播行为。任何性质的团体或多或少所表现的行为和见解都是趋于统一化，为了维护团体的利益，会形成团体规范，团体中的任何一个成员倘若偏离了规范，必然受到现实和心理的双重压力。团体规范的压力可以促使一个人接受所属团体所认可的传播内容，拒绝与团体意见相违背的传播内容，一般而言，一个人选择和理解传播内容，都是依照团体规范来吸收的，传播媒介往往难以改变他们原有的意见。

以上几种影响传播效果的受众因素都不是绝对的，传播者需要掌握这些受众因素存在的传播障碍，以便采取有效对策，提高传播效果。

第四节　政府公共关系传播的原则

没有原则就会迷失方向，迷失了方向则任何事都很难完成。政府公共关系部门和公共关系工作人员，面对日益复杂多变的公众对象，要确保取得理想的传播效果，应当遵循以下原则。

一、真实可信原则

追求真实是现代公共关系工作的基本原则，自从“现代公关之父”——美国人艾维·莱德拜特·李(Ivy Ledbetter Lee)提出“讲真话”原则以来，告诉公众真相便一直是公关工作的不二信条。政府公共关系传播更应如此，隐瞒、欺骗不仅会造成公众的信息误读，更将对政府信誉造成极大的伤害，严重影响政府形象及其之后的政策执行力。特别是在现代社会，信息发布平台空前广阔，传媒手段空前发达，这使得任何组织特别是政府机关无法长期封锁消息、控制消息。正如美国总统林肯所言，你可以在某一时刻欺骗所有人，也可以在所有时刻欺骗某些人，但你终究不能在所有时刻欺骗所有人。真相总有被人知道的那一天。因此，公共关系最根本的原则即是真实可信原则，落实到政府公共关系传播活动中，即政府必须实事求是地向公众提供真实信息，以取得公众的信任和理解，从而支持政府的施政纲领及行政作为。

政府公共关系传播的真实可信原则是指政府在开展公共关系传播活动时，必须建立在组织行为良好和掌握事实的基础之上，向公众如实传递有关组织的信息，同时向组织决策者如实传递有关公众的信息。

信息是政府决策的根本依据，是政府进行有秩序管理的基础与必要手段，失真的信息给政府带来的后果是不堪设想的。信息传递是双向的，既包括外部信息向政府内部输入，也包括政府内部的信息向外部输出。失真的信息会对政府的真实形象造成错误估量，会使行政目标决策走向歧途。

政府公共关系传播如何执行真实可信原则？首先，确保拥有真实可信的传播源头。政府部门必须把握公共关系传播的源头，确保其所发布信息的权威性和单一性，尽可能摒除不实言论造成的恶劣影响。其次，确保建立通畅有效的传播渠道。在第一时间实现政府、媒体、公众间的信息对等，确保第一时间发布，这也是保证政府公共关系传播真实可信的重要手段。最后，确保政府公共关系传播影响的最大化。有效的政府公共关系传播不仅要确保公众始终能够从政府的信源中获取真实可信的信息，也要通过积极有效的信息发布，树立政府诚实守信的良好形象，实现服务公众与树立自身形象相统一。

二、双向沟通原则

政府公共关系双向沟通原则是指传播者和受众相互传递、相互理解的信息互助原则。它要求沟通必须同时进行，沟通双方互为角色，任何一方既可以传递信息，也可以反馈信息。这里的沟通更意味着双方在相互交流时，务必做到相互理解。政府公共关系传播是以真实为基础的双向沟通，而不是只有政府向公众传达或对公众舆论进行调查、监控，它是政府与公众之间的双向信息系统。政府一方面要吸取人情民意以调整决策，改善自身；另一方面又要对外传播，使公众认识和了解自己，达成有效的双向意见沟通。

应该注意到，当今政府所处的是一个崭新的传播环境，政府公共关系传播不可能再保持单向的、唯一的、不变的特点，我们过去所坚持的宣传思维，与现今时代无限扩张的传播媒介已经不相适应。如今，政府部门已经不再是媒体传播话语霸权的拥有者，而逐渐成为与普通公众平等的交流者、商谈者和讨论者，政府部门要想实现公共传播效益的最大化，积极、主动的双向信息交流和互动式的意见传播是必不可少的。这就需要政府与公众之间实现良性互动和双向信息交流。一方面，政府部门应该对公众需要的信息予以及时发布与详细阐述；另一方面，政府部门应该有效收集舆情，对公众意见给予正确评价、采纳与反馈。

三、公众利益优先原则

“公众利益”(Public Interest)是新闻法、大众传播法中的一个概念，其原则即是媒体披露某些信息有以公众利益作为抗辩理由的原则，是对新闻媒介拥有“有限特许权”的一种保护。这一原则是政府公共关系传播必须正视并给予尊重的。

我们要明确现代社会中的政府公共关系传播永远无法回避媒体，必须要通过媒体呈现，而媒体的价值准则、新闻传播理念、从业者的职业素养都会对传播内容本身的构建产生影响，进而影响公众态度，作用于政府公共关系传播。随着新的大众传播平台的形成，更为丰富的信息资源、价值评判和思维反馈使单一媒体的价值评定对政府公共关系传播的决定性不断弱化，但是另一方面，不同的个体都可以通过互联网传播看法，对政府形象进行价值评判，这也给政府公共关系传播带来了极大的挑战。在这样的大背景下，任何试图堵塞消息渠道或是回避媒体关注的行为都是最不明智的选择，相应地，对公众利益的保护与尊重不仅仅是对公众知情权和媒体发布权的肯定，也是政府部门保护自身形象，提升公正、廉洁、可信的政府美誉度的有效手段。

总之，有效的政府公共关系传播必须以保证公众利益最大化为目标，要求公权系统内传播，政府与社会、公众的互动传播，以及大众传播在公共政策的制定、执行上形成良性的传播生态，以加强公共事务的公众参与和监督。①

四、政府引导原则

政府公共关系传播的目标十分明确，就是要实现信息的有效发布，满足公众的知情权，诚恳地接受社会监督，从而赢得公众对政府部门工作的认同和支持，树立和巩固政府在公众中的良好形象。要达成这样的目标，政府在相应的公共关系传播活动中必须处于指导地位，既不能放手不管，也不能颐指气使。

政府公共关系传播与其他传播主体不同，在信息传播过程中，政府扮演着双重角色——既是信息的传播者，也是公共关系传播行为的管理者。作为信息的传播者，政府通过特定的信息渠道掌握所辖区域内的权威信息源，可以获得有关事件全面、准确的信息；作为信息的管理者，政府则通过行政手段对其他传播主体的传播行为进行监督与管理。这就使得政府传播具有传播主体的权威性、传播行为的管理性、传播内容的目的性、传播渠道的高度整合性等特点。

在传统媒体环境下，政府把自身定位为公众信息的把关者，政府相关部门往往通过屏蔽、删除有害信息或关闭已经造成危害或负面影响的信息和网页等方式来管理。在新媒体环境下，特别是在网络成为人们获取信息的重要媒介和发布信息的重要平台之后，政府面对的是一个更为复杂的舆论环境——信息来源渠道多，海量的信息得不到及时的审核，负面影响并不一定会随着删除或关闭而消除，反而有可能因此激增……在这样的环境下，政府担当“信息把关者”的角色受到挑战，传统管理手段的作用日益微弱，有效的方法不是

---

①　孙旭培，滕朋．公共利益原则与传播文明：对“黄金高事件”该不该报道的探讨［C］．新闻学论集（第20辑），2008．

"堵"而是"疏",即把握正面舆论引导原则,通过建立和完善新闻发言人机制,设置意见领袖,建立政府博客、微博等,实现舆论引导,拉近与公众之间的距离,塑造新形象。①

五、全员公关原则

政府的全体公务人员都关心、重视并自觉地投入到政府公共关系工作中去,共同为树立政府良好的声誉和形象而奋发努力,这就是全员公关原则。公共关系要依靠政府的全体公务人员共同来做,这是政府公共关系工作的一条重要原则,也是政府公共关系工作中所体现的群众路线。坚持全员公关原则,应做好以下工作。

(一)确保公务人员在政府部门内部的主人翁地位

当下,在政府部门内部必须发扬民主,充分保障全体公务人员应有的权利,使其能以各种途径和形式参与到各项管理中,参与讨论、决策管理中的各项重大事务,这样公务人员的积极性和创新精神才会达到一个全新的高度,才能真正激发每个公务人员的责任感,调动其积极性,每个公务人员才能成为公共关系活动的自觉参加者。

(二)培养全体公务人员的公共关系意识

要通过宣传教育使政府的全体公务人员都了解公共关系工作同政府的生存发展有休戚与共的关系,懂得维护政府的形象、声誉以及与公众的关系对于政府的重要性,从而使他们都能从本职工作出发去关心公共关系工作,建立和维护政府的声誉和形象。

(三)在公务人员中开展公共关系的相关培训

通过培训,使政府内的全体公务人员具备相关的公共关系的基本知识和实际本领,这对于其进一步理解和有效地参加公共关系工作是必不可少的。所以,不断对政府全体公务人员进行公共关系的培训和实际训练,使每个公务人员都能掌握和运用必备的公共关系工作的基本知识、方法、技能、技巧,便成了坚持全员公关原则最具体的、也是最实务的要求。

① 胡凯.新媒体环境下政府传播面临的挑战及其应对策略[J].新闻知识,2011(12).

【案例思考】

案例 1　PX 事件始末:从地方公关到国家公关

——为昨天的错误买单,为明天的扩产蓄势

一、厦门 PX 事件的始末

厦门 PX 项目事件是指 2007 年福建省厦门市对海沧半岛计划兴建的对二甲苯(PX)项目所进行的抗议事件。该项目由台资企业腾龙芳烃(厦门)有限公司投资,计划将在海沧区兴建年产 80 万吨的二甲苯(PX)化工厂。腾龙芳烃(厦门)有限公司由富能控股有限公司和华利财务有限公司共同组建,厂址设在厦门市海沧投资区的南部工业园区。

2007 年 3 月,在全国人大、政协"两会"上,中国科学院院士赵玉芬等 105 名全国政协委员联名签署提案,建议厦门 PX 项目迁址。此举引起了媒体和民众的强烈关注。2007 年 5 月下旬,随着工程的推进,更多的信息通过媒体、网络等渠道披露,对厦门海沧 PX 化工项目一无所知的厦门市民接到了一条短信,短信的内容是:"翔鹭集团合资已在海沧区动工投资(苯)项目,这种剧毒化工品一旦生产,意味着厦门全岛放了一颗原子弹,厦门人民以后的生活将在白血病、畸形儿中度过。我们要生活、我们要健康!国际组织规定这类项目要在距离城市 100 公里以外开发,我们厦门距此项目才 16 公里啊!为了我们的子孙后代,见短信后群发给厦门所有朋友。"

2007 年 5 月 30 日,厦门市政府常务副市长丁国炎在新闻发布会上宣布,厦门市政府决定缓建 PX 化工项目,市政府已委托新的权威环评机构在原先的基础上扩大环评范围,进行整个化工区区域性的规划环评。同时,启动"公众参与"程序,广开短信、电话、传真、电子邮件、来信等渠道,充分倾听市民意见。2007 年 12 月 5 日,国家环保总局公布的环评报告结论为厦门市海沧南部空间狭小,区域空间布局存在冲突,厦门市在海沧南部的规划应该在"石化工业区"和"城市次中心"之间确定一个首要的发展方向。报告同时披露了海沧现有的石化企业——翔鹭石化(PX 项目的投资方)五年前环保未验收即投入生产,并且其污染排放始终未达标的信息。

2007 年 12 月 8 日,厦门网开通了"环评报告网络公众参与活动"的投票平台;12 月 9 日,投票突然被中止;12 月 10 日,投票平台被撤销。在投票结束之时的结果显示,有 5.5 万票反对 PX 项目建设,支持的有 3 000 票。

2007年12月13日，厦门市政府开启公众参与的最重要环节——市民座谈会。驻厦中央级媒体包括新华社、《人民日报》、《光明日报》等，以及厦门本地媒体，获准入内旁听。整场座谈会持续四个小时。最终结果显示，49名与会市民代表中，超过40位表示坚决反对厦门PX项目，随后发言的8位政协委员和人大代表中，也仅一人支持复建项目。

2007年12月16日，福建省政府针对厦门PX项目问题召开专项会议，最终决定迁建PX项目。最终，该项目落户漳州漳浦的古雷港开发区。

厦门地方政府在十字路口最终选择"疏"而不是"堵"，选择向民意靠拢而不是与民意对抗，选择把民意纳入地方治理，使地方治理更具公共色彩。正是厦门地方政府这个明智的选择，使得整个事件发生了转变，厦门市民最大限度地参与，媒体最大限度地自由讨论，知识分子在自己的职业范围内提供专业意见，所有这些正常渠道才能真正启动，才能最终起作用。给别人机会，实际上是给自己机会。厦门地方政府的明智选择成就了一段佳话，也成就了自己，在历史上留下了光彩的一章。而历史的这种奖赏，无疑比任何现实的奖赏都更有价值，更值得全力追求。

二、PX正名季

"甚至在海水里我们还可以看到鱼儿时而跃出海面，甚至有野鸭、野鸟来抢食吃。"自然界中再寻常不过的一幕似乎无需用两个"甚至"表示惊讶，但2013年7月7日云南卫视的晚间《新闻联播》确实是这样描述的。这是云南卫视《聚焦日本石油炼化及PX产业》的第一期，画面描述的地点在东京湾，一公里外则是日本川崎工业园区，其中包含了石化巨头JX日矿日石能源公司的PX(对"二甲苯"的简称)项目。正是PX，在过去的几个月里让"春城"昆明焦躁不安，甚至有近3000民众于5月4日上街抗议，就连市长李文荣都开了微博。云南台的节目连播了四期，向观众传递出日本PX项目如何实现环境与工业共生、"建成二十年里没有发生过任何安全事故"、信息如何透明等内容。此际介绍"他山之石"，用意不言自明——为争议声中的云南炼化及PX项目寻找案例支撑。云南炼化、PX项目以及与之密切相关的中缅油气管道，是保障国家能源安全的一项重大举措。"云南台此举无疑是为了减轻昆明石化建设压力。"2013年的浙江省"两会"上，包括公安厅厅长刘力伟在内的多位政界代表就呼吁为PX去妖魔化。全国"两会"上，全国政协委员、中国工程院院士曹湘洪提交了一份"消除化工恐惧症"的提案，建议国家设立专项资金，加强对公众进行包括PX在内的化工基础知识的宣传教育。2013年5月，中央电视台《焦点访谈》播出《PX项目的真相》，此后又在《新闻联播》播出《揭开PX神秘面纱》。一个月后的6月24日，《人民日报》亦刊发题为《揭开PX的神秘面纱》的专版记者调查。中国工程院院士、清华大学教授金涌以及曹湘洪等专家也纷纷现身PX科普。PX是高致癌物？并非如此。世界卫生组织国际癌症研究机构将PX定义为“第三组致癌物”，即现有的证据不能证明其对人类致癌，其致癌性与咖啡同级(《人民日报》语)。

三、举国公关

鲜为人知的是，在昆明、成都等地反PX声高涨的2013年四五月间，一纸命令从北京发至两千公里之外的福建漳州。命令由中共中央办公厅发出，要求漳州介绍PX项目落地建设的经验和启示。这则命题作文，“主要是要我们介绍如何给群众做工作的”。一位不便具名的漳州地方官员告诉《南方周末》记者。当厦门PX迁建、大连PX搬迁(实际未执行)、宁波PX扩产项目终止，看到投产曙光的腾龙芳烃及其背后的漳州式PX公关被视作一剂可能疗治“一闹就停”困局的药方。取经者纷至沓来。漳州市环保局局长黄建化称，从2012年下半年开始，来自台州、南通等地的政府考察团就多次来漳学习这个被中宣部列为“新时期做好群众工作的典型案例”。“公众广泛参与环评、石化专家做报告、干部进村入户、包机实地考察国内外石化项目、正面宣传……”在这份写就于2013年5月6日的呈报中共中央办公厅的汇报材料里，漳州经验被如是概括。环保部部长周生贤亦表示“需要重点加强对PX的宣传”。在近日召开的“中国特色社会主义与中国梦宣传教育系列报告会”上，周生贤称，PX的生产工艺存在一定环境风险，但通过严格管理，能够将风险事故发生的概率降到很低。事实上，这是中国政府第一次从上到下正面回应PX问题。政府正视问题的态度与勇气，对核电、垃圾焚烧等其他争议性行业有重要借鉴意义。就此次公关而言，这些来自媒体、科学界的理性声音以及政府的交流沟通，对消除PX项目的漫天流言有着积极作用，这也是过去多年业界所希望看到的，不过要从根本上扭转公众对于PX的恐慌，远非让科学作论据这么简单。(案例来源:《南方周末》，有删改)

思考与讨论:

对于PX项目，为何在一些城市能够成功立项，有些城市却出现群体性事件，你如何看待这一问题？国家对PX项目是如何传播与公关的？

案例 2　苏州工业园区新媒体传播体系

如何让游客、投资商在最短的时间里读懂一座素昧平生的城市？如何让居民更理解这座自己生活了几十年的城市？在苏州工业园区，答案就是一套包含政府门户网站、移动智能终端应用、官方微博、政务微群以及传统媒体的立体化新媒体传播体系。随着 2012 年 4 月 23 日“非凡城市 SIP”(iPhone 版)移动应用和政务微博“苏州工业园区发布”的正式上线，这套“以门户网站为基础、以移动终端推送为中层、以微博客户端为顶层”的“新媒体传播体系”已构建完成，创新与传统媒体、线上与线下媒体的互动愈发频繁与便利。

一、政府也成“微博控”

“金鸡湖大道一个广告牌上的字倒过来了。”不久前，一条@“苏州工业园区发布”的微博让一个错误得到了及时改正，维护了园区的城市形象。原来，一个网友在经过金鸡湖大道时发现一个广告牌上“工业园区”的“工”字竟然上下颠倒了，通过微博及时@园区政府，宣传办的工作人员看到后马上联系相关部门，使得这个小失误得到了及时更正。这给苏州工业园区宣传办主任姚文蕾很大的启发，刷微博、发微博已经成了很多人的生活方式，如果让微博成为市民与政府沟通的新渠道会怎样？虽然没有现成的可借鉴例子，也许会遇艰难，但园区还是迈出了先试先行的脚步。经过一个月的试行，“苏州工业园区发布”于 4 月 23 日正式上线，在苏州十二个县区中首个发布官方微博。未来它不仅将及时发布园区政务的权威信息，也将提供更多的实用资讯，此外还纳入了园区科技局、工商局、一站式服务中心等与民生相关的政务微群。

二、让智能真正触及生活

对于建立如此强大的“新媒体传播体系”的意义，园区的答案始终是“亲商亲民”。继今年 1 月 5 日在北京发布“非凡城市 SIP”iPad 应用和“SIP 新闻中心”手机应用之后，经过全面整合、升级，园区移动智能终端应用区域门户——“非凡城市 SIP”(iPhone 版)再次亮相。今后，市民只要轻点手机，就能迅速找到使用者附近的公共自行车分布点，实时查询每个点的当前车辆数字，方便取车与还车，这就是“非凡城市 SIP”首批推出的“公共自行车”应用展现的魅力。此外，为方便市民及客商全面了解园区的发展，“非凡城市 SIP”开出了“非凡城市”、“非凡城报”、“非凡速递”、基于地图和分享的功能应用以及单体功能应用五大版块。这些功能听着挺玄乎，但个个都是以方便服务大众为最终目的，用姚文蕾的话讲就是要避免“灯下黑”，让智能真正进入百姓生活，让他们会用也用得到。

三、合力打造智慧城

在这个“人人都是记者”的全民媒体时代，政府建立一个权威的、快速反应的对外宣传平台显得尤为重要。4月23日，园区在苏州十二个县区中首先发布官方微博，这在有些人眼里是冒险，但在姚文蕾看来这个“险”冒得值，正如苏州工业园区工委副书记、管委会主任杨知评所说：“这是园区迈向智慧城市的重要一步。”

如果说传统媒体和政府门户网站是基石，那么移动智能终端、官方微博及政务微群就是园区一步一步搭建起来的“摩天大楼”，而这一切都是园区在社会管理与新闻宣传方面的创新，也是渗透进园区百姓生活的。姚文蕾说，百姓关注的始终是实用与便利，而园区就是要通过实践了解更多市民的需求，将“新媒体传播体系”越做越精、越做越细。（案例来源：中国-新加坡苏州工业园区官方网站）

思考与讨论：

1. 新媒体时代政府公共关系传播的方式发生了怎样的变化？

2. 结合苏州工业园区的做法，思考新媒体时代政府形象传播出现了哪些新的机遇，政府应如何积极响应？

案例3 “汶川大地震”的政府公关

中国是一个自然灾害多发的国家，在面对水灾、地震和雪灾等自然灾害时，中国政府和地方各级政府处理能力亦在不断提高。2008年5月12日，四川汶川发生了里氏8.0级大地震，这是新中国成立以来破坏性最强的地震灾害，超过1976年的唐山大地震。面对突如其来的地震灾害，中国政府以最快的速度开展了抗震救灾支援工作。时任中共中央总书记的胡锦涛第一时间做了批示，国务院总理温家宝在地震后两小时飞往地震灾区，开放国内外的新闻媒体采访报道，向世界如实全面报道地震灾情的最新情况，报道的及时性和透明度赢得了海内外媒体的信任和支持。世界各国通过新闻媒介渠道了解了中国的地震灾情实况，并给予中国国际人道主义支援，增强了中国政府的救援力度。

中国政府在该次地震灾难中成功的处理，可总结为以下几点。

一、速度第一、承担责任——党中央最高领导层高度重视，第一时间亲自到灾区指挥救援工作

当地震灾害到来的时候，胡锦涛总书记第一时间作出了重要的批示，温家宝总理第一时间飞往余震不断的灾区。中国政府最高领导人对灾害的高度重视，有利于加强中国各级部门对地震灾害的重视，有利于凝聚危机处理的各方面力量。

中国政府最高领导层对地震灾害的严重后果有充分意识，灾害发生后第一时间作出各种应急方案，成立应急指挥小组，并由温家宝总理亲自到灾区指挥救援工作，把人民的生命放在最重要的位置，践行了人民的生命和利益高于一切。上述是这次抗震救灾取得胜利的最关键因素。

二、权威证实、及时沟通——通过媒体及时、公开的报道，让公众知道灾情的最新进展

在特大事故及灾难期间，往往容易传言四起，消息混乱。发布的不准确的消息或与事实不符的消息，若权威部门没有迅速查明真相、及时给予澄清和指示，争取公众舆论的正面转化，那么由此带来的危机有可能比事故或灾难本身带来的危机更大。在此次危机中，中国政府成立了新闻发布中心并开放媒体采访。中国地震局新闻发言人于5月13日在北京召开的新闻发布会上，反驳了为保证奥运前的安定局面而隐瞒了地震预测结果的谣言；中国政府在地震灾难发生后的很短时间内，国务院新闻办公室就召开新闻发布会，公开四川地震灾情，同时中国政府允许国内外各大新闻传播媒体到四川地震灾区报道，确保了公众对政府的信任。中国政府充分意识到封锁地震消息，只会滋生流言，使公众处于恐慌的状态，造成民心不稳定，社会秩序不稳定，灾情信息的公开化能消除政府和公众之间的不理解和猜疑，灾情的公开透明，安定了民心，消除了公众的猜疑，让中国公众享有知情权和表达权。灾情通过媒体第一时间报道出去，得到了世界100多个国家和地区的响应，俄罗斯、日本、新加坡等国的救援队以及国际红十字会纷纷到中国开展救援活动。

5月14日，四川都江堰的化工厂爆炸污染了水资源的谣言一时间传得沸沸扬扬。居民们到超市把瓶装水和矿泉水一抢而空。其实，真实的情况是地震造成了水管的破损，相关的管理部门对破损水管及时进行了停水维修。此外，当地的一家橡胶厂起火，燃烧产生了异味，一些人没有了解情况，误认为是化工厂爆炸，误解导致了谣言并迅速地扩散出去。当天上午10点，都江堰的记者深入化工厂现场采访。11点，抗震救灾指挥部新闻中心在电台、电视台

播出了有关新闻，事实的真相粉碎了“化工厂爆炸”的谣言。12点，当地抗震救灾的权威部门进一步采取有效的公关手段，权威人士在电视台辟谣，他们的迅速反应和妥善的处理方法稳定了局势和人心。随后，电视台采访了自来水厂，水恢复了正常的供应。政府部门与新闻传播媒介保持了良好的关系，得到了新闻媒介单位的支持。

三、以人为本——全国的哀悼日

汶川地震发生后的一个星期，国务院发布公告：5月19日至21日为全国哀悼日，全国和各驻外机构下半旗志哀，停止公共娱乐活动，外交部和我国驻外使馆领域设立吊唁簿，奥运圣火传递活动暂停三天。这是新中国成立以来首次为普通民众举行的国哀，体现了中国政府对地震中失去生命的普通民众的至高哀悼和伤痛，也是对尊敬人民的生命的诠释！

四、救援系统运行完善——中国政府启动善后处理机制

汶川地震带来了重大人员伤亡，扰乱了灾区群众的正常生活。为了让灾区群众重新投入到正常有序的生活中去，中国政府迅速有效地开展震后工作。民政部、卫生部、地震局、财政部等部门各尽其职，迅速地成立了高素质地震工作领导小组，选择各有专长的精干人员，并对潜在危机形式进行分类评估，并制定了预防危机的方针、对策，为处理每一项潜在的危机制定全面的战略和战术。5月16日，四川省政府全面启动了灾后疾病防控预案，实行灾区疫情、食物中毒等突发公共卫生事件日报和零报告制度。5月23日，环境保护部和核安全局迅速启动了应急预案，对灾区核设施进行了监督和检查，对灾后的化工厂泄漏进行了处理，保证了当地水质和大气环境不受污染。国家地震局7月15日召开汶川8级地震科学考察工作部署大会，考察工作自7月中旬开始，考察时间两个半月，主要考察汶川大地震的发震构造与断裂活动性调查、汶川大地震及邻近地区地壳形变观测、龙门山断裂带的深部地球物理探测、汶川大地震工程震害调查、汶川大地震应急救援情况等内容。中国政府通过震后一系列措施，使各项恢复重建工作开展得卓有成效。

中国政府在此次抗震救灾中，以人为本，保障人民生命及财产安全，尽一切可能降低地震给人民带来的灾害，第一时间为灾区灾民提供所需的救援，并及时、公开报道整个救灾过程。中国政府通过抗震救灾中及灾后处理的有效危机处理方案，凝聚全国人民力量战胜了这场“世纪大灾难”。（案例来源：杜明国，《公关世界》，2008年第6期，有删改）

思考与讨论：

1. 中国政府面对汶川大地震——新中国成立以来破坏性最强的地震灾害时，政府的做法与实践遵循了什么样的公关传播原则？

2. 请运用所学知识，对“汶川大地震政府公关”中的传播沟通策略进行分析评价。

第八章　政府公共关系评估

政府公共关系评估是指在政府公共关系工作完成之后，根据特定的标准，对政府公共关系计划、实施及效果进行衡量、检验、评价和估计，可以在确认相关绩效成果的同时，发现新的问题，不断地调整政府组织的公共关系目标、公共关系政策和公共关系行为，使政府公共关系成为有计划的、持续性的工作。

第一节　政府公共关系评估的意义

政府公共关系评估是一个完整的公共关系项目所必不可少的环节，对于改进政府公共关系工作及开展后续政府公共关系工作至关重要，它能够对政府公共关系工作的效果进行总体反馈，说明公共关系工作产生的社会影响力、是否达成预期目标和达成程度、何处有待改进等。因此，政府公共关系评估在政府公共关系实践活动中有着不可低估的作用。

一、总结经验，发现问题

当某项政府公共关系工作展开之后，关于公共关系调查分析活动的实际情况及公共关系目标计划是否准确适用等，需要进行整体衡量与概括，这就有必要存在评估环节。任何计划、任何工作在进行过程中总是会出现各种各样的问题，政府公共关系工作亦是如此。在评估阶段，应该对政府公共关系工作的计划本身、执行情况、公共关系工作人员的表现等各方面予以检查，总结工作中的有用经验，发现新的问题并找出对策，以期提高政府公共关系人员及政府公共关系活动的水平。可以说，政府公共关系评估对政府公共关系工作具有“效果导向”的作用。

由于政府公共关系工作是面向全社会的，因此其工作范围相对较大，工作效果无法直接、明显地体现出来。对政府公共关系的评估，需要从全局上对政府公共关系工作进行整体的把握。一项具体的工作或计划，其成果反映在一定时期内可能并不明显,但如果站在一定的高度、从全局来把握就比较容易分析,政府公共关系工作的效果也是如此。同时,政府公共关系工作实施的效果往往体现为复杂的构成,既涉及公众利益的满足及调整,又涉及政府形象的改造及政府方针、政策的改进和修正。

公共关系评估有助于总结经验教训,为今后公共关系工作的顺利开展奠定基础。在对政府公共关系工作进行评估时,应重视过往经验教训的总结,不仅要看到已取得的成绩,分析取得成绩的原因,总结成功的经验,还应当发现公共关系工作中存在的问题、失误和缺陷,并分析原因,总结失败的教训。这样才能有助于发现政府公共关系工作目标和可行的有效途径,并调整公共关系工作的方式和方法,为制订新的公共关系计划提供依据,以便今后公共关系工作的开展。因此,公共关系评估是政府公共关系工作中非常重要的一环,发挥着承上启下的作用,它不仅是对这一阶段公共关系工作的经验总结,同时也是对新一阶段公共关系状态的调查和研究,为新的公共关系工作提供背景材料。

因此,政府公共关系评估是对整个政府公共关系活动全过程的评估,是对每一个阶段、每一个项目的考核评价,是总结经验、发现问题的过程。政府公共关系的评估伴随着整个公共关系工作的进展,是根据要求随时进行的评估,而不只是在工作结束时所进行的单一概括。

二、改进工作,鼓舞士气

每一项工作的改进都是建立在对之前工作经验及问题的总结基础上的。从政府公共关系工作的连续性来看,任何一项新的政府公共关系工作计划的制订与实施都是以之前的政府公共关系工作及其效果为基础展开的,并不是独立存在或凭空产生。在制订新的政府公共关系工作计划之前,需要对前一项政府公共关系工作从计划的制订到实施、从效果到环境变化进行系统的评估和分析,即使前后两项政府公共关系的工作目标各不相同。美国政府公共关系的先驱者埃瓦茨·罗特扎恩曾经说过,“清理出经验和教训,供下一次借鉴”,恰恰指出了政府公共关系评估对改进政府公共关系工作的重要性。此外,对政府公共关系的评估有助于争取相关组织领导对公共关系工作的重视和支持。在我国,由于公共关系从国外引进的时间不长,一些单位的领导对公共关系工作的内容了解不多、对重要性认识不足,或者存在着偏见和误解,把它当作可有可无的工作。如此一来,公共关系部门及其工作人员更应该对公共关系工作进行评估，提供有说服力的材料来说明公共关系工作的实际成绩，证明公共关系工作在组织管理中的重要地位，以影响并转变领导者的观念和态度，进而争取对公共关系工作的支持和帮助。当领导者了解了公共关系工作的内容和状况、认识到公共关系工作的重要性后，可以对公共关系工作作出正确的判断和评价，从而给予公共关系工作更多的帮助和支持。

政府公共关系的评估让每一个工作人员都清楚地认识到在公共关系工作的最后阶段还有一次“大检查”，会对大家的工作成绩作出评估，这对于工作人员来讲就是一种激励和鞭策。此外，由于政府公共关系工作实施效果的复杂性，一般公众很难有全面的认知。这就需要当一项政府公共关系工作展开之后，有关人员将该项工作的目标、措施、实施过程及效果向内部公众进行解释和说明，这样既可以使工作人员清楚地认识本组织的利益及实现途径，还会督促他们自觉主动地将实现本组织的战略目标与个人的本职工作紧密联系在一起，从而演变为爱岗敬业的行动。

总而言之，政府公共关系的评估是从全局来把握整个工作的动态，从开始到结束的每一个工作环节都要接受特定标准的评估过程。只有这样，才能让领导者看到开展政府公共关系工作的明显效果，从而使他们能更加自觉地重视政府公共关系工作。

第二节　政府公共关系评估的内容

政府公共关系评估贯穿于整个公共关系活动过程中，有效的评估不仅仅是事后的总结，而应该存在于公共关系活动的每一个环节。美国著名的公共关系专家卡特里普、森特和布鲁姆在《有效公共关系》一书中，将公共关系效果评估的内容按照公共关系活动顺序，分为三个阶段十四个层次。第一阶段，准备过程评估，包括背景材料是否充分、信息内容是否正确充实以及信息表现形式是否恰当；第二阶段，活动实施过程评估，包括发送信息的数量、信息为传播媒介所采用的数量、信息理论接收者的数量及注意到信息的公众数量；第三阶段，活动影响效果评估，包括了解信息内容的公众数量、改变观点的公众数量、改变态度的公众数量、实施期望行为的公众数量、重复期望行为的公众数量、达到目标与解决的问题以及社会与文化的改变。这一理论对于我们认识政府公共关系的评估有着重要的借鉴意义。根据我国目前的实际情况，关于政府公共关系评估的内容可以从以下几个方面来认识。

一、政府公共关系状况评估

政府公共关系状况评估是政府公共关系评估中的基础环节。政府公共关系状况评估是政府公共关系部门通过定性和定量的研究方法，了解公众对组织的意见、态度，发现影响公众动机的因素，并从中分析和确定社会环境状况、政府公共关系状态及其存在的问题，以便进一步进行信息收集的专项活动。它为开展政府公共关系活动提供条件和基础，为制定政府公共关系策划提供科学依据，因而是政府公共关系工作的客观基础。

（一）政府公共关系主体状况调查

政府公共关系主体状况调查必然首先包括对公共关系主体自身的调查，即其在公众心目中的形象与地位究竟如何。塑造良好的政府形象是政府公共关系的首要任务，也是影响行政管理活动的一个最基本的问题。政府如果在公众心目中有一种良好的形象，群众就会从心底里信任政府、支持政府，政府的政务活动就能够得到群众的理解和合作。其中，政府形象包括国家象征物、公务人员形象、组织风格、政府的声誉等方面。国家象征物大多由国家统一制定，各级政府的余地很小，只能在公共标志上发挥一些作用，如城市标志建筑、城市象征物等，但在公务人员形象、组织风格、政府声誉方面则为政府公共关系的开展提供了广阔的空间。根据公共关系的形象理论，衡量组织形象的基本目标有两个：一是知名度，一是美誉度。对于政府而言，其特殊地位已经赋予了它有其他任何组织都无法比拟的知名度，因此美誉度便成为塑造政府形象的主要目标。

政府公共关系主体状况调查的主要内容包括：

第一，公务人员形象调查。比如，政府领导的个人魅力，工作人员的工作态度、仪容仪表、精神风貌、道德风尚、工作能力、文化水平等。

第二，政府能力调查。比如，政府部门的管理方式、决策能力、创新能力、施政方略、职能履行等。

第三，政府知名度与美誉度调查。比如，政府的公信力、信誉度、廉洁性、公正性、法制化、民主化及透明度等。

（二）政府公共关系客体状况调查

公众对政府的态度、评价与期望是随着社会经济、文化和民主政治的发展而不断变化的。因此，对政府公共关系的客体——公众的调查必须客观细致。

第一，确定各类公众。公众包括政府内部公众与外部公众，政府内部公众相对比较单一，而外部公众的构成则相对较为复杂，包括不同群体、不同行业、不同利益的公众。因而在确定公众时，只有掌握详细的信息，才能确定其是潜在公众、知晓公众还是行为公众。这些信息大致可以分为四类：第一类是背景信息，比如姓名、年龄、性别、籍贯、民族、职业、文化程度、收入情况及主要社会关系等；第二类是知晓度信息，即公众对政府的某些重大决策、计划、服务、事件、问题等在某一段时间内的了解和知晓程度；第三类是态度信息，即被调查者对所调查问题的态度，比如，是否积极配合；第四类是行为信息，即被调查者就某个问题已经或者正在采取的行动。

第二，了解公众需求。公众需求指的是公众在身体、心理、经济以及社会和文化方面对生存、幸福和满足的要求。公众在接受政府服务时，其对需求的满足程度会直接影响到对政府服务的感受。公众需求是“管制型”政府向“服务型”政府转化的催化剂，政府根据公众需求可以及时调整资源分配的优先次序，从而确保公共服务能够满足大多数人的需求。因此，在巨大的社会转轨和社会变革中，时刻把握老百姓在想些什么、盼些什么、烦些什么，便成为政府公共关系工作的根本所在。

第三，掌握公众态度。公众对政府的态度大体上可以分为支持、中立和反对三种类型。通常持有支持和反对态度的人往往是小部分人，大部分人都是持有中立态度的。这是因为，对于和自身关联不大的一些事情，公众不愿意去做更深入地了解和明确地判断；对于跟自己毫无关联的一些事情，公众并不关心，无法作出态度上的反应。我们可以用“沉默的大多数”来概括这些在政府公共关系上保持中立态度的公众，然而这些持中立态度的公众，正是政府公共关系工作的重点。一般来讲，政府的任何活动都很难得到所有公众的一致支持，总是存在公开或者潜在的不合作者。如果政府公共关系活动能够争取到“沉默的大多数”的公众的认同和支持，那么政府公共关系工作的目标也就能够基本实现。

（三）政府公共关系环境状况调查

政府公共关系环境状况调查旨在把握政府公共关系环境的特点及其变化发展的趋势，以便为公共关系的策划奠定基础，为政府决策提供参考。政府部门可以看作是社会大环境的一部分，不断地与社会大环境进行各种能力和资源的交换，其生存和发展就看它能否与环境保持一致与平衡。只有通过政府公共关系环境调查，了解和把握政府公共关系的外部和内部环境，才能够适应客观环境的要求，并且在一定程度上反作用于社会大环境。

第一,外部环境调查。外部环境调查包括宏观环境调查和微观环境调查两部分。宏观环境调查是对社会大环境的调查,包括对自然环境、经济环境、政治环境、文化环境等进行冷静分析和认真研究;微观环境调查是对开展公共关系活动的外部条件进行调查,又可细分为硬性条件和软性条件,比如,公共关系活动的场地、设备以及各类制度和规定要求等。

第二,内部环境调查。内部环境调查主要是指对政府内部的管理状况、员工状况、内部公共关系条件等进行的调查。其中,管理状况包括领导者的管理思想、管理理念,机构设置、责权利划分等管理体制,行政、经济、制度等管理手段;员工状况包括政治思想素质、文化知识水平、业务技术水平、身体和心理状况等;内部公共关系条件则包括开展政府公共关系活动所需要的人力、财力、物力状况等。

二、政府公共关系工作程序评估

政府公共关系工作程序评估是对政府公共关系工作的各个步骤的合理性作出客观的评价。政府公共关系评估是一个连续不断的活动,一旦进入政府公共关系工作过程,评估活动也就正式开始了。

(一) 调查研究准备过程评估

调查研究过程是公共关系的准备活动过程,主要是指为确定公共关系目标而制订公共关系计划、收集信息、发现问题的活动过程。这一活动过程的主要特点是由于能够对公众产生影响的实质性公共关系活动尚未正式展开,而这一调查研究活动的目的在于为实质性公共关系活动做好准备工作,因此该活动过程评估的主要内容不是它对公众的影响效果如何,而是联系公共关系目标计划及其实施效果来开展评估。

调查研究过程评估的要点主要包括:政府公共关系调研的设计是否合理;政府公共关系工作信息资料的搜集是否充分、获得信息资料的手段是否科学;政府公共关系调研对象的选择是否具有典型性、代表性;政府公共关系调研工作组织实施的合理程度如何;政府公共关系调研的结论分析是否科学、信息的表现形式是否恰当;等等。例如,在政治活动中,政府公共关系活动的策划者需要研究竞选者在电视辩论中的发言,以及各种新闻媒介对他的讲话及其本人的评论,并且通过选举过程中选民们对这个竞选者的反映来看政府公共关系活动是否成功。当然,在评估这一政治活动时还需要分析:政府公共关系活动中准备的信息资料是否符合问题本身;目标及媒介的沟通活动是否在时间、地点、方式上符合目标公众的要求，有没有对沟通信息和活动产生对抗性行为，有没有制造事件或者采取其他行动配合本次政府公共关系活动；相对任务而言，人员与预算资金是否充分等。这种评估分析的结果可以作为进一步审定或调整计划与战略、改进方案实施过程的重要参考资料。

（二）制订计划和实施活动过程评估

这一层次的评估主要是指政府公共关系目标及计划的制订和执行活动情况的评价分析，主要有以下两个方面。

一是政府公共关系目标及计划的制订是否符合实际情况并切实可行。目标计划只有在实施过程中才能对其优劣进行客观、准确的评判。这一阶段的评估内容包括：目标是否明确具体、符合实际，是否具备了实施的现实条件，目标的广度和深度如何，计划方案是否脱离了目标，计划方案是否缺乏足够的可操作性，经费预算是否太过严格或者过于宽松等。

二是目标计划执行过程的评估。执行过程是否严格按照目标计划开展，有无偏差，偏差范围及产生原因；执行过程中遇到哪些问题，分析问题出现的原因，是由目标计划导致还是突发事件造成，针对执行过程中出现的问题有无采取应变的措施、效果如何；执行过程中，政府公共关系部门工作人员工作情况怎样，相关部门及其工作人员是否配合等；传播沟通的模式选择是否恰当，传播媒介的选择和运用情况怎样；信息内容准确度、信息表现形式及信息发送数量如何；信息被传媒采用的数量和质量如何；接收到信息的目标公众及注意到信息的目标公众有多少、成分如何，和组织关系是否密切等。

（三）实施效果评估

调查研究准备过程评估及制订计划和实施活动过程的评估主要是针对活动过程的情况进行经验教训的总结，而实施效果的评估则是对活动过程所产生的实际效果进行评估，即评估本次政府公共关系目标计划实施完毕后，组织形象的变化情况。可以将调查所得数据同政府公共关系活动开展前的有关数据进行分析比较，得出结论。本阶段的评估主要有几个要点：公众受影响的范围有多大，即有多少人次受到本次政府公共关系活动的影响；受影响的公众对组织总体情况的了解程度有何变化；受影响的公众对组织良好形象的评价有多大程度的改变；受影响的公众对组织的态度、行为方面的变化情况反映如何；达到目标的程度及解决了什么问题；对社会经济与文化发展产生的影响等。

三、政府公共关系目标效果评估

公共关系目标管理是指公共关系的全部活动过程，主要包括在一定时期内组织领导提出总目标、制定方针，公共关系部门根据总目标制定公共关系目标，公共关系人员经过上下结合、充分协商来分解目标，制定措施，安排进度，具体实施，严格考核，并在实现目标的过程中“自我控制”公共关系的全部活动。目标管理是计划管理的一种形式，也是实现计划的重要手段，而政府公共关系目标效果评估又是公共关系目标管理的重要组成部分。在公共关系目标中应当有严格规定的定量和定性分析的各项指标，并客观地进行评价。要以公共关系调查所掌握的资料和公共关系计划方案的具体实施结果为评估的依据，以社会公众的满意程度作为指标实现的衡量标准。

公共关系目标效果评估的内容与目标管理程序中的目标内容要一致，有什么样的目标内容，就应该有什么样的目标效果评估内容，要根据公共关系目标内容的要求来确定公共关系目标效果评估的内容。

（一）组织形象目标效果评估

组织形象目标效果评估就是将公共关系计划方案中所设计的特定组织在一定时期内所要实现的目标，与该组织通过公共关系工作所达到的实际组织形象目标进行比较，评估其实现的程度如何。如果组织形象目标没有全部实现，则应该发现差距，找出问题；如果组织形象目标全部得以实现，则应当总结经验，实事求是地用目标值加以表示；如果现实的组织形象超越了公共关系计划目标，则应寻求美好的组织形象得以建立和发展的真正原因，分析是否是由组织自身的努力所带来的结果，并表扬公共关系做得好的部门和工作人员，以再接再厉。

（二）领导形象目标效果评估

组织形象目标是特定组织公共关系的总体目标，它的实现及实现的程度有赖于各个具体目标的达成。其中，领导形象目标是组织形象目标中的一个具体分目标，对领导形象目标效果进行评估，主要是根据社会公众对本组织领导评价的结果，分析其领导形象如何，可采取公众座谈会、民意测验等形式。

（三）职工形象目标效果评估

职工形象目标作为组织形象的又一个分目标，具体表现在职工的精神风貌、工作作风及劳动态度等方面，可从服务态度、工作完成率及完成质量、组织的各项活动的参与程度以及社会公众对组织职工的多方面反映等给予评估。

职工形象关乎组织的凝聚力与向心力，其实现与否标志着职工是否热爱自己的组织以及组织自身的文化环境优劣，应当予以高度重视。

（四）环境形象目标效果评估

环境是保障人们身心健康的一个重要的客观条件，环境形象的好坏直接影响到职工的劳动情绪和其他工作人员的工作情绪。它对外部公众对组织印象的形成也起着一定的辅助作用。与初期对环境状况的评估不同，环境形象目标效果评估主要依据环境建设的目标完成率给予评估。

第三节　政府公共关系评估的流程

政府公共关系评估有五步关键性流程：明确评估原则，确认评估主体，构建评估指标，选择评估方法，撰写评估报告。

一、明确评估原则

明确政府公共关系评估的原则是开展评估的首要任务，在进行评估时，一是要把握好定性分析与定量分析相结合的原则。定性分析是从价值评判方面评估政府公共关系活动效果，而定量分析则是从数据事实方面分析政府公共关系活动效果。可以说，政府公共关系活动的目的就是要改变社会公众对政府组织的态度与看法，激发社会公众的认可度与合作行为，因此有些客观效果很难通过数量体现出来，如社会公众对政府工作的满意度，往往只能通过定性分析来展开评估。政府公共关系活动投入了多少成本、获得了多少效益，则只能通过数量来进行评价。二是要把握好近期效益与长远效益相结合的原则。不是所有的政府公共关系活动都能产生立竿见影的效果，这是由公共关系活动的特殊性决定的。因此，在评估其效果时，不但要考虑近期的目标是否达到，还要分析其长远的效果。既有近期考察，又有长期分析，才能做到评估结论的科学与公正。三是要把握好标准化与动态化相统一的原则。政府公共关系评估的内容与项目应做到标准化，同时也要根据特定的公共关系活动内容，对部分测评项目与标准适时进行调整，使其能够符合时代发展与政府公共关系工作的新情况与新问题。

二、确认评估主体

政府公共关系的评估主体是直接或间接参与政府公共关系评估的组织、

团体或个人。评估主体是影响评估结果真实性的基本条件。

第一类评估主体是社会公众。政府行为的最终目的是为了实现公众的满意，社会公众满意与否是评估政府公共关系活动效果的主要原则。然而，并非所有社会公众都能跟政府机关相接触，能够直接体验政府公共关系活动的效果。因此，可以根据其和政府的接触程度将社会公众主体分为核心社会公众和边缘社会公众。核心社会公众主要是与政府有过接触、对政府的服务有过亲身体验的社会公众。这一部分群体对政府的活动与服务效果具有较大的发言权。普通社会公众是与政府部门及其工作人员少有接触的人，他们往往通过接触新闻媒体形成自己的主观印象来对政府进行评价，而缺乏真实体验。社会公众作为评估主体，作为政府公关的直接对象，可以直观地对政府活动提出自己的意见，可以对如何进一步完善政府公关工作提出最朴实的意见。而由于大部分社会公众没有直接体验政府活动的经历，与政府公关活动的直接接触并不多，因而容易产生晕轮效应，被大众媒体所引导，很难保证评估结果的全面与客观。

第二类评估主体是第三方组织。第三方评估组织是由与政府无直接隶属关系和利益关系的第三部门和民间机构组织实施的评估。这些第三方组织主要由高校、科研院所的专家组成，他们的评估比政府部门的自我评估具有更好的独立性、客观性、公正性和透明性。专业性评估力量的兴起，将会大大节约政府的精力与成本，还能提高政府公共关系评估结果的认可度。

第三类评估主体是政府本身。政府本身作为评估主体主要由上级机关、同级部门、主管部门对政府公共关系活动进行评估。政府本身的评估由于对公共关系活动的整个流程与进展、投入与产出十分熟悉，因而能够更深入地作出结论，但是由于自我评估容易导致较强的主观性，容易受保护主义与利益的影响，作出与实际情况相反的评估结果，从而影响评估结果的公正性。

三、构建评估指标

评估指标是反映特定现象变异特征的范畴，是一种以特定概念和具体数值的方式显示特定领域问题意义的测量工具。在政府公共关系状况调查中，指标是反映政府公共关系的风向标，通过设计有效的指标并进行测量，可以反映出政府公共关系的现状和未来走向。

由于政府公共关系状况调查一般都不是针对一个或一类部门的评估，而是跨部门、跨类别的综合比较，因此在指标建构中，既要考虑不同类别部门的可比性，又要体现不同类别部门的差异性。在政府公共关系状况调查中，要确定指标体系，必须明确以下思路：第一，参考现有的政府公共关系研究成果和信息，参阅国际标准，考虑部门的长远发展；第二，以公众需求为核心，以实用为导向，以技术为支撑；第三，展现灵活性、可操作性、时效性、可比性、系统性原则；第四，以全面而精简为特点，以提高服务质量和公众满意为方向，与时俱进，勇于创新。

如何构建科学、完整的评估指标来实施政府组织与相关部门的公共关系的评估是当前亟待解决的问题。从公共管理的视角来看，如果无法有效衡量与评价公共管理的效果，就无法达到应有的管理目标与效果。只有对政府公共关系作出公正合理的评价，才能摆正现有位置，明确改进方向。

政府公共关系的评价指标往往被分为程序类指标和结果类指标两类。程序类指标主要考查日常行政活动中的公共关系意识和公共关系行为，按行政程序将其分为决策、执行和监督三方面进行。结果类指标主要用于评价政府的公共关系状态，主要从产出、结果、改变、影响等层面展开。

四、选择评估方法

根据评估的不同内容与目标，选择合适的评估方法实施评价，以提高评估的适当性和可行性。关于具体的政府公共关系评估的方法并不局限于某一种，而是可以结合起来交叉使用。具体来讲，政府公共关系评估的方法主要有以下几种。

（一）公众意见法

公众意见法包括公众意见征询法和公众问卷调查法，所谓公众意见征询法，是在公共关系活动过程中和结束后，通过对公众的访问、举行公众代表座谈会，以电话或口头交谈等方式来征求公众的意见。问卷调查则是在公共关系活动的准备阶段、结束阶段与结束后3—6个月向目标公众发放问卷。通过问卷的整理、统计与分析来评估政府公共关系活动的效果。公众意见法在政府公共关系评估中运用较为普遍。问卷调查时采用预先设计好的结构化、标准化的问卷作为资料收集的工具，是政府公共关系调查中最经常使用的方法。根据问卷发放形式的不同，问卷调查可以具体分为面对面调查、邮寄调查、电话调查和网上调查等。以上几种方式在政府公共关系调查中都较为常用，其中，网上问卷调查能够帮助政府更加快速、便捷、经济地了解民意。

（二）专家意见法

聘请政府公共关系知识丰富并有公共关系实践经验的专家，就事先拟订的政府公共关系计划、实施时采取的措施及实施的范围等，请专家们各自以匿名的方式就各项内容发表意见和建议，然后由工作人员将第一轮的全体专家意见汇集整理，反馈给每一位专家，请他们再次发表意见，直至意见趋于一致，经过整理分析得出代表大多数专家意见的评判。专家意见法的形式有很多，包括德尔菲法、同行评议法、座谈会法、非正式交谈等。

（三）民意测验法

民意测验法在公共关系评估中运用较为普遍，基本做法是：按抽查法的要求，在选定的公众群体中选择一定数量的测验对象，用问卷、表格等方式，征求他们对指定问题的意见、态度与倾向，然后再进行统计、说明，整理分析公共关系活动的效果。

（四）“神秘顾客”法

“神秘顾客”法是指由经过严格培训的调查员在规定的时间里扮演成普通顾客进行真实的服务体验，同时对事先设计的一系列问题逐一地进行评估的一种调查方式。这种方法是由美国零售行业“模拟购物”的调查方式发展而来。在我国，最早是由肯德基、诺基亚、飞利浦等一批跨国公司引进国内，为其进行管理服务。“神秘顾客”法不仅是一种独立的市场调查法，在政府公共关系状况调查中也是一种有效的诊断和评估工具，具有组织安排的系统性、实施的严密性、考核指标的客观性、分析的科学性和功能的显效性等特点。

在政府公共关系状况调查中引入“神秘顾客”法，能够准确、有效地反映政府部门中存在的实际问题。这是因为被检查或需要被评定的对象，事先无法识别或确认“神秘顾客”的身份，同时，针对政府服务中存在的服务质量起伏的现象，如部门中经常是上级检查时，服务质量马上提高，而检查过后，服务质量又回到原状，运用“神秘顾客”法可以督促政府工作人员时刻保持良好的工作积极性和服务态度，主动提高自身的业务素质和服务技能。

（五）自我评估法

采用自我评估法的前提是公关人员在公共关系活动的全过程中或者在组织的日常活动中，坚持记录有关指标和数据的变化。例如，通过公共关系活动前后数据、知名度和美誉度的量化指标的记录，就可比较准确地评估出本次公共关系活动的成果。全面、准确的活动记录还可以帮助公关人员以时间为周期（如按年度）评估公共关系活动的整体效应。自我评估法是政府机构内部进行的评估方法，主要包括个人观察法、目标管理法、专门监察法。

五、撰写评估报告

政府公共关系评估报告是通过文字、图表等多种表现形式，对整个公共关系工作进行总结的报告。它是由公共关系评估人员撰写，提供给组织领导参考并需要进行保存的一种正式文本。撰写评估报告的意义在于为公共关系工作提供各种参考：评估人员将评估报告分别提供给组织领导，作为他们完善管理和进行新决策的重要依据；送达给组织各职能部门，作为他们改进工作的重要参考资料；发放给组织内部员工，使他们理解外界对组织的评价，增强其自信心和凝聚力。总之，通过撰写评估报告，组织可以总结教训、积累经验，发现问题、及时改进，面向未来、更上一层楼。

（一）评估报告的构成要素

政府公共关系评估报告因评估的目的不同，评估的项目和对象不同，其具体的构成内容也有所不同。但是，作为一个完整的评估报告，以下七项内容是必不可少的。

一是评估的目的和依据。即为什么要进行公共关系评估，组织通过评估要解决什么问题，评估的依据是什么。

二是评估的范围。公共关系活动涉及的范围非常广，为了突出重点，缩短篇幅，评估报告必须说明本次评估的具体范围。

三是评估的标准和方法。在评估报告中，应说明评估所依据的标准和所采用的具体方法是什么。

四是评估过程。简要说明评估过程是如何进行的，每个具体阶段是怎样的，做了哪些重要的工作。

五是评估对象的基本情况。在评估报告中，必须说明评估政府公共关系活动的情况，包括活动的名称、开展的时间、实施的基本情况等。

六是内容评估、分析与得出结论。在评估报告中要写明评估项目的内容，对实施过程以及实施效果、效益的分析，以及经由分析得出的结论等。

七是存在的问题及建议。评估者根据所掌握的实际材料、相关情况，有针对性地提出存在的问题，并就存在的问题提出建设性意见。

（二）撰写评估报告应注意的问题

撰写政府公共关系评估报告书具有一定难度，它要求撰写人员具有较高的公共关系理论和实务水平，具有较强的文案写作能力。在写作中，既要求报告有理论深度，又要求报告有较强的可读性。为此，在撰写评估报告时，应注意以下问题：

一是定量与定性相结合，理论阐述与现实案例相结合。评估结论通常是定性的，但必须用定量的指标加以说明；理论阐述通常是严谨的，但必须用生动的案例来印证。

二是语言准确、精练、可读性强。写作时，尽量用简洁、通俗的语言来说明问题，切忌用太多的专业术语。

三是评估结论要客观准确。既要看到成绩、效益，又要说明缺点和不足。在结论中，要尽量避免使用“可能”“也许”“大概”等模糊词汇，所有的结论都应该有相应的佐证材料。

四是紧紧围绕中心。评估报告要紧紧围绕公共关系工作目标是否实现，公共关系问题是否解决以及组织形象是否确立来写，绝不可以游离于主题之外谈些无关紧要的枝节问题。

【案例思考】

案例1　网络公关的效果评估

目前，网络公关传播已经在公关中占据重要的地位，但其效果评估一直困扰着企业和公关公司。公关公司普遍采用“广告当量”代替对互联网公关传播效果本身的衡量，这样的评估方式虽然在量化上有一定的指标意义，但是与其影响力以及效果的真实还是存在差距的，我们看看当前有哪些评估方式？

一是量。评估网络公关传播以数量作为KPI，这已经成为普遍方式，主要表现为主动发布篇次、被转载数、评论数、浏览量等。

不过目前，一般媒体平台很少对外公开浏览量，尤其对于单篇新闻，页面上也很难看出来，其他数据则比较直观，对于实现达成效果是相对容易的。在对效果的意义上，以量为据的方式不是最好的评估方法，在传播中这种方法是最基础的KPI设定方式。从被转载数这个指标上看，目前这是对网络公关一个很好的评估，一篇好的文章和一个好的新闻事件，会在很长时间内被反复转载，截至一个时间点并记录它的被转载次数，是一个可行的方案。

二是质。关于网络公关传播质量的评估，会有多个维度，比如：

热门新闻排行榜。虽然很多新闻无法用浏览量来权衡，不过一些新闻网站会有一个根据24小时、48小时访问流量的新闻自动排序，另外一些百度新闻源媒体在“百度新闻”各个频道的推荐也值得关注。

网络媒体发布的位置。网络发布的位置一般会通过两方面产生，一个是以广告形式购买的文字链或者幻灯片轮播，之后用户点击企业的新闻，或产品推荐或者品牌植入，等等，这种方式一般较容易达成，不过要考虑内容的符合度。另外一种方式则是策划优秀的内容被编辑推荐，这种难度较高，需要营销推广人员在内容选题、稿件撰写上下一定功夫。

专题的影响力。带入流量、专题文章数量、评论量、文章撰写专家数量与影响力等都会成为专题评估的指标。不过目前在网络公关方面，大家习惯性地进行专题制造，在专题的用法上重点在质，不在量。一个专题输出的内容是不是足够有影响力，吸引用户的目的是什么，如果是一个企业的产品介绍页，那不如就直接做个广告链接到企业官方网站，专题更多是深度解读，从品牌的另一面展示品牌内涵。

三是势。网络公关的真正影响力有多大，这个“势”可以引起多少人关注，在这方面会有以下几个指标出现。

分享力：目前很多新闻媒体都有增加社会化媒体分享的功能，一篇文章有多少人把它分享到了微博、SNS中去，可以进行统计收集并进行评估。目前这个指标虽然看起来是一个很不错的考量网络公关的方法，但是并非大多数网站都有此功能，且每个网站并非标准化设置，也就是位置及用户体验不同，这也决定了分享力的优劣。同时，一篇文章是否真的吸引用户且能激发他分享到“自媒体”中去，这就是内容因素，后者是营销人员需要把握的，前者当前营销人员就显得无能为力了，在KPI设定时要综合考虑。分享力统计与设定，对于文章发布来说较为困难，一般网站很难开放数据，只能通过在开放的社会化平台中通过新闻标题的搜索来统计汇总，然而对于我们自己制作的专题来说，可以加上分享工具，后台的数据就可以轻松查询到。

传播力：有些网络公关传播会引发全行业的关注，一篇爆炸性的网络新闻发出后，引起平面、电视、广播等媒体的热烈讨论，在这时就不是“被转载数”这个指标来评估了，在成“势”之后，会有众多媒体、机构自发地将事件“发酵”起来，此时可以通过百度指数、Google趋势等数据进行评估，或者委托第三方调研公司，调查品牌或者产品的知名度及美誉度变化情况。这部分指标，业内常用百度指数衡量传播力，一般会在推广前设定相关指标，此指标一定与传播数量、频次有关系，同时要看本品牌目前指数情况。比如，一个品牌目前指数是

0,希望在3个月传播期后达到1 000,传播周期内文章发布10篇,没有其他营销活动,显然无法通过自然的效果实现预设的KPI。我们在前期设定指标不是拍脑门,而是需要通过测试、测算得出,每个行业因为用户属性特点不同决定了不同的传播力情况。如果指数的数值适当,传播的内容及营销活动加大,并且是持续性的,是极有可能的,否则KPI设定就变成了摆设,毫无意义。如果仅仅为了KPI而营销,效果会大打折扣,营销不是为了完成任务,是要达到好的结果。所以,在传播力的效果评估上,建议放在传播后作为项目亮点总结,对于下一阶段以及企业其他项目推广借鉴使用,如果用在前期设定KPI方面,需要企业根据以往数据或者进行测试后再做评估设定。

推广力:"销售"这个词是企业推广的终极目的,只是在品牌推广的各阶段要求会略有不同,然而在网络公关效果成"势"方面是不是就能带来销售力,我的回答是,能!从一个用户了解—知道—兴趣—购买的行为转化流程看,了解和知道环节都可以从网络公关上获得,用户行为的转化可以通过公关、广告、互动产生。目前通过网络广告产生是很容易评估,各种监测代码随着用户跳转陆续被记录下来,然而网络公关的流程很难这样实现,如何实现网络公关对销售力的评估,我的回答是,难!很多企业对网络公关的考评已经不满足量与质的方面,但是对于销售这样的考评很多乙方又难以接受,是乙方对自己的方案不自信么?一定不是。只是这个销售的考量很难用具体方法衡量,一般也会使用ROI的方式,但是如果一个项目在同一阶段有很多传播手段,其界定就显得很模糊,除非是某一产品上市,只用了单一手段传播,考量便容易得多。(来源:魏家东,《数字营销战役》,电子工业出版社,2014,有删改)

思考与讨论:

1. 请结合案例,思考政府公共关系评估的手段与方法。
2. 企业公关评估与政府公关评估应有怎样的不同?

案例2 政府媒体关系活动评估

——2004年奥运安保问题媒体关系活动评估

瓦哈齐斯(Miron Varouhakis)分析了2004年希腊奥运会过程中,希腊政府关于安保事务开展的媒体关系活动的效果。瓦哈齐斯试图分析希腊政府在2004年奥运安保问题上对国际与国内媒体对该问题的报道产生的影响。具体而言,主要关注以下几项问题:第一,希腊政府如何为2004年奥运会安保事务策划媒体策略；第二，媒体人员对希腊政府安保官员采取的媒体策略的评价；第三，希腊政府安保官员的观点是否对国际与国内媒体相关报道产生了明显的影响。这里在瓦哈齐斯分析的基础上，将相关媒体报道及其他相关材料补充进来，对希腊政府就奥运会安保事务开展的媒体关系活动的大致效果进行简明分析。

一、分析方法

瓦哈齐斯采取了定性与定量相结合的方法，即深度访谈与内容分析相结合。深度访谈被用于关注两项问题：希腊政府是否为2004年奥运会安保事务策划了特定的媒体策略？国际与希腊媒体是否给予希腊政府的媒体策略积极评价？内容分析方法被用于关注三项问题：在有关希腊奥运安保事务的报道中，希腊政府安保官员是否成为主要信息来源？国际与希腊媒体对奥运安保事务报道的主要焦点是否集中于希腊政府的奥运安保计划？媒体是否给予希腊奥运安保事务以积极的报道？瓦哈齐斯共进行了六次深度访谈，自2008年6月10日至28日期间开展。其中，四次访谈是面对面进行，另两次则通过电子邮件进行。访谈对象包括来自五位媒体人员和一位负责媒体策略策划与实施的希腊政府官员。五位媒体人员来自五家媒体，其中三家为在希腊设立办公室的国际新闻机构（法新社、美联社、路透社），两家为希腊全国级别的报纸（《自由新闻报》《每日新闻报》）。媒体报道分析对象来自四家媒体：法新社、美联社、《自由新闻报》（成立于1919年，希腊高品质报纸）、《每日新闻报》（成立于1975年，希腊发行量最大的报纸之一）。研究过程中，法新社资料难以获得。美联社与法新社报道资料来自律商联讯，两份希腊报纸报道资料来自各自的网站。

报道内容分析的四项指标包括“首要消息来源”“第二消息来源”“报道焦点”和“报道倾向”。首要消息来源指在30%以上的报道篇幅中成为第一消息来源，具体形式包括直接引用消息来源的话语和间接使用消息来源的评论。第二消息来源指在20%以上的报道篇幅中获得直接或间接引用。这样区分的基本依据是，原则上新闻报道至少需要三个消息来源来进行报道，因此将首要消息来源的标准界定为30%。

二、分析结果

总体而言，希腊政府试图通过严格的信息控制与媒体报道主导消息来源的有效运作，对奥运会安保相关报道加以影响。但是，希腊政府并没有获得积极的媒体报道，甚至有关奥运会安保问题的相关报道有些消极色彩。总之，媒体的“守门人”角色已经受到影响，不过并没有在政府的媒体关系活动影响下丧失影响。

第一，对希腊政府安保官员的深访结果显示，希腊政府的确为2004年奥运安保事务进行了媒体策略的组织与策划。这项工作开始于2002年，在这个过程中，媒体策略策划者也接受了来自其他七个国家安保咨询机构的建议、经验与培训。策划过程从零开始，而且是2001年世贸大厦恐怖袭击之后的第一届夏季奥运会，传播工作有所不同。在传播过程中，核心部门是希腊公共秩序部新闻办公室。该办公室与北约发言人，美国、英国等其他国家驻希腊大使馆密切合作。

策划过程的核心内容是确定一些问题：谁来发布信息、在哪里发布信息、什么时间发布信息、发布什么信息等。媒体策略的核心是一条核心讯息：奥运会重回它的发源地，希腊将在安全的环境中维护奥运的和谐精神。为了确保记者对奥运安保相关信息的使用，奥运组织者们从一开始就努力赢得记者的信任，尤其是国外记者的信任，方法是将希腊公共秩序部新闻办公室塑造为可靠信息的来源。在这个过程中，该办公室不再单纯依赖传统的信息发布形式，而是将大量精力与时间投入到与记者个体就相关背景信息进行的简报活动。

美国《纽约时报》日前报道说，迫于美国政府压力，希腊已和美国达成秘密协议，同意后者派出400名特种兵和一个人质解救小组参加雅典奥运会的安全保卫工作。但德塞费尼托对此予以否认，她说：“希腊宪法禁止外国公民携带武器入境。各代表团可以拥有警卫人员，但这些警卫人员绝不能携带武器。运动员的安全保卫工作将由希腊独自承担。”不过，德塞费尼托证实，一支驻扎在德国的北约特种部队将在“必要时”会为希腊提供援助，“如果奥运会期间希腊遭遇恐怖袭击，而希腊靠自身力量难以应付时，这支部队将可以在很短时间内赶来增援”。

希腊媒体人员并不完全认同这一说法，一名记者表示，国外公众眼中奥运开幕式之前的希腊“就是一团糟”。三家国际新闻机构的受访人员更多地表示，国外公众确实对奥运安保事务有了准确地了解，相关媒体报道是准确无误的。

第二，在相关报道中，希腊政府安保官员是主要消息来源。在567则报道中，230则报道来自美联社，150则来自法新社，118则来自《自由新闻报》，69则来自《每日新闻报》。分析结果显示，希腊政府安保官员成为所有报道的首要消息来源与第二消息来源。

美联社的230则报道中,61则报道(26.5%)的首要消息来源是希腊安保官员,30则报道(13%)的首要消息来源是国外政府安保官员。法新社的150则报道中,50则报道(33%)的首要消息来源是希腊安保官员,国外安保官员只成为23则报道(15%)的首要来源。《自由新闻报》的118则报道中,23则报道(19.5%)的首要信息来源为希腊安保官员,14则报道(12%)的首要信息来源为国外安保官员。

第三,国际新闻机构与希腊国内媒体有关奥运安保事务的报道焦点集中于希腊政府的奥运安保计划,希腊奥运安保演练与奥运安保体系的设置仅得到很少的关注。美联社的230则报道中,有132则报道(57%)集中报道希腊政府的奥运安保计划,集中关注奥运安保演练与安保系统的设置的报道各有15则(6.5%)。法新社的150则报道中,有119则报道(79%)集中关注奥运安保计划,集中报道安保演练活动的报道有7篇(5%),有6则报道(4%)集中关注奥运安保体系。来自《自由新闻报》的118则报道中,集中关注奥运安保计划的报道为62则(52.5%),将焦点放在安保演练的数量为3则(2.5%),放在安保系统的为2则(2%)。《每日新闻报》的69则报道中,有52则报道集中报道安保计划(75%),有9则报道(13%)集中报道安保演练,只有1则报道(1%)集中报道安保系统。

总之,希腊奥运安保计划成为567则报道中的365则(64%)的报道焦点,安保演练成为34则报道(6%)的焦点,安保系统成为24则报道(4.2%)的焦点。(资料来源:冯丙奇、齐小华,《政府公关操作》,清华大学出版社,2011,有删改)

思考与讨论:

1. 对于2004年奥运安保问题,希腊政府是如何进行媒体公关的?
2. 专家对此次公共关系活动是如何评估的,有哪些步骤与方法?

第九章　新时代的政府公共关系

政府公共关系是现代社会中一种典型的传播行为，通过向全社会发布公共信息和上情下达或下情上达来达到管理、调控社会体系的目的，这是政府作为一个社会的管理者，面向全体公民或特定的社会集团进行积极有效的信息传播的过程。值得一提的是，政府公共关系中的传播行为，不同于普通的人际传播行为或大众传播行为，它是由最有社会地位的权威传播者设定传播对象和目标，积极利用大众传播媒介的空间，以寻求最佳传播效果的一种传播。所以，从传播媒介的角度看政府公共关系的实践，或者说，注重政府公共关系活动与媒介的相互关系是公共关系学中一个极为重要的课题。

第一节　政府媒体公关

一、政府媒体公关的界定

所谓政府媒体公关，是指政府如何处理与媒体的关系，充分发挥媒体在政府公共关系活动中的作用。媒体作为沟通政府与社会公众的平台，在现代政治中发挥着非常巨大的作用，尤其是随着信息技术的高度发展，媒体的类型和功能也产生了很大的变革。同样地，媒体对政府公共关系的作用也日益显著，政府要塑造良好的自身形象，就必须打好媒体公关这张牌。

（一）政府媒体公关的意义

1. 传递政府声音

政府一般通过媒体获取决策所需的信息，同时向公众传递政务信息，因此，对政府而言，掌握了媒体也就等于掌握了对公众的话语权。大众传媒不是传递政府声音的唯一手段，但其普遍性与持久性等特征使得大众传媒成为首要的传播媒介。政府媒体公关做好了，媒体会正确地向公众传播政府的执政理念，宣传并解释政策，从而潜移默化地对公众发挥影响。

2. 引导舆论发展

通过媒体公关，政府可以在传播事实的基础上引导舆论朝有利于政府的方向发展，进而引导公众的思想和行为。因为一方面，在现代社会，政府已不可能实现对媒体的完全掌控，通过对信息的集中控制来消除不利舆论的行为也已经不适应时代和科技的发展。另一方面，政府虽然无法全面控制但并不代表对舆论放任自流，而是要进行正确、合理的引导。一个负责任的、自信的政府，必然会做到信息公开、民情畅通，只有这样才会取信于民，并在舆论上真正获得主动。

3. 维护政府形象

防不胜防的负面新闻对于政府形象的损害是非常大的。当政府出现差错并被媒体当作或即将当作负面新闻来报道时，政府应当与媒体及时沟通，对事实做到最大程度的公开。政府只有争取到媒体的理解，才有可能使媒体作出客观有利的报道，从而维护政府的形象。尤其是在突发事件中，媒体的及时传递和互动沟通，可以安定社会民心。当然，这一切都是以政府实事求是地公开信息为前提的。

（二）当代媒体的主要类型

1. 传统媒体

一般认为，传统媒体主要包括报纸、广播、电视等（前面已对这几种媒体进行了分析，这里不再赘述）。

2. 新媒体

新媒体主要是指相对于传统媒体而言，基于互联网技术和移动通信的快速发展而产生的传播媒介。新媒体可以划分为网络媒体和移动媒体。

(1) 网络媒体。网络媒体作为迅速发展的新型媒体，有优于传统媒体的三大机理："眼球效应"，通过网络媒体传播的信息大都具有眼球效应，既吸引人的注意力，又让人乐于传播；"轰动效应"，诸如，揭露社会阴暗面、批评政府部门等类似的信息往往会在网络上带来轰动效果；"持续效应"，因网络保存和传播信息的成本相对很低，所以网络信息的持续性越来越强，即网络信息发布的保留时间越来越长，针对某些事件的特殊活动越来越多。网络媒体主要分为以下几类。

第一，各类网站，主要是指各类新闻图片网站。目前，我国的网站数量巨大而且增长迅速，根据中国互联网信息中心（CNNIC）发布的第37次中国互联网络发展状况统计报告显示，截至2015年12月，中国网站总数为423万个，其中不少网站在民众中知名度高，对舆论具有很大的影响作用。

第二，交互网络电视，即 IPTV，一般是指通过互联网络特别是宽带互联网络传播视频节目的服务形式。互动性是 IPTV 的重要特征之一，通过使用交互网络电视，用户可以根据需要，自由地选择收视节目内容，使用灵活。

第三，网络论坛，主要是指基于互联网的交流论坛，其参与度高、浏览者多、影响广泛，对普通公众的想法和意见能形成巨大的作用。

第四，个人博客，简单来说就是日记的一种网络表现形式。博客从一开始就是一种网络交流方式，是继电子邮件、BBS、即时通信之后出现的第四种网络交流方式。

(2) 移动媒体。首先是手机媒体，即基于手机进行信息传播的媒体形式，尤其是近年来由于我国手机用户数量的极大增加，手机媒体的影响力正逐渐增强，它包括手机报纸、手机短信、手机电视等等。其次是移动电视，作为一种新型媒体，移动电视的迅速发展是人们始料未及的，它主要包括楼宇电视、车载电视等。这种覆盖面广、反应迅速、移动性强的新媒体形式，除了具有传统媒体的宣传和欣赏功能之外，还可以充当城市应急信息发布的载体。

(三) 当代媒体的主要特性

1. 贴近民众

越是贴近民众利益诉求、情感倾向、心理体验等方面的新闻，就越受欢迎，也越容易被接受。信息的受众对象已经成为当今新闻传播领域不折不扣的主导方，没有受众，新闻传播的效果也就无从实现。因此，面对越来越成熟、越来越挑剔的受众群体，媒体应当主动地贴近他们，服务受众、争取受众。

2. 监督政府

几乎从现代媒体诞生开始，政府就以监督公共权力、维护公共利益为己任。在西方，媒体是悬在政府头上的一把利器，媒体监督是公民监督的代表和延伸。在我国，随着社会的发展和进步，媒体对政府的监督力度也在不断加大，参与监督的媒介种类逐步增多。其中，网络平台的出现为媒体监督提供了更为便利的条件。政府应当充分利用媒体监督政府的特点，欢迎媒体监督，主动接受监督；害怕、反感甚至抵触媒体监督都不利于政府自身的发展。

3. 自利考虑

媒体既有经济利益的追求，又有社会责任的要求，而社会责任又是最主要的。只有尊重真理，保持新闻的真实性，尊重公众知晓真相的权利，公正客观、不偏不倚，才能实现媒体的应有价值。而那些置“社会公器”的责任于不顾，只为私利考虑，利用媒介的议程设置功能设置一些肤浅议程，甚至依靠炒作达到功利性目的的新闻报道，不仅会严重污染社会风气和公众思想，还会严重损害媒体的公信力。因此，在强调媒体社会良知的同时，政府也应加强对媒体的引导和监管，使之真正成为"社会良知的代表"。

4. 形式多样

得益于互联网的快速发展，现代媒体的形式逐渐丰富多样。尤其是近年来，因为上网人数和手机用户数量的不断增加，相应地带动了一批新型媒体的诞生，如新闻网站、博客、手机报纸、楼宇电视等。其中一些媒体发展极为迅速，短时间内就取得了极大的成功，其信息量大、覆盖面广，具有相当大的影响力，成为政府公关中不可小觑的一股力量。相信随着科学技术的发展，未来的新媒体种类会进一步增多，内容会进一步丰富，新媒体会在政府公关中发挥更大作用。

二、政府媒体公关的原则

政府在开展媒体公共关系的过程中必须遵循一定的原则和方法，促使媒体公共关系工作朝着科学化、规范化的方向发展，以提高工作效益，降低工作成本。

（一）相互了解

政府与媒体之间的相互了解是成功进行媒体公关的前提。

首先，政府应当认识并理解媒体。媒体及其从业人员有着不同于政府部门的运作思路，政府与媒体之间出现的很多矛盾都跟双方的互不了解有关，尤其是政府部门往往一厢情愿地用自己的思维和眼光来看待和要求媒体，从而出现二者之间的角色错位，引发双方的紧张关系。因此，政府部门必须深化对媒体的了解，根据媒体的需求，量身提供新闻稿，从媒体角度出发进行政府公共关系策划等。总之，尽可能地为媒体提供便利，获得媒体对政府的良好印象。

其次，政府在最大化了解媒体的同时，也要让媒体最大化地了解政府。为此，政府必须主动地做好信息公开，形成制度化的、日常时期与危机时期兼顾的信息公开与发布机制，满足媒体对信息的需求，防止因媒体对政府的误读而出现不良后果。

（二）主动接触

媒体时时刻刻都在寻找新闻，具有极强的主动性。从某种意义上来讲，政府与媒体互为客户，政府也应当对媒体的主动行为作出回应。政府在与媒体打交道时，要做到主动配合、真实准确、平等尊重、积极引导。

主动配合。政府部门应当与媒体建立良好的合作沟通机制，通过制度化的方式，定期或不定期地以主动真诚的姿态向媒体提供各种真实的、客观的信息和资料，寻求媒体对政府活动的充分理解和支持。

真实准确。政府应当确保所提供信息的真实性、准确性，不能歪曲事实真相；确保消息的来源合法、内容真实、使用恰当，只有这样政府与媒体的合作才能够长远。

平等尊重。政府应当尊重媒体从业者的人格和人权，平等相待。在与媒体打交道的过程中，能够站在媒体的立场上来考虑问题，体谅媒体的难处，将对方放在与自身平等的位置上，不以管理者的身份自居。

积极引导。政府对媒体不太了解的一些专业问题要配合解惑，防止因媒体的误读使报道失实；同时，也可以通过媒体向公众传播相关专业知识。政府通过主动“制造”并“奉献”新闻，更有利于优化与媒体的合作关系，塑造良好的政府形象。

（三）有礼有节

政府需要秉持有礼有节的原则来搞好与媒体之间的关系，促进二者之间的良性互动，为塑造与维护良好的政府形象提供优越的外部环境。一方面，政府必须坚持对媒体以礼相待，尊重媒体，配合媒体，表现出政府部门合作开放的态度；另一方面，政府也需与媒体保持一定距离，把二者关系规范在法律和道德的范畴之内，在维护合法权益的同时坚决抵制媒体可能提出的不正当要求，以保障政府与媒体关系的健康、和谐发展。

三、政府媒体公关的策略

（一）政府媒体公关的注意事项

1. 转变思维

在当前新的媒介环境下，政府首先应当转变观念，由宣传控制者变成信息提供者，变新闻宣传为公关传播。

视媒体为“客户”。政府必须从过去对媒体的直接控制逐渐转变为与媒体的合作，要将媒体视为自己的客户，善于向媒体推销自己，而不是强制命令媒体报道什么、不报道什么，或是强制要求文字稿件、播出稿件、照片使用等。

向媒体展示良好的政府形象。传统的观点认为，政府不需要向民众推销什么，但随着社会的发展，政府的形象受到了一系列的挑战，媒体对政府的行为越来越挑剔，这也间接影响了公众对媒体的态度，因此政府必须讲究媒体公关策略和技巧，学会适度包装，在媒体及公众面前展示良好的政府形象。

2. 重视新媒体的作用

由于互联网等技术高度的开放性和互动性，政府已不再是唯一的消息来源，也无法再继续控制舆论的生成和传播，同时人们可以通过新媒体了解并发布各方面信息，其传播速度之快、影响范围之广、参与者之众都是传统媒体所无法企及的，因此政府要搞好新时代的媒体公关，就必须加强对网络等新媒体的重视，并学会适应新媒体带来的变化和挑战。

3. 促进媒体公关的制度化建设

时代的发展要求各级政府必须重视与媒体的关系，为自己创造良好的外部舆论环境，提升政府形象、改善干群关系。然而，媒体公关对我国政府而言是一个比较新兴的事物，大多数政府机构并未建立起相应的媒体公关部门及配备相应的专业人员。基于此，政府部门应当高度重视媒体的作用，加快媒体公关的制度化建设步伐，促使媒体公关的规范化，让媒体公关工作变得有章可循，从而提升工作效率，保障政府的媒体公关工作健康、有序地发展。

4. 把握媒体传播的时机

政府媒体公关还应注意找准媒体传播的时机，在很多时候，适宜的时机能够让政府公共关系工作达到事半功倍的效果。根据实际公共关系工作的经验，城市周年庆典、政府遭遇危机事件等时刻较为适宜开展相关新闻传播。

（二）政府媒体公关的手段

1. 建立完善的新闻发布渠道

建立完善的新闻发布和传播渠道，能够使政府行为公开化、透明化，让政府与媒体之间的合作变得常态化，保障媒体和公众相应的知情权。新闻传播渠道主要包括以下两种：一是“广泛发布”模式，如政府组织的新闻发布会、媒体记者座谈会、媒体恳谈会、网上新闻发布会等；二是“特定发布”模式，政府直接将新闻通过面谈、电话、传真、电子邮件等方式传递给目标媒体。这两种传播方式相辅相成，共同构成了政府新闻发布与传播的主要途径。

2. 让媒体最大化了解政府

媒体对政府言行、政府意图的充分了解，是防止媒体误解政府的根本前提。因此，政府在进行媒体公关时，要尽量确保相关信息的真实性、客观性、准确性，向媒体提供尽可能完善的政府相关资料、实情通报、新闻稿件，最大限度地避免媒体工作人员以偏概全、误报政府的情况出现。

3. 培养政府工作人员的媒体应对能力

从某种意义上来讲，政府工作人员的形象代表了政府的形象，同时现代社会的发展越来越多地把政府人员的形象和言行推到公众面前，接受媒体和普通民众的询问和质疑。因此，政府应该加大对政府公务人员的培训与监管力度，不断提升公务人员的整体素质及其应对媒体的技巧，增强媒体公关的意识。尤其是对从事政府媒体公关的工作人员，必须培养其具备现代的媒体公关思维，娴熟地运用媒体应对方法，巩固政府与媒体的合作，提升政府形象。

4. 借助专业公关机构和人士的帮助

由于专业知识的限制，政府在某些方面并不具备相应的公关能力，此时需要借助专业公关机构的力量，利用他们对媒介资源的整合能力和公关工作的专业经验，指导政府制定和实施公关策略。不少西方发达国家的政府常借助专业公关机构和人才的力量，帮助政府开展媒体公关活动，用相对较低的成本取得了很好的效果，这值得我国政府借鉴并运用到公共关系工作中去，让擅长的人做擅长的事，实现多赢局面。

5. 建立必要的舆情监控机制

舆情监控机制可以帮助政府对媒体的报道动向保持关注和严密监测，确保媒体的报道不偏离基本方向。同时，加强舆情监控可以及时发现关于本行业及企业的报道，收集信息并分类归纳，形成媒体公关简报及总结报告，从而对报道的真实性、准确性、影响力加以及时调控，就存在的问题及时与媒体沟通，并且对媒体报道失实、不客观所产生的负面效应能够及时采取补救措施。

(三) 政府媒体公关的误区

1. 注重炒作

建立与社会公众和媒体的良好关系是政府媒体公关追求的目标。但是，政府在运用媒介时，要避免对公众的“疲劳轰炸”，一味地炒作不仅不能达到公关效果，反而会破坏政府形象，引发公众的反感，导致宣传的负面效应。所以，政府要把握公关宣传的底线，不能越界。

2. 贪大求多

有些公关主体在进行信息宣传时，总以为所有的传播载体多管齐下，最大范围地扩大受众面才能达到最佳宣传效果，而不顾受众的实际情况和接受程度。这样做不但会增加政府的财政负担，造成人力、财力、物力的极大浪费，还难以实现公关目标。所以，事先对受众进行调查，有针对性地选择合适的载体，远远比盲目撒网效果要好。

3. 与媒体对立

近年来，一些境内外媒体开始扮演批评政府的角色，曝光各级政府的一些负面言行。对此，不少政府部门及其领导对媒体抱着一种敌对或逃避的心态，利用各种方式阻挠媒体的采访和报道，这样不但不能减缓事态的负面影响，反而恶化了政府与媒体及公众的关系。

4. 讨好媒体

一些政府部门因为惧怕媒体的力量而处处讨好媒体，遇到事情时首先想到的是怎样搞定媒体，一味地寄希望于媒体不要报道相关负面消息，期望大事化小、小事化了，既不懂得维护自己的合法权益，也不懂得通过正常的途径消弭事件影响，获取公众的理解和支持，结果适得其反，还为一些不法分子提供了可乘之机。

5. 宣传形式低俗化

当前，少数公关主体为了吸引公众的注意力，在运用媒介传播信息时，呈现出娱乐化、低俗化的趋势，通过策划一些形式雷同却格调不高的活动，或者盲目夸大事件的消极影响来抓住一时的眼球。这种行为虽然能够取得短期的效应，但无节制地使用和一味地娱乐化、低俗化也会由于新鲜感的降低而导致效果的递减，对于塑造政府形象来讲毫无益处，绝不可取。

6. 缺乏系统理念

大部分地方政府在开展公关活动时，主题和媒介形象缺乏统一，针对一时一事或是一时兴起举办的媒介宣传和推广活动与政府长远利益并不契合。媒体公关是一个长期和持久的过程，政府的良好媒体形象塑造也并非是一蹴而就的，必须通过长期的、有计划的、系统性的规划和执行来实现。

第二节 政府网络公关

以信息技术为中心的技术革命，正在迅速改变和重塑整个社会的面貌、人们的生产生活方式，互联网日益显示出其独特的价值和不可替代性。在这样的大环境下，政府亦不断将网络信息技术广泛应用于政府管理。

一、政府网络公关的界定

政府网络公关是指政府将网络传播方式引入公共关系活动过程中，在电子空间中采集和传递信息进行沟通交流与双向互动，从而展示政府的时代作风与亲民形象的公关理念和行为。政府网络公关正是在媒介条件、主体条件和客体条件都日趋成熟的情况下成为当今时代的产物。与传统政府公共关系一样，政府网络公关也由公共关系主体、客体及媒介三要素构成。

（一）政府网络公关主体

政府是网络公关的主体，各级政府部门都设有专门负责网络信息的发布与回应、政府网站的日常运行、网络监控等工作的部门和人员，他们负责与网民保持日常接触和交流互动。对于政府而言，网络是开展政府公共关系的重要手段和工具。

（二）政府网络公关客体

网络公关客体是指政府开展网络公关活动的对象，分为直接客体和间接客体。其中，直接客体即网民，是直接接收网络信息、受到网络舆情影响甚至直接参与网络舆情生成的公众；间接客体是数量庞大的社会公众，他们虽然没有受到网络的直接影响，但可以通过直接客体的家庭、朋友、同学等人际关系渠道接收网络上的信息。因此，不应将政府网络公关的客体仅仅局限于网民。

（三）政府网络公关媒介

政府网络公关媒介主要指网站、网页、电子邮件、BBS等网络传播和互动工具。网站和网页是政府网络公关的主要阵地，是政府发布信息、接收公众反馈、提供网络化公共服务的主要平台；电子邮件是开展网络调查和评议的重要工具；BBS则是监控网络信息和网络民意的重点所在。随着网络传播的技术、方法和手段等的不断发展变化，网络公关媒介还有很大的发展空间。

二、政府网络公关的定位与价值

网络作为信息技术的一种突出表现形式，将其引入政府公共关系领域是政府公关发展的必然趋势。一方面，网络在政府公共关系活动中的运用可以使政府工作效率大为提升，使公众对政府行为的满意度得到提高；另一方面，由于网络的公开、公平等特性，网民可以在第一时间获得最新消息，这无疑是公民表达其知情权、民主权的一种新方法、新手段。前提是认清政府网络公关的定位与价值。

（一）政府网络公关的定位

作为公共关系领域在网络时代的新发展，网络公关已经成为政府公共关系的重要议题。网络公关在政府公关中的定位主要有以下几个方面的表现。

1. 网络公关是一种实用的公关方式

网络公关的开放性源于互联网的开放性，对使用者没有资格限制，任何人在任何时间、任何地点都可以借助网络与政府展开沟通，网络公关主体也可以随时与公众进行互动，时效性强。此外，政府还可以将声音、图像、动画、文字等大量公关信息通过网络统一整合起来，公关信息的传播效果比传统公共关系活动中的信息传播效果更加立体、形象，也更具有集成性。同时，网络作为一种新兴的沟通工具，其产生和发展大大拓宽了传统公共关系职能的适用空间，当前，各地各级政府通过运用网站、网页、虚拟论坛、电子邮件等不同的网络工具，使收集和发布各种政策信息、与公众展开互动交流、监测和疏导民意等传统公关职能在虚拟空间中得以实现，并达到塑造政府良好形象和信誉的目的。

2. 网络公关是政府公关发展的必然趋势

首先，与传统公关相比，互联网在政府公关中的运用显现出更多的优点和特性：更少限制，政府借助网络开展公关活动，可以不受时空、信息容量的限制，在最短的时间内于任何地点都可以不间断地将信息传播到世界的各个角落，展示政府的良好形象；更多互动。一方面，公众可以随时浏览、查询政府的各种政策信息、公关活动状况等，打破了时间和空间的障碍，公众能够更加容易地了解和接触政府机关。另一方面，公众可以在政府网页上与政府进行“一对一”的沟通和互动，这使得政府与公众的沟通更加便利，政府也能够及时了解公众的需求，从而快速作出反应。

其次，网络公关是政府公关发展的未来趋势。随着各级政府信息化、网络化水平的不断提升以及电子政务的普及，政府通过网络与社会和公众进行沟通交流的频率不断提高、领域日益深化，运用网络进行公关反映了电子化政府的发展要求，对政府公关起到了实质性的推动作用。政府部门通过网络与公众互动，提供更好、更优质的服务，也是服务型政府建设的内在要求。借助于网络，政府大大拓展了公共服务的内容、范围、质量和方式，将“以公民为中心”的理念纵贯于所有服务行为并通过电子政务付诸实施，促进、实现和谐畅通的公共关系。

（二）政府网络公关的价值

1. 实现良性互动

双向对称传播和交流是公共关系实践中最理想的状态。网络公关的运用为政府与公众的双向互动提供了物质技术的支持，有助于政府与公众之间良性互动的实现。这不仅意味着政府向公众自上而下的传播输出过程和公众向政府自下而上的传播输入过程相统一，还意味着政府公关在政府与公众的传播冲突和整合的过程中达到了一种均衡开放的适应状态。政府运用网络开展公关活动以及与公众互动，主要表现在以下几个方面。

(1) 宣传。作为政府向公众施加影响的主要手段，政府凭借拥有的信息资源，向公众灌输信息，引导公众以一定的方式去思考和行动。网络公关则使得政府进一步优化了宣传的形式、功能和效果，增强了宣传工作的辐射力、渗透力和影响力。

(2) 服务。公共服务是政府的重要职能，也是决定政府与公众关系的重要因素。网络公关的运用和开展使得公共服务愈加虚拟化和在线化，有助于改进政府的服务质量、服务态度和效率。

(3) 反馈。公众通过网络有了更多的机会和渠道来参与社会管理，对政府的行为和公共事务可以积极表达意见，政府通过网络则可以接收公众的意见反馈，进而在一定程度上影响政府的决策过程。庞大的网民数量使得大范围的网络民意调查和民意测验成为可能。

(4) 监督。网络的普及在便利了政府公关活动的同时，也使得腐败、犯罪等社会不公和丑恶现象越来越容易暴露于“阳光”下，接受公众舆论的监督。这些行为一旦在网络上曝光，便会经由网络快速传播，无处藏身。

(5) 互动。政府与公众的直接对话是最有效的公关形式。政府工作人员可以通过网络与公众进行实时交谈，这种直接、同步、深入的思想交流能够更有效地实现公关目标，而且被视为在网络空间展示政府形象的良机。

2. 改善公共关系

政府公关活动的目标是建立和维护良好的信誉与形象，获得社会公众的最大支持。网络公关既有利于落实政府公关的既定目标，也有利于实现政府公共关系活动的基本价值。

(1) 政府公信力得到提升。公信力是政府的影响力和号召力，它体现着民心的向背、关系权力的合法性。政府门户网站发布的信息具有权威性和规范性，能够使公众了解和掌握正确的舆论信息。同时，政府工作人员还可以及时回复和处理公众的留言、来信等，展现负责、高效的公关意识。因此，充分而恰当地开展网络公关，对政府信誉和公信力的提升具有积极意义。

(2) 政府形象得到维护。网络公关是展示政府形象的绝佳渠道。一方面，电子政务的推广和电子化政府的构建，使政府展现出全新的面貌；另一方面，政府官员与网民零距离互动，使政府的亲民形象更加深入人心。

（3）公众支持得到扩大。政府网络公关的直接对象是网民，与广大网民相关联的其他公众，即间接对象的影响力亦不容低估。可以说，网络民意与公众民意基本上是呈正相关的关系。相比其他途径，网络公关是获取公众理解、信任与支持的一条捷径。

总之，政府网络公关对于建构良好的政府形象、维护政府信誉、获得公众的最大化支持有极大的促进作用，有助于改善政府的公关状态和实现政府的公关目标。因此，有必要进一步加强网络公关的技术和管理工作，充分发挥网络的正面效应，为构建和谐的政府公共关系服务。

三、政府网络公关的实施策略

（一）培养网络公关意识

意识超前，处处领先。政府部门要运用和推广网络公关，首先应当培养富有时代特征的网络公关意识，学习先进的网络公关理念。而提高整个政府组织内部的网络公关意识，关键在于各级政府领导者的表率和榜样作用，这往往能促进组织内部形成良好的公关氛围。

1. 塑造形象意识

随着政务活动的日益虚拟化和网络化，形象作为政府的宝贵财富，已经不仅仅局限于现实空间，且日渐拓展到虚拟世界。因此，在这种空间的行为和表现同样关系到政府形象问题。利用网络渠道来塑造，尤其是修复政府形象往往能收到较为理想的效果。

2. 更新学习意识

政府部门工作人员在开展网络公关工作时，必须具备熟练使用网络工具的能力。这不仅是网络公关工作的需要，更是践行与时俱进、建设“学习型政府”的必然要求。而且通过学习并掌握基本的计算机网络技术，还可以向一些企业组织学习先进的网络公关理念和方法。

3. 具备互动意识

政府应将网络作为公关工作的重要工具和平台，善于通过网络获取信息、了解民意，加强与公众的互动意识，对于网民提出的意见、建议或质疑，应以高度的责任感予以积极回应，提升公众的满意度。

4. 增强服务意识

政府应借鉴公共管理所提倡的顾客理念，改变将公众角色局限为“行政对象”的传统思想，而是更多地将公众作为顾客和服务对象，重在提供良好服务，并且尽可能地使公共服务网络化、在线化和简单化，使公众获取服务更加便捷，切身利益得以更好地满足。

(二) 提升网络公关能力

现代社会是一个互联网高度发达的社会，政府开展网络公共关系活动时，除了应该培养网络公关意识，还应该提升网络公关能力。

1. 占领网络宣传阵地

面对新时期网络宣传工作的新挑战，应坚持用正确的思想指导工作，用权威的信息满足工作，用生动的形式吸引公众，发挥网络对公关宣传工作的应有功效。

政府官方网站是政府组织履行职能、面向社会提供服务的官方网站。作为政务公开和提供服务的平台，政府网站是政府面向社会的一个窗口，也是政府公共关系的重要渠道。政府应当将官方网站建成正面、权威信息的集散地，使政府官网当仁不让地成为引导网络宣传、树立正面形象的主要阵地。政府通过图文并茂、声像交融的网页设计，使访问者可以同时获得文字、数据、图像和声音等多媒体信息，形象、生动、具体地了解政府情况，为实现宣传效果的最大化创造有利条件。传统的印刷或音像宣传品在制成后难以更改，但网页上的内容随时可以进行补充和更新，这是运用传统的大众媒体进行公关活动时所不具备的条件。各级政府需要重视对政府网站的日常维护，对网站信息及时进行更新，避免政府官方网站成为空壳，真正发挥网络公关宣传的优势。

2. 重视网络信息收集

信息是政府开展公共关系活动的基础，通过广泛的社会信息渠道，有效获取各种信息，为政府决策提供参考和依据。网络普及化程度的提高，使得信息收集工作状况得到改善。通过网络进行信息收集主要有以下几个方法。

(1) 网络搜索。只需键入检索目标的关键词，利用网络搜索引擎即可得出所需要的信息结果，其优势在于搜索范围广泛且省时、省力，在短时间内就可以获得几乎全部的相关信息。

(2) 网络浏览。即对相关网站、网页、论坛等进行全方位或重点浏览。由于网络信息瞬息万变，这项工作必须实现日常化和制度化，持之以恒才能体现效果。

(3) 网络调查。包括网页调查、电子邮件调查、网上在线座谈等多种调查方式。调查作为了解社会、认识民情、把握时机的工具,是获取信息反馈的重要渠道。网络调查的特有优势使其成为网上信息和网络民意获取的理想途径。

3. 敏锐洞察网络民意

了解民意是政府部门及其工作人员的职责所在。网络为民意表达提供了更多的渠道和空间,也为政府公共关系带来了机遇和压力。政府部门要做到善于从网络上一盘散沙、五花八门的原生态信息中发现和了解真正的民意。

首先要收集民意,网络搜索、网络浏览、网络调查等都是了解民意的常用方法。其次要对所收集到的民意进行分析,在众说纷纭的网络民意中,要采取中立的立场和客观的态度,分清主流和支流,把握本质与现象。这实际上是一个去粗取精的过程。再次要传达民意,将民意向上级传达,作为政府决策的参考依据。最后要实践民意,遵照民意进行实践,在实践中提出新的问题,产生新的民意。

4. 加强网络在线互动

网络的互动功能非常强大,不仅可以实现同步、异步、一对一、一对多、多对多等属性的互动交流,还可以通过文字、图像、声音等多媒体工具提高互动效果。通过网络互动平台,政府与公众之间的交流更加密切,公众更加便于表达意见和建议,政府也更容易获取公众反馈,了解自身优势与不足,并及时加以改进。加强网络在线互动,可以通过以下几种方式实现。

(1) 在线访谈。政府工作人员,尤其是各级领导干部应充分利用网络平台与公众进行沟通,可采取聊天室、直播间等形式。目前,无论是中央政府还是地方各级政府,领导干部作客聊天室与网民面对面互动、进行在线交流、现场回答问题,已然是常态,这充分展现了新时期政府的新形象与新作风,是政府公共关系与时俱进的表率。

(2) 网上新闻发布。政府可以将新闻发布会、政府工作会议、听证会、城市宣传片等视听材料通过多媒体技术放在网络平台上进行在线传播,使观看和浏览更加便利。公众对信息接收和了解后,也更便于在线反馈,与政府部门进行及时沟通。

(3) 留言回复。各级政府门户网站大多都已设立留言板、“政风行风评议”等模块,公众可以通过留言的方式进行咨询或投诉,政府相关部门在规定期限内予以回复或解答,并视具体情况解决实际问题。虽然涉及的大多是百姓日常生活中的问题，但民生事，无小事，政府的积极回应会为公众带来切身利益和实惠，同时对提高政府声誉、赢得公众支持具有重要的现实意义。

(4) 邮件沟通。电子邮件由于方便快捷、省时廉价、以一对多的特点，已经成为最为常用、最受欢迎的沟通工具之一。当前，各地政府纷纷设立市长信箱、县长信箱等联系方式，公众可通过电子邮件就自己关心或不满的问题向政府部门反映。政府受理一切合理正当的问题，并同样通过电子邮件的方式及时向公众作出反馈。

中国掀起政府机构与官员的微博热

先是明星微博热，后是企业微博热，现在中国正掀起一轮政府机构与官员的微博热。2011 年 4 月 27 日下午，广东省东莞市市委书记作客新浪微博，成为中国首个利用微博与网友互动交流的地级市市委书记。一个多月前，该市的政府微博“莞香花开”上线，随后东莞多个政府部门开通微博，媒体称东莞政府已成“微博控”。而外交部在 4 月 18 日开通的官方微博“外交小灵通”，再度引发一阵政府开微博的“旋风”。这个中国首个中央部委的微博，其“俏皮”风格引起了外媒的高度关注。4 天之后，复旦大学的舆情与传播研究实验室发布了中国第一份《中国政务微博研究报告》，统计显示，截至 2011 年 3 月 20 日，中国已有 2 400 余个政务微博。报告也称，“微博问政”已渐成政府信息公开的新趋势。有评论认为，这些政府机构的官方微博和官员微博已成为政府维稳的一个新渠道。“微博创新了政府与民众沟通的新模式，消除了相互之间的隔膜，加强了双方之间的理解和沟通，是一次不错的尝试。”中国人民大学舆论研究所所长喻国明教授对本报记者说。

陈永博告诉本报记者，这几天他们刚刚开通首个公安微博群。陈永博个人也有微博，在微博上他的认证身份是广东省肇庆市公安局警察公共关系科科长。这位 47 岁的警官未曾想过，他会成为“中国公安微博第一人”。2010 年 2 月25 日，“平安肇庆”在新浪微博上诞生，这是中国首个公安微博，也是首个政务微博，而陈永博是这个微博的创始人之一。公安开微博的风潮自此开始，目前全国已有 1 200 余家公安机关开通了官方微博，占政府机构官方微博总数的 70%以上。让陈永博动念开微博的是一本书——《正在爆发的互联网革命》。2010 年 1 月，在一次座谈会上，广东省委常委、政法委书记、公安厅厅长梁伟发推荐了此书，并要求各地公安机关尝试通过微博、QQ 及博客等网络工

具开展警民互动活动。（资料来源：新浪网，有删改）

（三）发挥网络监督功能

网络传播的独特性为政府形象的塑造和维护带来了巨大的挑战。鉴于此，政府应当进一步拓宽信息渠道，接受来自各个方面的监督，尤其是应自觉接受网络监督，形成制度化的监督机制，使公众监督成为改善公众评价、提升政府形象的推动力。网络监督具有全天性、平等性、匿名性等特点，是当前最为有效的监督方式之一。

网络监督可以分为网络新闻监督、网络舆论监督和网络申诉监督。网络新闻监督即以在网上传播新闻的方式对国家和社会事务进行监督，主体既包括网络媒体，也包括个人网站、博客站点的创办者等传播个体；网络舆论监督即网民通过在网络上表达具有倾向性的意见来进行监督，主体主要为网民；网络申诉监督是通过登录专门的申诉系统，如纪检监察系统、信访系统等来进行监督，主体大多是自认为受到不公正待遇的干部或群众。

（四）加大网络监管力度

任何事物都具有两面性，网络亦是如此。网络的发展在带来一系列便利的同时，也不可避免地带来诸如淫秽色情、迷信暴力、宣扬邪教、违背公德、赌博诈骗、侵权违法等问题。这些问题既不利于社会的繁荣稳定，也会影响经济社会的良性发展，更是对青少年产生了不良影响。因此，政府必须加大网络监管力度，保障良好有序的网络环境，为政府网络公关创造和谐的氛围与平台。

1. 建立网络道德规范

网络世界虽然是虚拟的，但仍存在于现实世界中，无法游离于社会法律、道德的约束之外，也不可能成为无管理的社会特区。只有恪守人类社会的普遍价值理念，才可能形成和谐的网络社会，达成网络虚拟社会与现实社会的协调发展。

2. 加强网络技术监管

网络监管虽然高效，但也必须与先进的管理技术相配套，才能实现有效监管。在这方面可以借鉴印度和德国的经验：印度颁发了《信息技术法》，并修改已有的相关法律，同时成立了网络警察局，与电脑转接合作来侦查网络犯罪，并对网吧等进行监督，加强管理；德国则从法律、行政、人力、财力和组织机构等多方面形成打击高科技犯罪的有效机制，成立了信息技术安全局，专门负责计算机安全问题和风险。

3. 注重网络舆论引导

政府可以采取一些技术手段过滤网络舆论来达到引导的目的，也可以将一些网站论坛划分为“深水区”和“浅水区”，以适应不同层次类型的网民。这样，一旦国内外发生重大事件或网民关注的民生社情问题，一些主流门户都会在第一时间请来有关政府官员或专家做嘉宾访谈，用主流、真实、权威、可信的声音在互动中引导网络舆论。此外，政府还应当对一些虚假的、别有用心的信息进行监控，同时尽量做到及时、准确、公正、客观的信息公开。

(五) 提高网络服务质量

电子政务的建设在很大程度上改变了公共服务的面貌，政府网站日益成为政府提供公共服务的主要平台。通过以服务对象为中心，整合各种政务信息资源，企业和公众更加充分地享受到了电子政务带来的便利。

目前，经过一段时期的较快发展，我国的电子政务建设已经取得了长足的进步，但在信息公开、公众参与和在线服务等功能定位中，在线服务仍然处于最薄弱的环节。大多数政府网站的在线服务内容并不多，深度也十分有限。为此，进一步加大政府的在线服务功能，加快服务型政府的构建迫在眉睫。

1. 提高公共服务的在线运行

无论是对政府还是公众而言，公共服务的虚拟化和在线化都可谓省时、省力、高效、便捷。一般来讲，只要能够通过网络提供的公共服务，都应将其置于网络平台进行。以新加坡为例，已有超过千项公共服务是在线运行的，几乎涵盖了“从摇篮到坟墓”的所有公共服务领域，一年中至少有 90%以上的用户通过网络渠道获取服务。因此，应大力增强政府网站的服务功能，提高公共服务的在线程度。

2. 根据用户特点分类提供服务

我国的中央人民政府门户网站则是为公民、企业和外国人三类用户提供服务，涉及主题包括生育、户籍、教育、就业、婚姻、殡葬等公民事宜，开办设立年检年审、建设与管理、破产注销等企业事宜，以及出入境、旅游观光、文化教育、商务投资等外国人事宜。通过网络的细化分类，能够充分体现出以用户为中心的指导思想，帮助不同的用户群体在信息海洋中各取所需，提高资源的利用效率。

3. 提供“一站式”的整合服务

网络技术便利了政府部门之间的横向协作，并使“无边界政府”的概念愈加清晰。为了更好地向用户提供无缝隙的政府服务，政府应当按照用户的需求来整合服务资源，提供跨部门的"一站式""一体化"服务。在这种理想的服务状态下，公众无须特别关注提供服务的政府部门，甚至不必在意政府部门之间的界限，便能够更加自主、便捷地获得所需的公共服务。

第三节　政府危机公关

一、政府危机公关界定

(一) 政府危机公关的内涵

政府危机公关思想在中国古代就已经产生了，比如，唐太宗李世民提出的"水能载舟，亦能覆舟"，将政权比作"舟"，民众比作"水"，在危机时刻，政权必须依赖民众的支持与配合。现代意义上的政府危机公关的提出相对较晚，受重视程度也不够。然而，在政府形象备受关注的今天，政府危机公关的重要性很快凸显出来。

政府危机公关是非常态下的公共关系活动，是政府部门针对潜在的或者当前出现的公共危机事件，为了维护公众、社会和国家的利益，减少公共危机事件可能和已经带来的损失及不良影响，在危机发展的不同阶段所采取的一系列有组织、有计划、持续动态的控制和公共关系活动，以期有效和及时地预防、处理公共危机事件及其带来的损失及不良影响，同时达到传播沟通、协调关系和树立政府形象的目的。对于危机公关的主体，一般认为核心力量是政府，负责计划、组织、协调、控制危机全过程，这是由政府社会管理和公共服务的主体地位决定的。社会公共危机的发生要求政府承担应有的责任。而突发事件往往具有不确定性，每一次危机都有着不同的特点，没有现成经验可供参考与借鉴，所以每次此类事件发生都是对政府的一次测试与考验，如果政府不能够成功化解危机，那么政府与公众的关系将会遭到破坏，政府的合法性、公信力也会随之受到影响。政府危机公关的重点在于塑造良好的政府形象。良好的政府形象不是自发产生的，只有不断满足公众的权利，保护公众的利益，并持续不断提供良好的公共服务才能够实现。

值得注意的是，在常态政府公共关系活动中，危机公关并不是政府最重要的公关管理活动，大多数时候政府甚至并不涉及，但一旦出现危机公关，政府该项职能的履行与否、执行好坏往往对政府影响深远。因为政府目前正处在转型中,范围广泛的行政职能使政府需要应对更多的风险,这就大大提高了我国政府公关危机发生的可能性,这也是政府危机公关研究变得十分迫切的原因。

(二)危机类型分析

政府危机公关中面临的危机类型主要有两个方面。

1. 突发重大事件导致的危机公关

所谓突发重大事件,是指在特定时间和地域内危及政府职能运行、社会生活和人民群众根本利益的重大事件或灾难,是危机事件的主要表现形式。

突发重大事件首先可以分为两个类型,即非人为和人为。非人为突发重大事件是指因自然因素发生的事件,如地震、水旱灾、台风、塌方等。人为突发重大事件是指人为因素引发的重大行为冲突,如政府的信誉危机、外交危机、金融危机、大规模军事冲突等。其中,人为突发重大事件又可以分为三种类型。

(1)大规模社会冲突,即能引起整个社会动荡的重大事件。主要包括由于路线、方针、政策等原因引起的社会各阶层之间的冲突;权力中心分裂引起的政治冲突;民族宗教危机和意识形态冲突;大规模的群众罢工、闹事、骚乱、游行、内战、对外战争;等等。引起冲突的原因主要是执政党和政府的路线、方针、政策失误;重大的社会政治、经济改革措施出台而人们毫无思想准备;民族利益关系处理上的重大偏差;地方分裂主义的作用,敌对势力的颠覆破坏;经济危机;敌国入侵;等等。

(2)局部社会冲突,此类冲突虽然不及大规模社会冲突那样会引起整个社会的动荡,但在某局部地区仍然有严重影响或破坏作用。主要有社会某些阶层之间的冲突,政府与某些社会公众之间的冲突,局部地区利益冲突,边界冲突,民族冲突,等等。形成冲突的原因是各阶层之间的利益、目的不同;政策失误,部分公众对政策的不理解;民族习俗、信仰不同;决策或工作失误;某些政府人员为政不廉,有严重的官僚主义作风;等等。

(3)灾难性突发事件,即因各种人为或自然原因造成的重大事故,主要有三种情况。一是恶性事故,如火灾、爆炸、人身伤亡、火车相撞、飞机失事、船舶沉没、核泄漏、废物排放造成的大规模生态灾害等。二是自然灾害,如地震、风灾、水灾、火灾以及突发性疫病流行等。三是社会犯罪事件,即由社会犯罪分子及集团预谋策划,给政府或社会组织带来的危及正常秩序的事件,如重要资产被盗;劫机、绑架、胁迫、伪造货币;国家公职人员违背公众利益而发生的反社会行为,如营私舞弊、贪污、逃税、收受贿赂等反社会越轨行为;等等。

2. 一般性纠纷或冲突导致的危机公关

作为危机事件的一种表现形式,一般性纠纷或冲突是指直接影响政府与社会公众的关系,或影响政府机构某些职能正常发挥的行为冲突。它不是泛指社会中每一个人或组织间所产生的矛盾纠纷,而是指政府机构与外部和内部公众之间的纠纷或冲突。以冲突对象为划分基础,一般性纠纷或冲突可以分为以下几类。

(1) 个人之间因思想行为不同而引起的纠纷。主要有领导者个性差异引起的冲突,思想意识形态引起的冲突,认识水平、思维方式不一引起的冲突,信息沟通不足、工作矛盾引起的冲突,工作的方式、态度、解决问题的步骤不协调引起的冲突,也有本位主义、个人恩怨、好恶诱发的冲突,等等。

(2) 组织和个人之间因其行为规范的差距而形成的冲突。主要表现在:一是目标利益不一致形成冲突,如个人对自己的职务、工作条件、生活待遇与组织所能解决的现实问题之间不能构成和谐,冲突就有可能发生。二是价值观念不一致引发冲突。组织是为了达到某一目标而形成的有机集合,具有稳定的群体心理结构和行为结构,而个人的思想和价值观念在一定的情况下不能与组织心理吻合,在行动上就形成个人与组织的某种冲突。三是组织结构相对不完善引起的冲突。组织是一个相对稳定的群体,随着任务和环境的不断发展,其机构设置、决策程序、组织管理等都不可能完全适应这种变化,从而造成组织与个人之间的冲突。四是个人心理行为畸变引起的冲突。组织中的某个个体,如果总以自我为核心,只关心自己利益需求的满足,毫无组织观念,不受纪律约束,把自己放在与组织直接对立的位置上,冲突就不可避免了。

(3) 组织之间的目标行为发生矛盾而引发冲突,如利益冲突、工作目标冲突、领导者之间冲突等。组织之间产生纠纷或冲突的主要原因有以下几种:一是认识差异。如果某组织不是从全局的、整体的、社会效益的角度出发开展工作,而是以局部的、小团体的、本位的思想去认识问题并采取行动,那么组织之间的纠纷或冲突就不可避免。二是有些政府组织内部缺乏持续的协调机制,不能把矛盾解决在萌芽状态,而是任其发展,酿成纠纷或冲突。三是如果一个组织的结构或管理混乱,那么该组织在与另一结构合理、管理有序的组织发生交往时,就有可能造成冲突。

上海大火案处理54人

据新华社上海6月9日电　国务院上海市静安区胶州路公寓大楼“11·15”特别重大火灾事故调查组调查取证，查清了事故原因、性质和责任，提出了对有关责任人员的处理建议和防范措施，完成了《上海市静安区胶州路公寓大楼“11·15”特别重大火灾事故调查报告》。日前，《国家安全监管总局关于上海市静安区胶州路公寓大楼“11·15”特别重大火灾事故调查处理意见的请示》已经国务院批准同意。国务院事故调查组查明，该起特别重大火灾事故是一起因企业违规造成的责任事故。事故的直接原因是：在胶州路728号公寓大楼节能综合改造项目施工过程中，施工人员违规在10层电梯前室北窗外进行电焊作业，电焊溅落的金属熔融物引燃下方9层位置脚手架防护平台上堆积的聚氨酯保温材料碎块、碎屑引发火灾。事故的间接原因主要有：一是建设单位、投标企业、招标代理机构相互串通、虚假招标和转包、违法分包；二是工程项目施工组织管理混乱；三是设计企业、监理机构工作失职；四是市、区两级建设主管部门对工程项目监督管理缺失；五是静安区公安消防机构对工程项目监督检查不到位；六是静安区政府对工程项目组织实施工作领导不力。（资料来源：网易新闻）

二、政府危机公关原则

政府危机公关原则为政府提供了危机公关时所应遵循的总体规律。

（一）时刻保持危机防御意识

政府危机公关是一项系统工程，与政府的其他职能活动相比，表现出长期性、艰巨性、复杂性的特征，需要政府从多种维度来展开，其中最重要的是危机前期的未雨绸缪。危机往往是偶然出现的，经常在不确定的时间、不确定的地点以不同的原因出现，但是偶然性中孕育着必然性。就是说，任何危机的发生都有一个“准备期”到“爆发期”的变化过程，是早已存在的危机隐患发展的必然结果。俗话说，冰冻三尺非一日之寒，对危机的隐患、危机爆发是可以认识和预防的，尤其是人为因素造成的危机更是可以认识和预防的。由于领导者缺乏认识，对已存在的危机视而不见，忽视了危机“筹备期”，有时即使看到了，也没有足够重视，没能第一时间解决，导致危机由“筹备期”发展到“爆发期”。政府应当具备防御危机的意识，结合日常公共关系活动，对危机公关保持足够的敏锐度，提升危机预防意识，对可能存在的危机及早预警，这是开展危机公关的首要原则。

（二）政府做到积极主动

积极主动是政府危机公关过程中必须遵守的重要原则。危机发生后，政府应当立刻有所行动。实践证明，危机发生后的 24 小时是危机处理的关键时期，也被称为危机公关处理的“黄金期”，而危机爆发 24 小时以后往往容易出现失控的局面。因此，政府在危机发生后第一时间的反应至关重要。

首先，政府需要立即收集和掌握危机的基本信息，获得关于危机的初步判断，包括发生了什么、有无人员伤亡、财产损失如何、采取了哪些初步应对措施、应对资源是否充足、公众反应如何等。

其次，政府应当组建专门的危机公关应对小组，做到“三个到位”。即领导到位，领导要对危机状况足够重视，及时赶赴最佳的指挥地点；人员到位，相关工作人员要及时到达指定的位置，有充足的人员支持；状态到位，内部思想要统一，相关工作人员的心理状况良好，应对冷静、理智、客观。正常情况下，应对危机需要所有相关部门的共同努力，需要集中调动人力和资源。而危机应对小组成员往往来自不同部门，涵盖政府部门、公安消防、医疗急救、心理咨询等多个领域，这些相关部门要迅速到位，发挥各自的危机应对职能。

（三）信息透明、及时公开

危机事件发生初期往往流言四起，消息混乱。此时，政府应该及时发布公开、透明的信息，并通过信息中心搜集、检测媒体传播的各种关于危机的消息，以便尽早获取并更正不准确的信息。政府要选择合适的新闻发言人，召开新闻发布会，向公众详细介绍危机发生的情况，保持积极的组织形象，提供及时而准确的最新信息。

在召开新闻发布会时，除了要遵循发布会的一些基本原则和要求以外，政府还要注意一些细节工作，比如，在对新闻发布会的会场设置和对到场媒体的人文关怀方面，需要特别注意一些策略问题：在会场地点的选择上，尽可能选择国家或省（市）政府机关召开重大会议的地方，反映政府对危机事件的关注，会议布局做到简单、大方，便于同媒体和公众拉近距离；注意体现对到场媒体的尊重和关怀，在发布会的现场为媒体记者提供设备、休息等方面的便利和人文关怀，营造和谐氛围，使记者能够感受到政府对于合作是主动合作而不是抵触的。

（四）政府形象与公共利益相结合

政府危机公关需要实现政府形象与公共利益的紧密结合和良性互动。

良好的政府形象是政府合法性统治的前提和必要条件，也是政府危机公关的目标。良好的政府形象是现代政府组织最宝贵的无形资产，是政府推行政策、实现政策目标时可以利用的政治资源，可以降低政策执行成本、提高政策执行效率。政府同时又是公共利益的代表者和维护者。“公共行政的价值在于代表和最大限度地表达公众利益”，“始终如一地维护社会的公平、公理、公德，维护社会正义”。[①] 维护公共利益是政府的天职。

因此，政府形象的塑造与公共利益的维护是相互促进、相互补充的统一关系。良好的政府形象可以巩固政府的合法性地位，从而更好地维护公共利益；公众利益得到保护必然使得政府在公众中具有更加良好的形象。尤其是在危机状态下，政府公共关系活动更应该实现两者的结合与平衡。

三、政府危机公关策略

政府危机公关活动的策略问题至关重要。政府危机公关活动的顺利开展，不仅关系到整个事件的发展方向，而且还关系到政府自身的形象、与公众的关系以及整个社会的和谐稳定。

（一）政府的公众危机公关

公众是政府危机公关的重要对象。具体说来，公众可以分为两种类型，一种是危机事件的公众对象，即危机事件的相关者；一种是关注危机事件的社会大众。政府对前者的公关成功与否，直接关系到危机事件本身的应对，而对于后者的公关则关系到社会舆论和政府形象。无论从哪方面考虑，政府的公众危机公关活动都是至关重要的。

1. 建立与公众的信任关系

政府在公众危机公关中，首先要做的就是与公众建立信任关系。危机状态下的公众对政府部门的信任一般要比平时低，因此，政府在与公众进行沟通的过程中，建立信任就显得特别重要。第一，在条件允许的情况下，政府可以向公众解释必要的组织程序，这样不仅可以让公众了解政府应对危机的过程，理解政府的难处，更重要的是会促使市民采取积极行动，配合政府行为。第二，政府要尽量及时发布真实的信息。尽管在危机状态下，政府本身也存在着

---

① 张国庆.行政管理学概论[M].北京：北京大学出版社，2000：64.

信息不对称的情况，但公众仍会对政府吹毛求疵。所以，政府需要跟踪最新消息，获取直接事实，避免信息因层层加工、不断混合而产生混淆或遗漏，对可能使公众产生困惑的信息，一旦发现尽快纠正。高质量的信息发布是政府消除公众不信任的最好方法和途径。第三，政府在向公众作出承诺时，只能承诺政府肯定能够实现的目标，以避免在压力下承诺无法兑现的事情。第四，政府要善于倾听各方的声音，了解利益相关的公众的立场和诉求，这样可以避免不必要的纠纷。第五，政府在公众危机中并不能以一己之力完成整个工作，因而要寻求、选择公众信任的组织或服务人员，比如执法人员、医护人员、环保人士等，通过他们可以更好地达成沟通目标。

2. 深入调查危机事件

政府应深入调查和了解危机事件，勇于承担责任，并及时公布相关信息，稳定民心。在危机事件发生后，政府需要直接与危机事件相关公众进行接触，认真了解情况，倾听他们的意见，了解他们的意见和需求。对于非人为的突发重大事件，政府需要公布事件发生的细节，包括发生范围、影响程度、人员伤亡情况、财物损失情况等等；对于人为因素造成的危机，则应当尽快查明相关责任人，需采取何种措施控制局势，责任人是否已捉拿归案等。而对于因政府监管缺位、错位引起的事故，政府要勇于承担责任，并果断采取措施，尽快解决问题，做到不推诿、不否认。

3. 制订公众危机公关的具体方案

不同类型的危机事件造成的后果不同，政府随之进行的危机公关也会有所区别。政府在查明危机事件的缘由之后，应当尽快根据危机事件的性质，制订具体的方案。针对非人为突发重大事件中的受害者，政府要主动与受害者及其家属取得联系，根据具体情况充分考虑受害者事后是否有继续正常生产、生活的能力，以针对不同的情况采取相应的救助措施。如对于丧失劳动能力的要进行经济援助；对于身心遭受重创的要进行心理干预；对于遭受重大物质损失的组织和企业要对损失进行评估，并给予经济上的援助，帮助其恢复生产。告知受害者及其家属具体的理赔办法和标准，并监督落实。如果遇到赔偿标准冲突的，要做好协调和疏导工作，把握好分寸，最大限度地争取受害者及其家属的理解和支持。针对人为危机事件中的受害者，政府除了尽力安抚公众之外，还应及时告知事件的处理进度、政府所采取的具体措施以及各方应承担的责任。

(二) 政府的媒体危机公关

媒体是政府开展危机公关活动的另一重要对象。虽然相对于公众而言，媒体的数量较少，但媒体的影响力丝毫不逊于公众的影响力。媒体不仅能帮助政府向社会提供各种信息，更重要的是它能够起到公众与政府沟通桥梁的作用，如果政府的媒体公关活动效果不错，在危机公关活动中，媒体将会为政府维护自身形象提供重要帮助。所以说，政府的媒体危机公关不容忽视。

1. 正视媒体在危机公关中的作用

媒体无处不在，尤其是在危机事件发生后，他们会竞相报道有关危机事件的任何信息。媒体介入危机之中产生积极或消极作用都有可能。只有认识到媒体介入危机的必然性，积极主动采取正确有效的应对措施，才能引导媒体发挥积极作用，尽量避免消极作用。当然，政府还应当主动适应媒体，一味地应付只会使媒体产生对抗和敌意，从而使媒体在危机管理中处于政府的对立面。要想获得最多的信息和更好的合作，政府公关人员就必须积极、主动地适应媒体的工作方式和行为方式。此外，媒体在危机发生后的反应十分迅速，政府危机公关人员必须要抢在媒体前面行动。收集危机信息，应付媒体的信息索取；面对媒体的关注，进行及时、一致、明确的回应；根据媒体运作规则，时常评估自身利用媒体强大信息渠道的最佳可能性。

政府危机公关人员在处理与媒体的关系时也要看到媒体积极的一面，比如，媒体在危机管理中的危机预警、舆论引导、沟通协调和行为监督等良性功能。媒体不仅是信息沟通的重要平台，也是信息共享的重要群体。政府与媒体间关系的不协调，不可避免地会对危机处理带来负面影响。政府应该积极主动地将媒体纳入危机公关的过程中来，站在合作者的角度处理好与媒体的关系。政府要积极争取媒体的支持与合作，积极听取媒体的意见，利用媒体快速传播、广泛沟通的优势，实现危机传播功能和信息价值的最大化。

2. 塑造媒体“把关人”角色

从根本上说，媒体在政府危机公关中的定位就是“把好关”，只能允许符合规范或价值标准的信息内容进入传播的渠道。媒体对于社会上存在的大量新闻素材的报道应该是有所选择的，在这一过程中，媒体就形成了一道关口，传达到受众那里的新闻是经过筛选之后的高质量信息。当然，媒体要想“把好关”也并不容易，要制定妥当的信息把关的标准，根据标准来分清良莠，明确高质量的信息；也要确定良好信息的把关流程，以便迅速、及时地发布高质量的信息；还要具有卓有成效的信息把关手段，实现实时的信息监控和信息把关。

媒体还应该分析自身的特点，避免对危机事件的先入为主、断章取义、添油加醋、无中生有等行为。政府应对媒体的行为进行监督，确保危机公关的顺利进行。

【案例思考】

案例1　昆明火车站恐怖袭击事件

2014年3月1日21时20分，昆明一伙歹徒持械冲进昆明火车站广场、售票厅，见人就砍。现场有人伤亡，歹徒手持刀具、统一着装，10多辆警车赶赴现场抓捕嫌疑人。3月1日22时，警车赶赴现场紧急处置。火车站内传来枪声，永平路至火车站实行紧急交通管制。暴徒从昆明站售票厅一路持刀见人就狂砍，已经被警察制服。3月1日23时，歹徒团伙成员被指不仅有男性，还有小姑娘。听一起的躲避者说，杀人的不只是男人，还有小姑娘杀人，挥着两把刀比男人还狠。事件发生后，原本应该驶抵昆明火车站的列车被安排到其他站点临时停靠，昆明火车站售票、进站正陆续恢复正常。3月2日0时许，公安部发表声明，发生在昆明火车站的持刀砍人事件，是令人发指的严重暴力犯罪活动。警方将坚决依法严厉打击，绝不手软！逝者安息！3月2日0时16分，昆明市全部警力全城戒备，云南省委书记秦光荣、政法委书记孟苏铁、公安厅长都已到达案发现场。3月2日0时16分，车站派出所的民警出警处置。随后特警赶到，当场击毙4名暴徒、抓获1人。截至3月2日18时，已造成29人死亡、143人受伤。截至3月3日，有12名伤员仍然处于危重状态，其余伤员病情平稳。此为3月1日晚发生在昆明火车站的暴力恐怖袭击事件。3月2日1时39分，昆明火车站袭击事件已定性为“暴力恐怖袭击事件”。3月2日5时许，受伤群众已分别被安置在10多家医院，昆明火车站当晚各车次均已发出，火车站秩序基本恢复正常。3月2日6时，昆明火车站广场蒙面暴徒砍人事件已造成29人死亡、130余人受伤。3月2日7时许，新华社发电，昆明“3·1”事件事发现场证据表明，这是一起由新疆分裂势力一手策划组织的严重暴力恐怖事件。3月2日9时许，正在外地调研的国务委员、公安部部长郭声琨赶到昆明指导处置工作。昆明火车站发生暴力恐怖袭击事件后，公安部迅速启动应急预案，调集有关专家随中央工作组连夜赶赴昆明。警方介绍称，1名女性犯罪嫌疑人被打伤并成功抓获，这名女性犯罪嫌疑人成为侦破案件的关键证据。联合国秘书长潘基文发表声明，他以最强烈的言辞谴责当天发生在云南昆明火车站的“令人震惊的”袭击事件。3月2日13时许，根据医院一名警方为伤者家属做的笔录，其中一名持刀女子年龄30岁左右，身高1.65—1.70米，一身黑色衣服，头上有黑色丝巾。一名男子30岁左右，身高1.70米左右，身穿灰色衣服，中长头发，微胖。3月2日15时25分，在警方全力地毯式搜捕脱逃的昆明“3·1”事件恐怖分子行动中，三名歹徒在昆明尚义街被擒获。3月2日15时34分，针对昆明“3·1”严重暴力恐怖事件，全国政协十二届二次会议新闻发言人吕新华在北京表示，暴恐分子惨无人道地杀戮手无寸铁的无辜群众，充分暴露了他们反人类、反社会的本性，必须依法从严惩处，坚决将其嚣张的气焰打下去，坚决维护人民群众生命财产安全。3月6日，涉及作案的女暴徒已经被抓获与招供，她们如实交代了作案的动机和作案全过程。但有关该暴徒的作案动机，因涉及国家和社会稳定，并未公开。昆明市政府新闻办认定，这是一起由新疆分裂势力一手策划组织的严重暴力恐怖事件。案发当晚，昆明警方就在现场拉开警戒线，从昆明火车站往外150米左右的主干道被封锁，对火车站站内人员进行排查。公安、特警、消防、“120”等多方力量到达现场，警车数十辆，大批警力协助处理。

案件发生后，习近平高度重视，作出重要指示，中共中央政治局常委、国务院总理李克强对处置工作作出批示。中共中央政治局委员、中央政法委书记孟建柱，国务委员、公安部部长郭声琨和有关部门同志连夜赶赴云南指导处置工作，看望受伤群众和遇难人员亲属。云南省委、省政府有关负责同志迅速赶赴现场组织指挥处置工作。受伤群众救治、案件侦破等工作正抓紧进行中。

“两会”前夕，面对突发而至的暴力恐怖事件，社交媒体快速反应，传统媒体全面报道，官方话语场、媒体话语场和网络话语场形成共鸣与共振，谴责恐怖主义、肃清虚假传言、呼吁理性认识成为舆论场主流声音，部分情绪化微博言论遭到摒弃。媒体迅速报道事件进展，传达党和政府对该事件的态度和举措，旗帜鲜明地谴责针对平民的暴力恐怖行径。新华社发表了系列报道，《环球时报》评论文章《对恐怖主义活动及其支持者应当零容忍》《莫让恐怖分子绑架了我们的新疆兄弟！》，《人民日报》评论文章《严惩暴恐犯罪，保障人民安全》等，在第一时间表达立场，安抚民心，舆论定调。

国家卫生计生委李斌主任要求迅速落实领导指示和批示精神，从全国抽调医疗专家支持云南做好伤员救治工作。徐科副主任参加国务院工作组，于3月2日凌晨紧急赶赴昆明，指导事件处置。国家卫生计生委连夜调派北京协和医院、北京大学第三医院、北京天坛医院和四川大学华西医院共9名医疗专家，赴昆明指导当地开展伤员救治。云南省昆明市卫生计生部门立即启动应急响应机制，开展医疗救援工作。2014年3月2日，云南省昆明市各医院成立以院长为组长的救治专家组，组织了急诊创伤外科、麻醉手术科、骨科、胸外科、口腔颌面外科、普外科、肝胆外科、耳鼻喉科、神经外科、ICU、眼科、输血科、医务科、保卫科等科室医务人员积极进行抢救。云南省急救中心迅速出动20余辆救护车、70余名救护人员转运伤员，各收治医院快速开通伤员收治绿色通道，组织医疗专家和医护人员全力开展伤员救治工作。截至3月3日，省市专家正在进一步对伤员进行会诊和伤情判定，制订细化方案，全力开展伤员救治。3月2日，昆明市承诺将承担所有伤者的医疗救治费用和家属陪护费用。3月3日下午，该案件成功告破。官方查明，该案是以阿不都热依木一库尔班为首的暴力恐怖团伙所为。该团伙共有8人(6男2女)，现场被公安机关击毙4名、击伤抓获1名(女)，其余3名已落网。3月3日下午在全国政协十二届二次会议开幕式及3月5日上午全国人大十二届一次会议开幕式上，谴责了云南昆明暴力恐怖袭击事件，与会者全体起立，向遇难者默哀一分钟。3月29日，昆明市人民检察院分别以涉嫌组织、领导、参加恐怖组织罪和故意杀人罪，依法批准逮捕昆明“3·1”暴恐案4名犯罪嫌疑人。

思考与讨论：

请结合政府危机公关的策略与方法讨论昆明暴力恐怖事件发生后，中国政府的处置过程。

案例2　西安幼儿园“病毒灵”事件

据《中国青年报》获悉，3月7日，枫韵幼儿园一幼儿无意中告诉母亲“自己不会感冒，因为在学校吃了药”，按照其母亲的要求，次日将藏起来没有吃掉的药片带回给家长。经查，该药片为盐酸吗啉胍，俗称“病毒灵”，英文缩写“ABOB”，系处方药。随后，幼儿园的做法被更多家长知晓，多个在该幼儿园就读的小孩向《中国青年报》记者证实，老师要求必须吃下该药片。有一次，班上的一个小朋友服药后将药片咳出，被老师罚站；老师发现有学生在厕所吐掉后，在学生服药期间，关闭厕所门，不让其进厕所。“枫韵幼儿园挂着陕西省宋庆龄基金会的牌子，我们一是因为信这个，二是离家也近，就把孩子送到这里。本来想着孩子能在这儿健康成长，谁知道幼儿园却瞒着我们，给孩子吃‘病毒灵'。"据前述《华商报》报道，涉事幼儿园负责人交代称，因了解到"病毒灵"可预防感冒、增强抵抗力，为提高出勤率，因此给部分班级的幼儿服用，此举未事先征求幼儿家长意见。据央广网报道，据了解，枫韵幼儿园这家民办幼儿园的收费并不便宜。一位2009年5月入园的幼儿家长介绍，餐费每月220元，合每天伙食费10元，托费750元。一位家长称，"出勤率和他们(老师)的收入是挂钩的呀，我们这是按月缴费的。如果缺勤率满三天，退生活费，缺勤率满15天退托费"。

3月10日，有家长通过微博反映枫韵幼儿园给孩子服用不明药物，引起众多家长的关注和不满。服药事件不断"发酵"，3月12日，陕西省宋庆龄基金会鸿基新城幼儿园也发生了服用该药造成家长聚集的情况。

3月11日下午，西安市政府副秘书长黄晓华来到幼儿园，与家长沟通，并表示幼儿园涉嫌违规违法，已冻结枫韵幼儿园的资产，家长们可以和幼儿园法人代表协商后续的赔偿问题，也可走法律程序。

3月12日19时30分，幼儿园的部分入园幼儿家长将西安市科技路与丈八路十字路口封堵。西安市委书记魏民洲赶到现场紧急处置，在现场积极调解和劝说，事态得以控制。

3月12日，陕西省委书记赵正永、省长娄勤俭分别作出批示，要求西安市政府要彻查并迅速向社会公布，对服药儿童全部免费治疗检查，做好家长工作。陕西省教育厅会同西安市认真研究制定有力措施，并组织全面排查，要从维护孩子健康出发，妥善处理。对责任人要严肃处理，将调查处理情况及时公布。

3月13日，西安市政府通报称，经核实，网络所传幼儿园负责人的爱人为某区政府领导的消息不属实。涉案两所幼儿园的法人孙某，枫韵幼儿园执行院长赵某、保健医生黄某，鸿基新城幼儿园园长梅某、副园长赵某某等5人，被公安部门以涉嫌非法行医罪刑事拘留。同日，将鸿基新城幼儿园园长梅某、副园长赵某及保健医生等涉事责任人控制并审查。

西安市卫生局通报，事件发生后，该局先后两次组织省市药剂科、呼吸科、儿内科等权威专家对"病毒灵"的适应症、禁忌症、毒副作用等方面进行医学评估，并给出综合意见。本着对幼儿健康安全负责的态度，根据家长意愿，西安市卫生局从12日开始，分批组织服用药品的幼儿在西安市儿童医院免费体检，并组织专业医生对检查结果进行分析研究。截至13日下午4时，已有185名幼儿接受体检。服用"病毒灵"会给孩子造成怎样的影响，会不会留下后遗症？这是家长们问得最多的问题。西安市相关部门在体检区旁边专门设立了咨询处，西安市儿童医院的汪医生说，“病毒灵”代谢较快，一般只在体内存留20多个小时，如果不继续服用，遗留症状的可能性比较小。“它对体内造成的影响，从现有的报道来看，主要是胃肠道的影响，还有过敏、低血糖这些影响。如果从这个角度来看，它遗留下症状的可能性比较小。”

3月18日，教育部、国家卫计委发布《关于陕西、吉林两地个别幼儿园违规开展群体性服药事件的通报》称，陕西省西安市宋庆龄基金会枫韵幼儿园和鸿基新城幼儿园、吉林省吉林市高新区芳林幼儿园违规给幼儿集体服用处方药品“病毒灵”，严重违反有关管理要求，造成严重的社会影响，有关部门正在依法依规进行查处。

3月19日，中国政府网消息称，中共中央政治局常委、国务院总理李克强近日对个别地区发生幼儿园违规给幼儿集体服用处方药事件作出批示，要求依法查处，严格管理，严防类似事件发生。教育部、卫生计生委通知做好处置工作，部署立即开展幼儿园及中小学健康服务管理排查，对发现的问题及时整改、严肃追责。在“喂药”事件发生的一个月里，为了确认自己的孩子是否存在健康异常，鸿基新城和枫韵幼儿园的数百名家长分别带着孩子在西安，甚至外地的医院自行进行了体检。记者共搜集了500多份这样的体检报告并分别进行统计，发现有300多份体检报告中出现了指标异常。据对枫韵幼儿园一个班的孩子体检报告的统计结果中可以看到，30个孩子当中，4项检查全部正常的仅有5人。剩余的孩子均存在体检指标异常情况，问题主要集中在心肌酶偏高和隐尿，也就是俗称的“尿血”。因此，官方此前通报“未发现共性指标异常”的结论自然遭受质疑。家长们的质疑并不仅仅依据自己孩子的体检结果，同时他们也质疑事发之后当地政府部门对服药儿童组织的体检是否负责，体检结果是否准确。

《人民日报》就幼儿“被服药”发时评称，反思西安的“被服药”事件，为什么两家幼儿园保健医师的不法行为能长达5年，一些教职员工也未加阻止，反而参与其中？为什么像“病毒灵”这样的处方药，从购药到保存直至服用环节居然长期“一路绿灯”？实际上，一些地方存在的伤童、虐童问题，普遍具有“冰冻三尺非一日之寒”的特点。儿童保护意识的缺失、执法监管的缺位，就是其中重要原因。

“被服药”事件折射的一些法治盲区问题应引起重视。它反映出我国的儿童权益保护相关立法与执法链条中，还有不少法律法规过于原则、抽象，协调性与可执行性不强;制定后也未得到充分重视,执法与立法割裂、监管虚置,常被束之高阁。在监管和保护儿童权益方面,还需进一步“严防死守”。(案例来源:《中国青年报》,2014 年 3 月 16 日,有删改)

思考与讨论:

1. 导致该事件不断“发酵”的原因是什么?

2. 从政府公关的视角对西安市政府及其相关部门的做法进行点评。

案例 3　甬温线特别重大铁路交通事故新闻发布会

2011 年 7 月 23 日 20 时 30 分左右,北京南至福州 D301 次列车与杭州至福州南 D3115 次列车发生追尾事故。7 月 24 日晚,在“7·23”甬温线动车追尾事故发生 26 小时后,铁道部召开“7·23”甬温线特别重大铁路交通事故首次新闻发布会,铁道部新闻发言人王某通报了事故情况,并回答了部分记者的提问。

整个发布会过程混乱,记者情绪激动,争相提问。根据之后《法制日报》记者对王某的采访获知,他当时获知的信息并不多。发布会一开场他就表达了以下信息:“既然今天我来了,我肯定会面对所有的问题,而且我不回避任何尖锐问题,包括我可能答不出来,我就告诉你,我确实还不了解。但是我必须是坦诚地回答你们每一个问题,请你们相信我,你们相信吗?给予我信心。”

以下是当时新闻发布会的文字实录摘录。

记者:能否按照购票实名制公布死者名单?为什么要在现场掩埋车体?是不是想毁灭证据?

王某:在把工作都做到位的情况下,我可以负责任地告诉你,我们会公布死者的名单。事实是无法掩埋的。掩埋得了吗?我们已经不断地通过各种途径向社会澄清这一点。关于掩埋,后来他们(接机的同志)做着这样的解释,因为当时在现场抢险的情况,环境非常复杂,下面是一个泥潭,施展开来很不方便,所以把那个车头埋在下面盖上土,主要是便于抢险。目前他的解释理由是这样,至于你信不信,我反正信了。

记者:你在以前接受媒体采访的时候说死了 41 个人,而刚才发布会你说只死了 35 人,这是怎么回事?

王某:作为铁道部新闻发言人,我掌握的情况就是死了 35 个人,至于网上说我发布了死亡 41 个人的数字,我在这里说一声,我没有接受过相关的采访,没有在网上提供这样的数据。

记者：遇难的35人包括失踪人数吗？

王某：这是已经证实死亡的数字。

记者：我们得知今天下午又从现场发现一名生还的小女孩，为什么在你们宣布救援行动结束后，在拆解车体的时候仍然还能发现生还的女孩子？

王某：这是一个奇迹。我们确实在后面的工作当中发现了一个活着的女孩，事情就是这个样子。

记者：我们上午得到消息，说18时发生事故的线路会通车，但事实上没有，是不是发生了新的问题？

王某：我们上午曾经说在18时以前争取把线路抢通，确实我们对事故抢险的艰难性、复杂性想象不足，虽然在19时许的时候，线路事实上基本具备了开通条件，但是后来大家也知道，电闪雷鸣、天气恶化，我们也是从安全、保险、万无一失的角度考虑，没有立即开通。

记者：那么到底什么时候开通？

王某：现在已经具备了开通的条件。

……

一、网友质疑调侃

当新闻发布会通过电视直播、新闻报道的形式被公众获知后，王某顿时成为全国关注的焦点，陷入了一波接一波的网民调侃。

“这只能说是生命的奇迹”，还有“至于你信不信，我反正信了”，这几句话在网上被无数次地引用，网友同时对发言人王某，以及对该起事故的发生和善后调查进行质疑。另外，还有网友用“×××是奇迹，至于你信不信，我反正信了”作为“高铁体”进行造句。而王某在讲这句话时用力一甩脑袋的这段画面也被制作成GIF动画，在微博上发布。

腾讯微博上出现一位叫“高铁体”的网友，发动了一个叫“高铁体造句比赛”的活动，以表达对事故的质疑。该网友称：“以‘×××，至于你信不信，我反正信了’为句式进行造句，优胜者将获得10万Q币和铁道部发言人职位，至于你信不信，我反正信了。”“高铁体造句大赛”有7 000多名网友参与，大多数的造句都是网友对铁道部的质疑和讽刺。

除了他的语言，王某在新闻发布会上面带笑容的表情也让广大网友不满。

二、媒体批判评论

“新周刊”把王某称为“逻辑帝”，并设计了一件T恤，上面印上“至于你信不信，我反正信了”，如果仔细看的话，还能看到该款T恤的标签上印着一个铁路的标志。

白岩松在7月25日的《新闻1+1》栏目中也进行了批判性的评论：怎么说呢？今天我们都得到了这样一个消息，铁路7月23日的事故段落，可以说今天恢复了通车。但是恢复的仅仅是通车，由于近一段时间以来，接连出现的各种各样的铁路事故，让我们对铁路的信心和信任恢复起来那可就大大需要时间了。可能也正是因为这样的原因，昨天(7月24日)晚上铁道部的新闻发言人在举行新闻发布会的时候也意识到了这一点。我帮他统计了一下，他向所有的记者和在场的人员提出这种反问，“你们相信吗？”一共提出了不少于三次。他的回答是“我相信”。是，我相信他必须得说“我相信”。但是你要问我呢？我的答案是，一个多月之前我愿意相信，但是现在我不敢信，不能信，我就简单地信了，对铁路纠错也不一定很好，要想真信，有很多的工作要做。

7月28日下午，教育部的一位原新闻发言人在其博客上发表了长达6 300字的信，语重心长地与王某进行了一场“隔空谈心”，称王某在7月24日“7·23”甬温线特别重大铁路交通事故新闻发布会中的表现欠妥，语态太强势，强调过于高亢，神态也不合适，更不该说“至于你信不信(由你)，我反正信了”之类的话。

三、事件进展

2011年8月16日，王某被铁道部免去了新闻发言人的职务，这条新闻和铁路降速一样，成为当日的大新闻。

据人民网17日报道称，王某将被外派到波兰工作。哈尔滨铁路局党委书记韩江平将出任铁道部新闻发言人。这是铁道部八年来首次更换新闻发言人。(案例来源：齐小华、殷娟娟、李兴国，《政府公共关系案例精析》，中国人事出版社，2012，有删改)

思考与讨论：

1. 这场发布会的召开为何会引起众多的质疑？

2. 对于此次事件，你觉得政府应该如何公关比较恰当？